Zum Problem internationaler Interdependenzen
von Finanz- und Gütermärkten
Eine Drei-Länder-Betrachtung

Europäische Hochschulschriften
Publications Universitaires Européennes
European University Studies

Reihe V
Volks- und Betriebswirtschaft
Série V   Series V
Sciences économiques, gestion d'entreprise
Economics and Management

Bd./Vol. 972

PETER LANG
Frankfurt am Main · Bern · New York · Paris

Thomas Gries

Zum Problem internationaler Interdependenzen von Finanz- und Gütermärkten

Eine Drei-Länder-Betrachtung

PETER LANG
Frankfurt am Main · Bern · New York · Paris

CIP-Titelaufnahme der Deutschen Bibliothek

Gries, Thomas:

Zum Problem internationaler Interdependenzen von Finanz- und Gütermärkten : e. Drei-Länder-Betrachtung / Thomas Gries. - Frankfurt am Main ; Bern ; New York ; Paris : Lang, 1989
  (Europäische Hochschulschriften : Reihe 5, Volks- und Betriebswirtschaft ; Bd. 972)
  Zugl.: Kiel, Univ., Diss., 1988
  ISBN 3-631-41600-8

NE: Europäische Hochschulschriften / 05

D 8
ISSN 0531-7339
ISBN 3-631-41600-8

© Verlag Peter Lang GmbH, Frankfurt am Main 1989
Alle Rechte vorbehalten.

Das Werk einschließlich aller seiner Teile ist urheberrechtlich geschützt. Jede Verwertung außerhalb der engen Grenzen des Urheberrechtsgesetzes ist ohne Zustimmung des Verlages unzulässig und strafbar. Das gilt insbesondere für Vervielfältigungen, Übersetzungen, Mikroverfilmungen und die Einspeicherung und Verarbeitung in elektronischen Systemen.

Printed in Germany

Vorwort

Die vorliegende Arbeit wurde im Juli 1988 von der Christian-Albrechts-Universität zu Kiel als Dissertation angenommen.

Mein Dank gilt besonders meinem Doktorvater, Prof. Dr. H. Herberg, dessen Ideen und Unterstützung diese Arbeit nachhaltig beeinflußt haben.

Zahlreiche Denkanstöße verdanke ich auch den Teilnehmern des DFG-Schwerpunktprogramms "Inflation und Beschäftigung in offenen Volkswirtschaften" in den Jahren 1984-87. Besonders zu erwähnen sind hierbei Prof. Dr. Gehrels., Prof. Dr. Heinemann und Prof. Dr. Schmid.

Hilfreiche Diskussionen bei der Entstehung dieser Arbeit verdanke ich darüberhinaus Prof. Dr. W. Fuhrmann, Prof. Dr. J. Pippenger und Prof. Dr. R. Mehra.

Mein besonderer Dank gilt meinen Kollegen Dr. Tom Heidorn, Harald Jörg, Hanno Kühn, Georg Linsenbühler sowie Katja Frank und Harald Weiss, die mir als kenntnisreiche Nationalökomologen alle noch offenen Probleme zu lösen halfen. Auch Gabi Bünz und Brigitte Scholz dürfen hierbei nicht vergessen werden.

Kiel im Juli 1988   Thomas Gries

Gliederung

1. Einführung — 1

2. Internationale Interdependenzen von Finanz- und Gütermärkten - eine Übersicht - — 12

3. Beschreibung der Grundstruktur des Modells — 76

   3.1 Aggregate und ihre Verhaltenshypothesen

      3.1.1 Staat

      3.1.2 Zentralbank

      3.1.3 Unternehmen

      3.1.4 Private Haushalte

      3.1.5 Aggregation zur gesamtwirtschaftlichen Absorption

      3.1.6 Leistungsbilanz

   3.2 Überlegungen zu unterschiedlichen Gleichgewichtsvorstellungen

      3.2.1 Beschreibung des Periodenendgleichgewichts

      3.2.1 Beschreibung des Periodenanfangsgleichgewichts

4. Interdependenzen in einem Zwei-Länder-Referenzmodell — 131

   4.1 Beschreibung des Gleichgewichtes

      4.1.1 Finanzmarktgleichgewichte

      4.1.2 Gütermarktgleichgewichte und Leistungsbilanzen

4.2 Auswirkung der Offen-Markt-Operation eines Landes

    4.2.1 Finanzmarktreaktionen

    4.2.2 Reaktionen der Gütermärkte

5. Interdependenzen in einem Drei-Länder-System   162

    5.1 Beschreibung des Gleichgewichtes

        5.1.1 Finanzmarktgleichgewichte

        5.1.2 Gütermarktgleichgewichte und Leistungsbilanzen

    5.2 Auswirkung der Offen-Markt-Operation eines Landes

        5.2.1 Finanzmarktreaktionen

        5.2.2 Reaktionen der Gütermärkte

6. Probleme außenwirtschaftlicher Abschirmungspolitik   202

    6.1 Erfolgschancen "isolierter" Abschirmungspolitik

    6.2 Kooperation als Lösung des Abschirmungsproblems?

    6.3 Abschirmung durch bilaterale Wechselkursfixierung?

7. Zusammenfassung und Schlußbemerkung   224

Anhang   230

Summary   244

Literaturverzeichnis   249

Symbolverzeichnis

G_j	:	Staatsausgaben des Landes j
Q_j	:	Zinszahlungen des Landes j
Q_{jj}	:	Zinszahlungen des Landes j an Investoren des Landes j
Q_{jk}	:	Zinszahlungen des Landes j an Investoren des Landes k
Tr_j	:	Internationale Transferzahlungen des Landes j
T_j	:	Allgemeine Steuern des Landes j
T_j^Q	:	Steuern in Höhe der internationalen Zinseinkünfte
BD_j	:	Budgetdefizit des Landes j
e_{jk}	:	Wechselkurs zwischen Land j und Land k in Preisnotierung
Y_j	:	Produktionseinkommen der Haushalte des Landes j
Y_j^v	:	Verfügbares Einkommen der Haushalte des Landes j
A_j^p	:	Private Absorption des Landes j
A_j	:	Gesamte Absorption des Landes j
S_j^p	:	Private Ersparnis des Landes j
S_j^G	:	Staatliche Ersparnis des Landes j
H_j	:	Hortung des Landes j
B_{jj}	:	Bestand des Bonds aus Land j, der von Investoren aus Land j gehalten wird.
b_{jj}	:	Anteil des Bonds j am Vermögen der Investoren aus Land j

B_{jk}	:	Bestand des Bonds aus Land k, der von Investoren aus Land j gehalten wird.
b_{jk}	:	Anteil des Bonds k am Vermögen der Investoren aus Land j
B_j	:	Bestand des Bonds aus Land j, der von Privaten gehalten wird
B_{zj}	:	Bestand des Bonds aus Land j, der von der Zentralbank desgleichen Landes gehalten wird.
B_j^G	:	Gesamtbestand des Bonds aus Land j
M_j	:	Gesamtbestand des Geldes aus Land j
m_j	:	Anteil des Geldes aus Land j am Vermögen der Investoren aus Land j
q_j	:	Preis des Bonds j in dessen Ausgabewährung
W_j^*	:	Gewünschtes Vermögen des Landes j
W_j	:	Vermögen des Landes j
$E()$	:	Erwartungswert
$\sim$	:	Zufallsvariable
r_{jj}	:	Erwartete Rendite des Bonds aus Land j für einen Investor aus Land j
r_{jk}	:	Erwartete Rendite des Bonds aus Land k für einen Investor aus Land j
$\sigma()$	:	Standardabweichung
$\wedge$	:	Änderungsrate
$cov(,)$	:	Kovarianz
R_A	:	Absoluter Risikoaversionskoeffizient
R_R	:	Relativer Risikoaversionskoeffizient

$(,)$: Korrelationskoeffizient

$\beta()_{jj}$: Preiselastizität der Bondnachfrage des Investors aus Land j bezüglich des Bonds aus Land j

$\beta()_{jk}$: Preiselastizität der Bondnachfrage des Investors aus Land j bezüglich des Bonds aus Land k

$\mu()_j$: Preiselastizität der Geldnachfrage Investors aus Land j

Verzeichnis der Abbildungen

Abbildung 1.1	Interdependenzbeziehungen in einem Drei-Länder-System	6
Abbildung 1.2	Interdependenzbeziehungen in einem Drei-Länder-System bei bilateraler Kooperation	11
Abbildung 2.1	Einkommensreaktionen auf Fiskal- und Geldpolitik bei festen Wechselkursen und immobilen Kapital in einem Zwei-Länder-Modell	32
Abbildung 2.2	Einkommensreaktionen auf eine Abwertung des Landes eins bei festen Wechselkursen und immobilem Kapital in einem Zwei-Länder-Modell	32
Abbildung 2.3	Einkommensreaktionen auf Fiskal- und Geldpolitik bei flexiblen Wechselkursen und immobilen Kapital in einem Zwei-Länder-Modell	35

Verzeichnis der Tabellen

Tabelle 2.1	Wirkungsmatrix fiskal- und geldpolitischer Maßnahmen im keynesianischen Standardsystem	45
Tabelle 4.1	Ergebnistabelle der Wirkungen von Offen-Markt-Operationen auf die Finanzmärkte (Zwei-Länder-Modell)	152
Tabelle 4.2	Ergebnistabelle der Wirkungen von Offen-Markt-Operationen auf die Finanz- und Gütermärkte (Zwei-Länder-Modell)	159
Tabelle 5.1	Ergebnistabelle der Wirkungen von Offen-Markt-Operationen auf die Finanzmärkte (Drei-Länder-Modell)	185
Tabelle 5.2	Ergebnistabelle der Wirkungen von Offen-Markt-Operationen auf die Finanz- und Gütermärkte im Fall dominierender Zinseffekte (Drei-Länder-Modell)	199
Tabelle 5.3	Ergebnistabelle der Wirkungen von Offen-Markt-Operationen auf die Finanz- und Gütermärkte im Fall dominierender Wechselkurseffekte (Drei-Länder-Modell)	201
Tabelle 6.1	Zielabweichungen für unterschiedliche Politikkonstellationen, Fall a)	212
Tabelle 6.2	Zielabweichungen für unterschiedliche Politikkonstellationen, Fall b)	215

1. Einführung

Vor dem Hintergrund der Erfahrungen mit flexiblen Wechselkursen hat während der vergangenen Jahre ein starker Wandel innerhalb der Wechselkurstheorie stattgefunden. Der Übergang von den Devisenmarkt-Strommodellen keynesianischer Provenienz zu den Finanzmarkt-Bestandsansätzen hat zu einer völlig veränderten Auffassung über die Bestimmungsfaktoren insbesondere des kurzfristigen Wechselkurses geführt.[1]

Angesichts dieser Entwicklung der Wechselkurstheorie und der Erfahrungen mit dem System flexibler Wechselkurse erscheint eine neuerliche Diskussion über die Transmissionswege externer Störungen und die makroökonomischen Interdependenzen zwischen den einzelnen Ländern erforderlich (Artus und Young (1979)). Einige in diesem Zusammenhang aufs neue zu stellende Fragen lauten: Welche Bedeutung hat der Wandel der Wechselkurstheorie für die internationalen makroökonomischen Interdependenzen? Welche Transmissionswege von Störungen und welche makroökonomischen Wechselwirkungen lassen sich zwischen einzelnen Ländern beschreiben? In wieweit wird die nationale makroökonomische Stabilität durch außenwirtschaftliche Störungen beeinflußt? Welche wirtschaftspolitischen Möglichkeiten existieren, das Inland vor destabilisierenden außenwirtschaftlichen Einflüssen abzuschirmen? Vorarbeiten in dieser Hinsicht wurden insbesondere von Allen und Kenen (1980), Bryant (1980), Marston (1985) geleistet.[2]

---

1) Vgl. die ausführliche Literaturdiskussion in Abschnitt 2.
2) Wir wollen an dieser Stelle die eher makroökonomisch orientierten Diskussionen bei Allen und Kenen (1980), Marston (1985) von den Modellen abgrenzen, die vornehm-

Bevor wir jedoch weiter den Terminus "internationale Interdependenz" verwenden, wollen wir zunächst eine Begriffliche Abgrenzung vornehmen.[3]

Der Begriff "internationale Interdependenz" umschreibt eine internationale Wechselbeziehung, d.h. eine gegenseitige Beeinflussung von mindestens zwei Akteuren. Diese wechselseitige Einflußnahme hat viele Ebenen. Wir wollen jedoch nur drei Aspekte der ökonomischen Dimension dieses Begriffs, die für unsere Überlegungen besonders interessant sind, ansprechen: Die "strukturelle Interdependenz", die "Zielinterdependenz" und die "wirtschaftspolitische Aktionsinterdependenz".

Die "strukturelle Interdependenz" beschreibt die Verflechtung und Verzahnung der Marktsysteme von Ländern. Das Ausmaß der strukturellen Interdependenz bestimmt, in welcher Stärke sich Störungen in einem Land auf das gesamte System übertragen. Auch Rückwirkungen des Systems auf das Ursprungsland der Störung werden vom Umfang dieser Interdependenz bestimmt. Strukturelle Interdependenz ist also der traditionelle Betrachtungsgegenstand internationaler ökonomischer Wechselwirkungen.

Die "Zielinterdependenz" beschreibt die gegenseitigen Wechselbeziehungen der wirtschaftspolitischen Zielvorstel-

---

lich an der Wechselkursdeterminierung orientiert sind, auch wenn bisweilen in der Wechselkursliteratur einfache Totalmodelle, zum Teil sogar Zwei-Länder-Modelle, eingesetzt werden. Vgl. hierzu die Beschreibung der dynamischen Portfoliomodelle der Wechselkursbestimmung in Abschnitt 2.
3) Wir folgen dabei im wesentlichen der Argumentation Coopers (1985, S.1199ff.). Auf eine Abgrenzung zu den Begriffen "Offenheitsgrad" und "Marktintegration" wollen wir an dieser Stelle verzichten und verweisen auf Cooper (1985, S.1196ff.).

lungen. Die Beschreibung von Zielinterdependenzen bedeutet die Aufdeckung von möglichen Inkonsistenzen, Komplementaritäten oder Substitutivitäten von nationalen Zielen innerhalb eines internationalen Zielgeflechts.

"Wirtschaftspolitische Aktionsinterdependenz" umfaßt die gegenseitige Abhängigkeit der einzelnen Regierungen von den Entscheidungen der anderen Regierungen innerhalb des Gesamtsystems. In einem interdependenten System kommt es bei einer Gleichgewichtsstörung in einem Land nicht nur durch strukturelle Interdependenz zu Rückwirkungen aus dem Weltsystem, sondern auch durch wirtschaftspolitische Gegenreaktionen der anderen Länder. Die Wirkung der wirtschaftspolitischen Aktion eines Landes steht also direkt in Wechselbeziehung mit den wirtschaftspolitischen Reaktionen der übrigen Regierungen. Es besteht eine Interdependenz der politischen Entscheidungen.

Neben der veränderten Wechselkursbetrachtung erscheint die Ausweitung der traditionellen (strukturellen) Interdependenzvorstellung um die Ebene der Aktionsinterdependenz ein weiterer wichtiger Aspekt der neueren Diskussion internationaler Wechselbeziehungen[4].

Eine weitere nicht unbedeutende Einschränkung der traditionellen Analyse stellen die in der theoretischen Literatur verbreiteten Zwei-Länder-Modelle zur Untersuchung von internationalen Interdependenzen dar. Die manigfaltigen, multilateralen Transmissionswege und Wechselbeziehungen werden auf bilaterale Wirkungsprozesse reduziert. Die strukturellen und wirtschaftspolitischen Wechselwirkungen werden aber in rein bilateralen Interdependenzbeziehungen nur unzureichend abgebildet. Sollen etwa in Zwei-Länder-Modellen eines der Länder oder beide Länder

---

4) Vgl. Abschnitt 2.

ein aggregiertes Land abbilden, gelten die gewonnenen Ergebnisse ausschließlich für das Aggregat. Keinesfalls ist sichergestellt, daß nicht innerhalb des Composite Country durch strukturelle Effekte zwischen den Ländern Reaktionen entstehen können, die entgegengesetzt zur Reaktion des aggregierten Landes sind. Die Vernachlässigung der Vielzahl von Interdependenzbeziehungen in einer Mehr-Länder-Welt wird beim Übergang zu einem Zwei-Länder-System bereits dadurch offenkundig, daß die Budgetrestriktionen im Zwei-Länder-Fall stets symmetrische Reaktionen der beiden betrachteten Länder oder Länderaggregate verlangen. "When economists abandon the small country assumption, they usually move on to a two-country model in which each country is sufficiently large to influence the other...In a two country model, however, the nature of structural interdependence is narrowly limited. Each country tends to be the mirror image of the other."(Allen und Kenen (1980, S.19)).

Diese Argumentation gilt umso mehr, wenn bilaterale wirtschaftspolitische Maßnahmen, wie Währungsunionen, Wechselkursanbindungen oder andere kooperative Aktionen zwischen zwei Ländern vereinbart werden. Wird etwa eine bilaterale Wechselkursfixierung bei sonst flexiblen Wechselkursen vorgenommen, ist die Beachtung der beiden Kurse der kooperierenden Länder gegenüber dem dritten Land von entscheidender Bedeutung . Die bilaterale Kursfixierung kann letztlich nur durch eine Gleichschaltung der Schwankungsbewegungen gegenüber dem dritten Land erreicht werden, da sonst die Kreuzkursarbitrage einen festen bilateralen Kurs verhindert. Wir wollen diese eher allgemeinen Überlegungen am Beispiel unserer nun konkret zu definierenden Fragestellung erläutern:

Die erste Frage lautet: Welche direkten und indirekten Transmissionswege übertragen eine exogene Störung in einem Land auf die einzelnen anderen Länder eines Drei-Länder-Weltsystems?

Diese Frage knüpft an die Forderung an, den vollständigen Transmissionsprozeß einer Störung in einem Land auf die übrigen Länder zu untersuchen.

Für eine adäquate Diskussion dieses Problems müssen neben den direkten Übertragungswegen auch Transmissionswege berücksichtigt werden, die nicht nur direkt vom Ursprungsland der Störung auf das zu untersuchende Land wirken, sondern erst über den Umweg eines anderes Landes auftreten.

Wenn wir annehmen, daß die Störung ihren Ursprung in Land zwei hat (Abbildung 1.1), findet von hieraus eine direkte simultane Übertragung des Anstoßes auf die beiden Länder eins und drei statt. In diesen beiden Ländern entstehen Anpassungsreaktionen, die sowohl auf Land zwei zurückwirken, als auch einen wechselseitigen Einfluß aufeinander ausüben. Wollen wir also wissen, inwieweit sich die Störungen letztendlich z.B. auf Land eins übertragen, sind zwei Wege zu beschreiben. Zum einen entsteht ein direkter Einfluß von Land zwei auf das erste Land, zum anderen führt ein weiterer Transmissionsweg über Land drei. Die in Land drei eingetroffenen Störungen führen dort zu Reaktionen, die ihrerseits Land eins beeinflussen. Neben dem traditionell (in Zwei-Länder-Modellen) betrachteten direkten Übertragungsweg entsteht aus der Reaktion des Landes drei ein zweiter Effekt, der beachtet werden muß. Dieser Effekt macht die Formulierung eines Drei-Länder-Systems erforderlich.

**Abbildung 1.1   Interdependenzbeziehungen in einem Drei-
                  Länder-System**

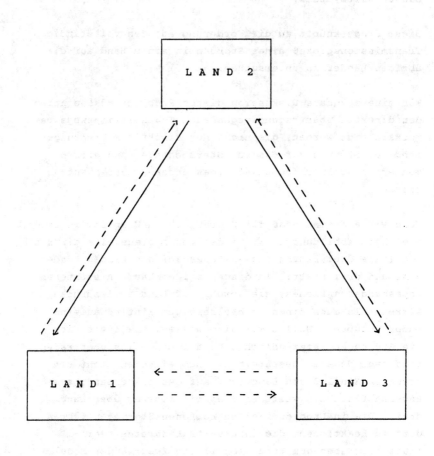

Ein weiterer wichtiger Aspekt internationaler Interdependenzen wird von Flood (1979a) und Marston (1985, S.908) angesprochen. Beide Autoren betonen die Notwendigkeit, daß eine Störung, die ihren Ursprung in einem Land hat (z.B. Land zwei in Abbildung 1.1), nicht als eine einfache Änderung einer Variablen in diesem Land zu modellieren ist. Die Störung muß sich vielmehr simultan auf eine ganze Reihe von Variablen in diesem Land selbst übertragen, so daß letztlich ein ganzer Vektor von Variablen die Transmission ins Ausland bewirkt. "...The second concerns the tendency in the literature to define foreign disturbances in terms of individual foreign variables such as prices or interest rates ...Foreign disturbances almost always affect the domestic economy through a variety of channels. A monetary disturbance, in particular, may raise the foreign price, lower the foreign interest rate and raise the foreign output, with the combined effects of all these changes being very different from their individual effects." (Marston (1985, S.908)). Hieraus ergibt sich die Forderung, daß auch das Land, von dem die exogene Störung ausgeht, vollständig zu modellieren ist, um die ganze Breite der Transmission abbilden zu können.

Innerhalb des Drei-Länder-Rahmens bedeutet dies letztlich die Modellierung von drei großen Ländern. Dies geschieht jedoch meist nicht einmal innerhalb von Modellbetrachtungen zu Währungsunionen, obwohl die Drei-Länder-Modellierung gerade für diese Fragestellung angemessen wäre. Die häufig anzutreffende Hilfskonstruktion besteht in der Formulierung eines Zwei-Länder-Modells mit einem exogenen dritten Land als "Rest der Welt" (Allen und Kenen (1980, Kap.16), Levin (1983)). Vollständige Drei-Länder-Modelle werden modelltheoretisch, analytisch (im Gegensatz zu ökonometrischen Modellen und Simulationsstudien) nur sehr selten untersucht (De Grauwe (1975), Aoki (1977), Aoki (1981, Kap. 15, Aoki (1982)). Diese Modelle werden jedoch in der Regel, um ihre Komplexität zu begrenzen, sehr einfach strukturiert. So beschränken sich De Grauwe (1975) und Aoki (1977) auf Finanzmarktreaktionen, und Aoki (1981) beschränkt sich auf nur einen einzigen Bond, der zudem nicht einmal als Vermögensbestandteil berücksichtigt wird.

Die erste Frage nach den internationalen Übertragungskanälen wollen wir also im Rahmen eines kompletten Drei-Länder-Systems zu beantworten suchen. Dabei sollen die bisher (in Zwei-Länder-Modellen) unberücksichtigten Mechanismen aufgedeckt und ihre Wirkungen für die Gesamtreaktionen untersucht werden. Die Diskussion dieser Problematik stellt einen zentralen Aspekt unserer Überlegungen dar. Wir werden ihr daher in den Abschnitten 3,4 und 5 breiten Raum widmen. Nach der allgemeinen Erörterung der internationalen Interdependenzen können wir sehr leicht die wirtschaftspolitischen Implikationen unserer Überlegungen herausarbeiten. In diesem Kontext steht die zweite und dritte Frage, deren Beantwortung in Abschnitt 6 erfolgen soll.

Die zweite Frage lautet: Gibt es für ein einzelnes isoliert agierendes Land wirtschaftspolitische Möglichkeiten zur Abwehr von Störungen aus dem Ausland?

Diese zweite Frage betrifft die Möglichkeiten eines einzelnen Landes, im Ausland entstandene Störungen durch wirtschaftspolitische Gegenmaßnahmen abzuwehren, also eine Abschirmung des eigenen Landes zu erreichen.

Nachdem die Wahl eines flexiblen Wechselkurssystems nicht zu der einstmals erhofften automatischen Abschirmung geführt hat, stellt sich nun die Frage, ob bestimmte wirtschaftspolitische Maßnahmen eingesetzt werden können, um die von außen wirkenden Störungen zu dämpfen oder gänzlich zu neutralisieren. Diese Frage ist deshalb interessant, weil durch die Abschirmung der externen Störungen die Erfolgschancen einer nationalen Wirtschaftspolitik, die an die nationalen Erfordernisse angepaßt ist, verbessert werden könnten.

Die dritte Frage lautet: Sind zwei der drei Länder (hier die Länder eins und drei) durch bilaterale Kooperation in der Lage auf eine exogene Störung aus Land zwei so zu reagieren, daß jedes dieser Länder für sich von diesem Anstoß abgeschirmt wird?

Die dritte Frage knüpft direkt an die vorangegangene Frage an. Sie soll zusätzlich den Aspekt beachten, daß die Berücksichtigung auch wirtschaftspolitischer Entscheidungsinterdependenzen zu kooperativen Maßnahmen der Regierungen führen kann.

Diese Fragestellung ist vor dem Hintergrund der Diskussion kooperativer Wirtschaftspolitik zu sehen. Diese Diskussion ist bisher weitgehend an der Fragestellung, einer erhöhten Wirksamkeit einer global abgestimmten makroökonomischen Steuerung orientiert (Hamada (1979), Oudiz und Sachs (1984,1985), Corden (1985), Buiter (1986)). Ist eine kooperative Stabilisierungspolitik erfolgversprechender als eine isolierte Einzelpolitik jedes Landes, lautet etwa die Fragestellung innerhalb dieser Beiträge. Diese Fragestellung impliziert, daß global Übereinstimmung über einen makroökonomisch orientierten Handlungsbedarf besteht und lediglich über den

optimalen Einsatz der Instrumente in den einzelnen
Ländern verhandelt werden muß. Dies erscheint jedoch im
Lichte der tatsächlichen unterschiedlichen Einschätzungen
z.B. über die Ursachen und Bekämpfungsmöglichkeiten der
nationalen wirtschaftlichen Probleme kaum gegeben[5].

Aus diesem Grund wollen wir die Kooperationsfrage unter
einem anderen Aspekt erörtern. Unsere Frage zielt darauf
ab, ob zwei Länder (Land eins und Land drei in Abbildung
1.2) durch eine abgestimmte bilaterale Politik in die
Lage versetzt werden, die destabilisierende Politik eines
dritten,"undisziplinierten" Landes (Land zwei in Abbildung 1.2) zu neutralisieren, um nach einer Abschirmung
dieser destabilisierenden Effekte eine autonome, den
eigenen Verhältnissen angemessene Politik betreiben zu
können. Auch das in diesem Zusammenhang interessante
Problem der Abschirmungswirkung einer bilateralen Wechselkursfixierung wollen wir ansprechen.

Diese drei Fragen definieren die Problemstellung dieser
Arbeit. Wir wollen versuchen, im Rahmen der folgenden
fünf Kapitel einige Aspekte zu diskutieren, die uns einer
Antwort auf diese Fragen näher bringen, und insgesamt zu
einem besseren Verständnis der internationalen Interdependenzen beitragen können.

---

5) Vgl. zur Problematik kooperativer Politik bei unterschiedliche Modellwahl Frankel und Rocket (1986).

Abbildung 1.1 Interdependenzbeziehungen in einem Drei-
              Länder-System bei bilateraler Kooperation

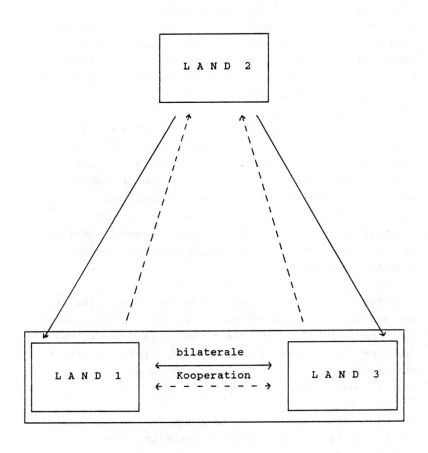

2. Internationale Interdependenzen von Finanz- und Gütermärkten - eine Übersicht -

Bevor wir zu einer modelltheoretischen Untersuchung der internationalen Interdepedenzen übergehen, wollen wir zunächst in diesem Abschnitt einen zusammenfassenden Überblick über die Entwicklung der Theorie internationaler makroökonomischer Wechselbeziehungen geben. Ohne eine vollständige Abhandlung der Diskussion zu beanspruchen, gelten unsere Bemühungen einer Aufzeichnung der wichtigsten Strömungen und Trendänderungen, die für unsere Fragestellung relevant sind. Dies soll in Form einer ökonomischen argumentativen Beschreibung der verschiedenen theoretischen Auffassungen geschehen, und nicht durch eine explizite formale Darstellung der einzelnen Modelle. Wir wollen also jeweils nur die wichtigsten ökonomischen Argumentationsketten hinsichtlich der Gleichgewichtsbedingungen und der Anpassungsprozesse andeuten.

Ausgangspunkt unserer Überlegungen soll ein Rückblick auf einige zuweilen vergessene Debatten der klassischen Ökonomen sein. Dies geschieht vor allem deshalb, weil wichtige Aspekte der gegenwärtigen Kontroversen bereits während dieser früheren Diskussionen in ähnlicher Weise angesprochen wurden.

"My historical research, which began in the early 1970s, led to the finding that modern economists have only rediscovered some of the hypotheses.....that had been stated by earlier economists and forgotten once or several times."(Bernholz (1982, S.39)).

Beginnen wollen wir unsere Betrachtungen klassischer Denkweise mit dem Beispiel der "Schwedischen Debatte" in der Mitte des 18ten Jahrhunderts.[1]

Mit der schwedischen Industrialisierung und dem Wunsch, diese zu fördern, wurde in Schweden im Zuge einer allgemeinen Bankliberalisierung 1730 die Bindung der Banknotenausgabe an einen Metallstandard aufgegeben. Schweden ging zu einem reinen Papiergeldstandard über. Während dieses System für über zwanzig Jahre auf der Basis einer moderaten Banknotenexpansion funktionierte, entstanden ab 1755 permanente Abwertungen. Bis 1762 wertete die schwedische Währung gegenüber der Währung Hamburgs um 120 v.H. ab. Gleichzeitig erhöhte sich der Banknotenbestand um 189 v.H. . Anlaß hierfür waren Mißernten in den Jahren 1755 und 1756, die den Wunsch nach Zinssenkungen und günstigen Krediten auslösten, vor allem aber der Eintritt Schwedens in den Siebenjährigen Krieg 1757.

Auf diese Abwertung hin entstand eine breite öffentliche Debatte, in der sich zwei gegensätzliche Ansichten herausbildeten. Diese beiden Ansichten wurden durch zwei Parlamentsfraktionen repräsentiert, die "Hat party" und die "Cap party". Die "Hat party", die von 1739 bis 1765 die Parlamentsmehrheit hatte, favorisierte eine merkantilistische Wirtschaftspolitik. Exporte wurden durch Subventionen gefördert und Importe mit Zöllen zurückgedrängt. Allgemein wurde eine expansive Wirtschaftspolitik betrieben, bei der die Banknotenexpansion als wirtschaftspolitisch stimulierende Maßnahme betrachtet wurde. Der kontinuierlich starke Abwertungsdruck wurde mit den Zahlungsbilanzdefiziten begründet.

---

1) Diese Beschreibung der Debatte stützt sich auf Myhrman (1976), der sich seinerseits auf Eagly (1971) beruft.

Gleichzeitig wurde argumentiert, daß die abwertungsbedingte Verteuerung der Importe die inländischen Preissteigerungen bedingten. Als Konsequenz sollten die Zahlungsbilanzdefizite durch weitere handelspolitische Maßnahmen in Form von Importrestriktionen und Exportförderung abgebaut werden.
Die fortschreitende Inflation wurde jedoch immer weniger tolerierbar. 1765 verlor die "Hat party" die Parlamentsmehrheit an die "Cap party". Die "Cap party" war anti-merkantilistisch eingestellt und erklärte die Abwertungsentwicklung unter anderem mit einem Überangebot an Banknoten. Gleichzeitig begann die "Cap party" ein Deflationsprogramm. Die wesentliche Maßnahme dieses Programms war die Rückführung der Banknotenausgabe auf jährliche Steigerungsraten von 5 v.H. bis 6 v.H.. Im Zuge dieser Politik vollzog sich eine Aufwertung der schwedischen Währung bis nahezu auf das Niveau vor 1755. Ein unerwünschtes Ergebnis der deflationären Politik war jedoch eine verschärfte Unterbeschäftigung. Die theoretische Fundierung für die Argumentation der "Cap party" wurde von P.N. Christiernin geliefert.[2] Dieser machte nicht nur das Überangebot an Banknoten für die inflationäre Entwicklung verantwortlich, sondern beschrieb auch sorgfältig die Auswirkungen einer drastischen Banknoteneinschränkung auf Preise, Output und Beschäftigung.

Ein zweites Beispiel für die klassische Diskussion ist die "Bullion Debate".[3] Historischer Hintergrund dieser Debatte war der Englisch-Französische-Krieg von 1793.

---

2) Niedergelegt in: Christiernin, P.N. (1761), Lectures on the High Price of Foreign Exchange in Sweden (übersetzt nach Eagly (1971)).
3) Den Rückgriff auf diese Kontroverse in der gegenwärtigen Diskussion verdanken wir Myhrman (1976). Unsere Ausführungen orientieren sich an Myhrmans Interpretation dieser Debatte.

Aufgrund der unerwartet langen Kriegsdauer kam England 1797 in Finanznot, so daß die Bank von England zur Kriegsfinanzierung eine Geldschöpfungspolitik betrieb. Hierdurch mußte sie die Konvertibilität des Pfundes aussetzen und behielt dies auch für die kommenden 24 Jahre bei.

Eine Parlamentarier-Kommission, die 1810 eingesetzt wurde, um die Auswirkungen dieser Maßnahme zu untersuchen, legte im selben Jahr einen Bericht, den "Bullion Report", vor, der sich auf die vorangegangenen Erfahrungen steigender Goldpreise und anhaltender Abwertungen des Pfundes sowie auf die theoretischen Überlegungen des Privat-Bankiers Henry Thornton[4] stützte. Auf der Basis dieses Berichts entstand die "Bullionist Controversy", an der bald auch Ricardo teilnahm.

Die beiden kontrovers argumentierenden Gruppen waren die "Bullionists" und die "Anti-Bullionists". Sie diskutierten im wesentlichen die Frage, ob der Preisanstieg in Großbritanien die Ursache oder das Ergebnis der hohen Goldpreise und der fortgesetzten Abwertung des Pfundes war.[5] Zwei konkrete Fragen galt es zu klären: Erstens, gab es tatsächlich während der Phase der Nicht-Konvertibilität (ab 1797) eine spürbar inflationäre Tendenz? Zweitens, welche Ursache hatte diese inflationäre Entwicklung, wenn die erste Frage bejaht wird? Die erste Frage war deshalb nicht einfach zu beantworten, weil kein allgemein verfügbarer Preisindex existierte. Die Bullionisten wollten als Nominalpreisindikator die Goldpreisveränderung und die Pfundabwertung verwenden.

---

4) Diese Überlegungen sind in dessen Buch: Thornton, H. (1802), An Enquiry into the Nature and Effects of the Paper Credit of Great Britain, niedergelegt.
5) Vgl. zu dieser Debatte auch Einzig (1970) und Angell (1926).

Als Grund für den beobachteten Anstieg dieses Indikators sahen sie die kriegsbedingte Geldmengenexpansion der Bank von England. Die Abwertung sei durch die Geldmengenexpansion induziert und ließe sich demnach auch durch eine restriktivere Geldmengenpolitik einschränken.

Die Anti-Bullionisten vertraten dagegen die Auffassung, daß eine solche Abwertungsbeschränkung nicht existiere.[6] Der Wechselkurs und damit auch der Goldpreis würde einzig und allein von den Zahlungsbilanzbedingungen determiniert. In einer Periode, in der enorme Militärausgaben getätigt würden und wegen Mißernten außergewöhnlich große Kornimporte durchgeführt werden müßten, gäbe es keine solche Abwertungsgrenze, bzw. eine Obergrenze des Goldpreises. In der damaligen Debatte bestritten die Bullionisten mit Ricardo und Wheatley jeden Einfluß kurzfristiger Anpassungsprozesse, die zu anderen als den langfristigen quantitätstheoretischen Steady State Effekten führen könnten. Sie argumentierten sofort mit der neuen Steady State Situation (Myhrman (1976, S.172ff)). Die Anti-Bullionisten dagegen bestanden darauf, daß bei Nicht-Konvertibilität allein Angebot und Nachfrage nach ausländischen Banknoten die Wechselkurse bestimmten. Sie sahen nicht, daß dies in gleicher Weise auch bei Existenz eines Metallstandards gilt und daß ein wichtiger Faktor der Devisennachfrage und des -angebots die relativen Preisniveaus sind, die wiederum von den relativen Geldmengenexpansionen nicht unabhängig sein können.

Dies sind, natürlich vereinfacht, die Überzeugungen, die sich heute in Form des monetären (monetaristischen) Ansatzes und des Elastizitätsansatzes gegenüberstehen. Welche dieser beiden Auffassungen, die in den zwei

---

6) Vgl. hierzu auch Viner (1937).

Beispielen vorgestellten wurden, sich letztlich über die Zeit hinweg bis in dieses Jahrhundert durchsetzen konnte, scheint nicht einheitlich beurteilt zu werden:

Einerseits argumentiert Myhrman: "The surviver after a hundred years was not the monetary approach but the balance of payments theory" (Myhrman (1976, S.177)). Myhrman feiert dann Cassel und dessen Kaufkraftparitätstheorie als die Wiederentdeckung Ricardos und der Bullionistischen Argumentation.

Andererseits versucht Frenkel zu belegen, daß die Klassischen und neoklassischen Ökonomen - angefangen bei Hume über Ricardo und Mill bis hin zu Hawtrey und Wicksell - in quantitätstheoretischer Denkweise verhaftet waren. Die von Cassel zu Beginn der zwanziger Jahre formulierte Kaufkraftparitätstheorie baut nach Frenkel implizit und explizit weitgehend auf den Auffassungen der Klassiker und Neoklassiker auf. "...It is noteworthy that purchasing power parity and the equality of rates of return on securities due to international arbitrage are in the spirit of classical and neoclassical schools." (Frenkel (1976b, S.32)).

Tatsächlich erscheint die Argumentation Frenkels auch insofern gestützt, als daß spätestens seit 1880 praktisch alle wirtschaftlich bedeutenden Länder dem Goldstandardsystem angeschlossen waren. Diesem unterliegt letztlich ein Geldmengenpreismechanismus, der eher den Bestandsquantitätsvorstellungen der "Cap party" oder "Bullionists" entspricht, als den isolierten Zahlungsbilanzvorstellungen der "Hat party" oder "Anti-Bullionisten".

Der Zeitraum von 1880 bis 1914 wird als die Periode des klassischen Goldstandards bezeichnet.[7] Das Ziel des Goldstandardsystems war es mittels garantierter Goldkonvertibilität auf der Basis einer einmal festgelegten Goldparität die Stabilität der Wechselkurse zu garantieren. Legten alle beteiligten Länder die Goldparität, d.h. den Goldwert ihrer nationalen Geldeinheit fest, waren so auch die bilateralen Wechselkurse als sogenannte Parikurse definiert. Da die Zentralbanken verpflichtet waren, Gold zur Goldparität zu kaufen oder zu verkaufen, und ein freier Goldverkehr zugelassen wurde, sorgte die Goldarbitrage tatsächlich für konstant bleibende Wechselkurse.[8] Eine weitere Voraussetzung für den Erfolg des Goldstandardsystems war die Kopplung von Gold- und Geldbeständen, also letztlich eine Art Golddeckung des Geldbestandes. Erst wenn Goldabflüsse auch mit entsprechenden Geldmengenreduktionen und vice versa verbunden sind, können die Anpassungsmechanismen überhaupt wirksam werden. Die Funktionsweise des Goldstandardsystems läßt sich hinsichtlich verschiedener Aspekte beschreiben:[9]

Der Preisstabilisierungsmechanismus: Generell wird erwartet, daß dem Goldstandardsystem aufgrund von Anpassungsprozessen bei der Goldproduktion und der nicht monetären Goldhaltung nach Änderungstendenzen des allgemeinen Preisniveaus ein automatischer Preisstabili-

---

[7] Eine ausführliche Behandlung dieser Periode findet sich bei Bloomfield (1959).
[8] In der Realität hat sich auf diese Weise jedoch lediglich eine Bandbreite des Wechselkurses fixieren lassen. Durch die Kosten des Arbitragevorgangs in Form von Transaktions-, Transport-, Versicherungs- und Zinsopportunitätskosten konnten geringfügige Schwankungen bis zum Erreichen der Goldimport- und Goldexportpunkte entstehen.
[9] Eine ausführliche Darstellung findet sich etwa bei Jarchow und Rühmann (1984, S.36 ff.).

sierungsmechanismus inhärent ist.[10] Entsteht z.B. durch einen allgemeinen Produktivitätsfortschritt eine allgemeine Preissenkungstendenz, wird durch die Goldparität Gold relativ teurer. Diese Relativpreissteigerung des Goldes gegenüber dem übrigen Güterbündel und den Faktorpreisen verursacht eine Rentabilitätssteigerung der Goldproduktion mit der Folge einer Produktionsausdehnung. Da auch die zusätzlichen Bestände zum festen Preis an die Zentralbank abgegeben werden können, steigt der Zentralbankbestand des Goldes und mit diesem die Geldmenge. In der Folge der Geldmengenexpansion wird auch das allgemeine Preisniveau wieder ansteigen und so zu einer Preisstabilisierung in Richtung des Ausgangsniveaus beitragen. Dies ist zwar eine Möglichkeit, einen inhärenten Preistabilisierungsmechanismus zu beschreiben, genauso gut kann aber auch ein Destabilisierungsmechanismus dargestellt werden. Steigt z.B. die Produktivität im Goldbergbau stärker als die allgemeine Produktivität, führt die Produktionsausdehnung und der Verkauf des zusätzlichen Goldes an die Zentralbank zur Geldmengenexpansion und induziert inflationäre Tendenzen.

Der Geldmengenpreismechanismus: Der Geldmengenpreismechanismus ist das Kernstück der klassischen Vorstellung des automatischen Zahlungsbilanzausgleichs.[11] Ein Anstieg des ausländischen Preisniveaus führt bei hinreichend großen Güternachfrageelastizitäten zu einer Verbesserung des nominalen Außenbeitrags mit der Folge eines Aufwertungsdrucks für die Inlandswährung. Nach Erreichen der Goldpunkte werden internationale Goldbewegungen ausgelöst. Der Goldzufluß in das zur Aufwertung tendierende Land erhöht dort die Goldreserven der

---
10) Vgl. hierzu auch Barro (1979).
11) Der Geldmengenpreismechanismus kann in seinen wesentlichen Gedanken auf Hume zurückgeführt werden.

Zentralbank und mit der Goldbindung der Geldbestandes auch die Geldmenge. Auf der Basis quantitätstheoretischer Vorstellungen erzeugt ein so entstandenes Geldmengenwachstum ausschließlich Preisniveaueffekte. Letztlich wird die auf das Inland übertragene Preisniveauanpassung so stark sein, daß bei gleichem Parikurs eine vollständige Preisangleichung und damit ein Außenbeitragsausgleich stattgefunden hat. Da durch den Goldabfluß im Ausland ein deflationärer Anpassungsmechanismus induziert wird, wird generell die als exogen angenommene Auslandspreissteigerung gedämpft.

Eine diesem Mechanismus entgegengerichtete Wirkung dürften die kurzfristigen internationalen Kapitalbewegungen verursacht haben. Mit der kontraktiven Geldpolitik im Ausland und der expansiven Geldpolitik des Inlandes werden zumindest kurzfristig Zinssteigerungstendenzen im Ausland und Zinssenkungstendenzen im Inland einhergegangen sein. Eine solche Veränderung des Zinsdifferenzials muß aber bei garantierten fixen Wechselkursen Kapitalzuflüsse zum Ausland induziert haben und so der Aufwertungstendenz des Inlandes mit den daraus entstehenden Goldbewegungen entgegenwirken. Es ist also zu erwarten, daß die Goldbewegungen durch die Kapitalbewegungen gedämpft werden. Bloomfield (1963) ist der Auffassung, daß dies für die klassischen Goldstandard-Perioden auch tatsächlich zutreffend war. Neben der Problematik der kurzfristigen Kapitalbewegungen sind bereits in den zwanziger Jahren Zweifel an der alleinigen Wirksamkeit des Geldmengenpreismechanismus angemeldet worden. Taussig (1927) vertrat die Auffassung, daß die internationalen Goldbewegungen zu gering und die notwendigen Anpassungsprozesse zu langwierig gewesen wären, um einen schnellen Zahlungsbilanzausgleich via Geldmengen- und Preisveränderungen zu er-

zielen.[12] Dem gegenüber spricht jedoch wieder das hohe
Maß an Weltmarktintegration (McCloskey und Zecher (1976,
S.364ff.)) für direkte und relativ ungestörte Preisanpassungsmöglichkeiten.

Trotz der genannten Einschränkung geht aus der vorangegangenen Argumentation klar hervor, daß die Mechanismen des Goldstandards einen engen internationalen Preiszusammenhang implizieren. Sofern konjunkturelle Phänomene überhaupt im Zusammenhang mit quantitätstheoretisch determinierten Mechanismen diskutiert werden können, dürfte neben dem internationalen Preiszusammenhang auch ein enger konjunktureller Verbund vom Goldstandardmechanismus ausgehen. Eine solche parallele Preis- und Konjunkturentwicklung erscheint für die klassische Goldstandardperiode auch evident (Jarchow (1984, S.56ff.)).

Mit der Modellierung der Kaufkraftparitätstheorie und insbesondere der Begriffsprägung "Kaufkraftparitätstheorie" fand durch Cassel (1922) eine Neuformulierung des mehr als hundert Jahre zuvor vertretenen bullionistischen Standpunktes zur Wechselkurstheorie statt. Daß Cassel nicht Urheber der Kaufkratparitätstheorie ist, wird bereits sehr früh erkannt (Angell (1926), Terborg (1926)). Auch läßt sich argumentieren, daß die Kaufkraftparitätstheorie im wesentlichen die klassische und neoklassische Auffassung internationaler quantitätstheoretischer Zusammenhänge, wie sie für feste Wechselkurse beim Goldstandard bestanden haben, nun für flexible Wechselkurse abbildet. Wie aber Viner (1937, S. 379ff.), der der Kaufkraftparitätstheorie eher kritisch

---

12) Taussig (1927), wiederabgedruckt in Taussig (1966, S.239,261).

gegenübersteht, bemerkt, war Cassel der erste, der die früheren Argumentationen in einer systematischen und operationalen Theorie formulierte.

Die Grundüberlegungen von Cassels Theorie sind von ihm in wenigen Kernsätzen folgendermaßen formuliert worden: "Our willingness to pay a certain price for foreign money must ultimately and essentially be due to the fact that this money possesses purchasing power as against commodities and services in that foreign country. ...When two currencies have undergone inflation, the normal rate of exchange will be equal to the old rate multiplied by the quotient of the degree of inflation in the one country and in the other. There will naturally always be found deviations from this new normal rate, and during the transition period these deviations may be expected to be fairly wide. But the rate that has been calculated by above method must be regarded as the new parity between the currencies, the point of balance towards which, in spite of all temporary fluctuations, the exchange rates will always tend. This parity I call *purchasing power parity*."(Cassel (1922, S.138ff.), Hervorhebung im Original).

Bereits für die frühe Formulierung der Kaufkraftparitätstheorie wird damit eine wichtige Unterscheidung von kurz- und langfristiger Anpassung und Wechselkursdeterminierung vorgenommen. Wie Officer (1976, S.3) zusammenfaßt, läßt sich die Grundüberlegung der Kaufkraftparitätstheorie durch zwei Thesen komprimiert darstellen:[13]

Erstens, die kurzfristigen Wechselkurse sind eine Funktion der langfristigen, gleichgewichtigen Wechselkurse

---

13) Officer (1976) bietet auch eine sehr gute Übersicht über die später formulierte Kritik und die empirischen Untersuchungen zur Kaufkraftparität.

in dem Sinne, daß die ersteren in Richtung auf die langfristigen Gleichgewichtskurse konvergieren.

Zweitens, die Kaufkraftparität definiert entweder den langfristigen Gleichgewichtskurs oder ist eine entscheidende Determinante des langfristigen Gleichgewichtskurses.

Die langfristige Wechselkursentwicklung wird von zwei Mechanismen bestimmt. Die Quantitätstheorie bildet die Basis der Preisniveaudeterminierung, und das Verhältnis des Preisniveaus zweier Länder bzw. deren relative Veränderung bestimmt maßgeblich den langfristigen, bilateralen Wechselkurs bzw. dessen Entwicklung.

Diese extreme Position wird von Cassel später relativiert. Er ist der Ansicht, daß Kaufkraftparitätsberechnungen nach dem Auftreten starker monetärer Störungen für eine erste grobe Berechnung des neuen Gleichgewichtskurses zufriedenstellende Ergebnisse liefern. Kurzfristig kann der Wechselkurs von dem Kurs, den die Kaufkraftparitätstheorie vorschlägt, abweichen. Tatsächlich betonen Holmes (1967) und Officer (1976), daß Cassel wiederholt die Auffassung zurückgewiesen hat, der Wechselkurs könne auch nicht vorübergehend vom Kaufkraftparitätskurs abweichen. Wesentlicher Aspekt der Kaufkraftparitätstheorie hinsichtlich des kurzfristigen Kurses ist die erwähnte Anpassungsfunktion. Die von Cassel angesprochene Form dieser Anpassungsfunktion enthält die Kaufkraftparität nicht als die einzige, wohl aber als die wichtigste systematisch erklärende Variable, die diesen Anpassungsprozeß beeinflußt. Auch stochastische Elemente werden zugelassen.

Neben der Unterscheidung der absoluten und relativen Kaufkraftparität in Form von Konsumentenpreisnindices sind auch andere Preisparitätsvorschläge gemacht worden. So lassen sich verschiedene Produzentenpreisindices, Faktorkostenindices oder Indices für handelbare Güter anführen. Obwohl die Kaufkraftparitätstheorie anfangs positiv aufgenommen worden war (Keynes 1923), ist sie schon bald in vielerlei Hinsicht kritisiert worden. Eine ganze Reihe von Einschränkungen wurden von Cassel selbst erkannt (Holmes (1967)). Dazu zählen asymmetrische Protektionsmaßnahmen in beiden Ländern, Relativpreisveränderungen zwischen einzelnen Gütern und strukturelle Brüche, langfristige und langandauernde Kapitalbewegungen, spekulationsbedingte Störungen und staatliche Devisenmarktinterventionen. Darüber hinaus entstand über die Jahre eine außerordentlich große Anzahl an Beiträgen, die die eine oder andere implizite Annahme der Kaufkraftparitätstheorie herausarbeiteten und kritisierten.[14]

Die entscheidende Schwäche der Kaufkraftparitätstheorie liegt jedoch nicht in den Details der Preisindexgewichte, dem Problem der Strukturbrüche oder der Behandlung von Produktivitätsdifferentialen begründet, sondern vielmehr in der mangelnden Fähigkeit, die kurzfristig stattfindenden Anpassungsprozesse integriert in die Vorstellungen über die langfristigen Anpassungsmechanismen beschreiben zu können. Es besteht zwar eine Vorstellung über die Eigenschaften und Merkmale eines neuen langfristigen Gleichgewichts und eine allgemeine Auffassung, wie ein solches Gleichgewicht erreicht werden kann, die kurzfristigen Reaktionsabläufe sind aber naturgemäß in einer puren Steady State Gleichge-

---

14) Vgl. zu einer umfassenden Darstellung der detaillierten Kritik Officer (1976, S.13ff.).

wichtsdefinition nicht enthalten. Dies manifestiert
sich bereits in der Tatsache, daß man den langfristigen
Wechselkurs als wesentliche Determinante für die Bestimmung des kurzfristigen Wechselkurses betrachtet. Eine
genaue Aussage über den Determinationsweg oder gar über
die Art und Weise der kurzfristigen Wechselkursbestimmung wird jedoch nicht gemacht.

Neben der Kaufkraftparitätstheorie ist ein weiterer,
allerdings partialanalytischer Ansatz fast gleichzeitig
in die Diskussion gebracht worden. Der Arbitragemecha-
nismus, für den heute die Bezeichnung "kursgesicherte
Zinsparität" (Covered Interest Rate Parity) verwendet
wird, läßt sich bereits bei Keynes (1923) finden.[15]
Keynes versuchte Deports und Reports auf Terminmärkten
zu erklären. Als eine grundlegende Ursache kurzfristiger Kapitalbewegungen sah er das Zinsdifferential für
kurzfristige Anlagen zwischen zwei Ländern. Ein
Arbitragegewinn ist solange erzielbar, wie eine internationale Zinsdiffernz zugunsten der Auslandsanlage nicht
durch eine Abwertung der Auslandswährung auf dem Termin-
markt neutralisiert wird. Damit müßte im Arbitrage-
gleichgewicht die internationale Zinsdifferenz exakt der
Abwertungsrate zwischen Kassa- und Terminkurs entsprechen. Mit dieser Einführung eigenständiger kurzfristiger Kapitalbewegungen wurden unabhängig von den
Güterbewegungen internationale Kapitalbewegungen als
wichtige Elemente internationaler Tauschbewegungen
erkannt. Die Beschreibung von Kapitalbewegungen und
Spekulation fand jedoch lange Zeit keinen Eingang in
totalanalytische Betrachtungen, sondern blieb als

---

15) Allerdings ist Frenkel (1976b) auch hinsichtlich der
Zinsarbitrage der Auffassung, daß diese Vorstellung auch
bei den Klassikern und Neoklassikern zu finden ist.

Partialanalyse bestehen.[16] Ein Meilenstein dieser Entwicklung stellt die Analyse Tsiangs (1959-1960) dar, in der er in einer rigorosen Partialanalyse das Zusammenwirken von Hedging, Spekulation und Zinsarbitrage über den Zukunftsmarkt mit der Gleichgewichtskursbildung auf dem Kassa-Markt beschreibt. Da also die Diskussion der internationalen Kapitalbewegungen vorwiegend partialanalytisch geführt worden war, und da abgesehen von der Zinsarbitragevorstellung in der einen oder anderen Form (kursgesicherte oder nicht kursgesicherte Zinsparität) bis zur Formulierung der Portfoliotheorie von Tobin (1958) und Markowitz (1959) eher auf intuitiver Grundlage argumentiert wurde, wurde auch die Bedeutung der internationalen Kapitalmobilität für die makroökonomischen Interdependenzen kaum beachtet. Ein weiterer Grund für die Ausklammerung internationaler Kapitalbewegungen könnte die möglicherweise tatsächlich relativ geringe Bedeutung kurzfristiger internationaler Portfolioanlagen in der weltwirtschaftlich turbulenten und politisch nicht sehr vertrauenserweckenden Zeit vom Ende der zwanziger Jahre bis zur allmählichen politischen Stabilisierung in den fünfziger Jahren gewesen sein. Der dritte und wahrscheinlich der wichtigste Grund für die Vernachlässigung des Kapitalverkehrs lag wohl in der Faszination, die von der keynesschen Revolution (Keynes (1936)) ausging und ein außerordentlich starkes Gewicht auf kurzfristige Nachfrage- und Einkommensmechanismen legte. Mit der keynesianischen Makroökonomik war nach den quantitätstheoretischen, bestandsgleichgewichtsorientierten, makroökonomischen Langfristmodellen erstmals eine vollständige, konsistente Makrotheorie entstanden, die nicht nur kurzfristige, nationale und internationale Reaktionsabläufe zu beschreiben versprach, sondern auch ein wirtschaftspolitisches

---

16) Vgl. Sparos (1959) und Trued (1957).

Instrumentarium lieferte, unerwünschte Anpassungsprozesse oder Rigiditäten mit einfachen Maßnahmen zu manipulieren. In der Anfangsphase der Entwicklung keynesianischer monetärer Außenwirtschaftstheorie werden die bis dahin dominierenden Argumente der monetären Anpassungsmechanismen jedoch noch nicht vernachlässigt. So beschreibt Machlup (1943) in seinem klassischen Buch explizit die monetären Konsequenzen verschiedener Störungen, indem er detailliert die Wirkungsweise des monetären Mechanismus anhand der konsolidierten Bilanz des Bankensystems durchspielt.[17] Erst in späteren, eher mechanischen Anwendungen des Außenwirtschaftsmultiplikators wird der Bezug zum monetären Sektor und damit zum Finanzbestandssystem zurückgedrängt.

Die Anfänge des Elastizitätsansatzes des Devisenmarktes werden Marshall (1923, Anhang J)) zugeschrieben.[18] Der Elastizitätsansatz verknüpft die internationalen Güterbewegungen mit den Preis- und Wechselkursbewegungen. Der Wechselkurs wird als wichtiger Bestimmungsfaktor des relativen Preises zwischen einem als aggregierbar betrachteten Inlandgut und einem ebenfalls aggregierten, substitutiven Auslandsgut gesehen. Die nationalen Preise und der Wechselkurs werden nicht erst im langfristigen Steady State Gleichgewicht definiert. Es wird vielmehr eine allgemeine partialanalytisch abgeleitete Bedingung beschrieben, die die Anpassungsreaktionen der Güternachfragen (später auch der Angebote) beschreiben kann, wenn sich die Wirtschaftssubjekte an den vorgefundenen Geldpreisen und Wechselkursen und damit dem relativen Preis zwischen einem aggregierten Inlands- und Auslandsgut orientieren. Mit

---
17) Ähnliches gilt auch für Robinson (1937).
18) Gelegentlich wird darauf hingewiesen, daß Bickerdike (1920) bereits ähnliche Überlegungen angestellt hatte.

Marshalls partialanalytischer, preistheoretischer
Argumentation wurde erstmals eine präzise Formulierung
über die Bedingung einer "normalen Außenbeitragsreaktion" bei einer Abwertung der heimischen Währung
diskutiert. Übersteigen die abwertungsbedingten Export-
und Importmengenreaktionen die abwertungsbedingten Umbewertungen der Importe, kann mit einer normalen Außenbeitragsreaktion gerechnet werden.[19] Da Marshalls
Formulierung von Lerner (1944, S.377ff) übernommen wird,
ist diese Bedingung allgemeinhin als Marshall-Lerner
Bedingung zum festen Bestandteil der Außenwirtschaftstheorie geworden. Die Marshall-Lerner-Bedingung gilt
jedoch nur unter den restriktiven Bedingungen völlig
elastischen Angebotsverhaltens und einem in der
Ausgangssituation ausgeglichenen Außenbeitrag. Daher
wurde der Elastizitätsansatz im weiteren verallge-
meinert. Ein Ergebnis dieser Verallgemeinerungsversuche
ist die von Robinson (1937) entwickelte "Robinson-
Bedingung". Diese berücksichtigt nicht nur mögliche
Außenbeitragsungleichgewichte in der Ausgangssituation,
sondern läßt auch endliche Angebotselastizitäten zu.
Robinson begnügt sich jedoch nicht mit einer partialanalytischen Darstellung des Nachfrage- und Angebots-
mechanismus, sondern versucht die Partialüberlegungen
zur Außenbeitragsreaktion innerhalb eines makroökonomischen Rahmens zu diskutieren. Damit stellt sie die
Weichen für die Integration des Elastizitätsansatzes in
die keynesianische Makroökonomie und letztlich für eine
keynesianische monetäre Außenwirtschaftstheorie. Nahezu
zeitgleich mit Robinson befaßt sich Machlup (1939) mit
dem Elastizitätsansatz und kommt zu ähnlichen Partial-
aussagen wie die von Robinson abgeleiteten. Der Schluß-
punkt der Elastizitätsdiskussion des Devisenmarktes
wurde von Harberler (1949) gesetzt. Er bereitete den

---

19) Vgl. Marshall (1923).

Diskussionsstand noch einmal auf und veranschaulichte
die Ergebnisse verbal und graphisch.

Mit der keynesianischen Revolution wurde auch das Denken
über die makroökonomischen außenwirtschaftlichen Interdependenzen von den Einkommensmultiplikatormechanismen
entscheidend geprägt. Während bereits sehr schnell –
unter anderem von Harberger (1950) oder Metzler (1950)-
die Keynesschen Einkommensmechanismen aufgenommen
wurden, ist wohl Meade (1951) als das für diese Epoche
zentrale und prägende Werk zu betrachten. Diese erste
Epoche keynesianischer monetärer Außenwirtschaft, zu der
auch Alexanders Absorptionsansatz zu rechnen ist
(Alexander (1952,1959)), ist vor allem durch die
Vernachlässigung internationaler Kapitalmobilität
gekennzeichnet. Diese Einschränkung wird erst in der
zweiten Periode keynesianischer Außenwirtschaftstheorie
durch das Mundell-Fleming-Modell (Fleming (1962),
Mundell (1963)) aufgehoben.

Die wesentlichen Argumentationsgänge dieser
keynesianischen Epoche wollen wir nun zusammenfassend
skizzieren. Dabei werden wir innerhalb des Zwei-Länder-
Standard-IS-LM Systems zunächst Kapitalimmobilität
unterstellen und für diese Situation argumentativ und
graphisch zeigen, daß die internationalen Interdependenzen entscheidend von der Wahl des Wechselkurssystems
geprägt sind. Später werden dann die gleichen Überlegungen für eine Situation hoher Kapitalmobilität
wiederholt.[20]

Wir beginnen also zunächst mit einer Situation der
Kapitalimmobilität und fester Wechselkurse. Bei festen

---

20) Eine gute Zusammenfassung der Interdependenz- und
Isolierungsdebatte im keynesianischen Modellrahmen
bietet McTeer (1968).

Wechselkursen gibt es keinen über eine Wechselkursveränderung entstehenden, automatischen Leistungsbilanzausgleich. Da die zinstragenden privat gehaltenen Anlagen als international immobil betrachtet werden, können Leistungsbilanzüberschüsse oder Defizite nur durch Währungsreserven der Zentralbank finanziert werden. Solange solche Ungleichgewichte als kurzfristig betrachtet werden, kann man annehmen, daß die Sterilisationspolitik der Zentralbank den Einfluß der notwendigen Devisenmarktintervention auf die heimische Geldmenge neutralisiert.[21] Mit der Aussetzung des automatischen Ausgleichsmechanismus der Leistungsbilanz können über den Leistungsbilanzsaldo, der für beide Länder entgegengesetzt symmetrisch reagiert, Einkommenseffekte[22] von einem auf das andere Land übertragen werden.

In diesen Modelltypen können die gesamtwirtschaftlichen Gleichgewichte jedes Landes in einem Y_1-Y_2-Diagramm dargestellt werden (Abbildung 2.1).[23] Der positive Zusammenhang zwischen dem inländischen (Land eins) und ausländischen (Land zwei) Einkommen läßt sich leicht erklären:[24] Mit einem Anstieg des Auslandseinkommens

---

21) Da wir von einer erfolgreichen Sterilisierungspolitik ausgehen und Kapital immobil ist, besteht innerhalb dieser Ansätze auch bei Berücksichtigung der Geldmärkte kein wesentlicher qualitativer Unterschied zu den Reaktionen der reinen Einkommensmultiplikatormodelle ohne Geldmärkte. Ist eine erfolgreiche Sterilisation der Reservezuflüsse nicht möglich, sondern beeinflußt die Reserveänderung das Geldangebot der Länder, sind Anpassungsprozesse zu erwarten, wie sie bei Swoboda und Dornbusch (1973) beschrieben werden.
22) Von Preisniveaueffekten wird absehen.
23) Y_1 bezeichnet das Inlandseinkommen (das Inland ist Land eins), und Y_2 bezeichnet das Auslandseinkommen (das Ausland ist Land zwei).
24) Diese Darstellungweise findet sich bei Swoboda und Dornbusch (1973), Mussa (1979) und vor diesen bei Robinson (1952). Vgl. auch Gandolfo (1987, S.123ff.),

steigt die ausländische Gesamtabsorption und mit dieser
auch die ausländische Importnachfrage. Der Importnachfrageanstieg des Auslandes bewirkt einen expansiven
Nachfrageimpuls nach dem heimischen Gut. Dieser positive Nachfrageimpuls setzt nun auch im Inland einen
multiplikativen Einkommensprozeß in Gang, so daß auch im
Inland ein neues gesamtwirtschaftliches Gleichgewicht
bei einem höheren Einkommensniveau entsteht. Eine
Einkommensexpansion im Ausland ist also in einem neuen
Gleichgewicht mit einer positiven Einkommensentwicklung
auch im Inland verbunden. Alle Kombinationen des in-
und ausländischen Einkommens, die zu einem neuen Gleichgewicht auf dem inländischen Gütermarkt führen, werden
damit linearisiert durch die Y_1Y_1-Gerade in Abbildung
2.1 dargestellt. In gleicher Weise ist auch die
ausländische Einkommensentwicklung vom inländischen
Einkommen abhängig. Das Gleichgewicht auf dem
ausländischen Gütermarkt wird damit linearisiert durch
die Y_2Y_2-Gerade definiert (Abbildung 2.1). Da bereits
ein geringer Einkommensanstieg im jeweiligen Ausland
durch dessen Importerhöhung zu einer starken multiplikativen Expansion des Einkommens im jeweiligen Inland
führt, verläuft die Y_1Y_1-Gerade steiler als die Y_2Y_2-
Gerade. Die Z-Gerade verläuft steiler als die Y_2Y_2-
Gerade und flacher als die Y_1Y_1-Gerade, da die Einkommensreaktionen beider Länder symmetrisch auf dieses
Gleichgewicht wirken.

Der Punkt A soll als Ausgangspunkt dienen und durch eine
ausgeglichene Leistungsbilanz definiert sein. Die
Gerade Z beschreibt alle Kombinationen von In- und
Auslandseinkommen, bei denen für einen gegebenen festen
Wechselkurs ein Leistungsbilanzausgleich (in beiden

---

dessen einfaches Grundmodell unserer Argumentation
zugrunde gelegt wird.

Abbildung 2.1 Einkommensreaktionen auf Fiskal- und Geldpolitik bei festen Wechselkursen und immobilen Kapital in einem Zwei-Länder-Modell

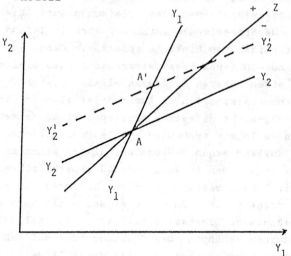

Abbildung 2.1 Einkommensreaktionen auf eine Abwertung des Landes eins bei festen Wechselkursen und immobilen Kapital in einem Zwei-Länder-Modell

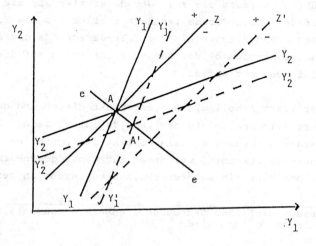

Länder) erfolgt. Punkte oberhalb bzw. links von Z beschreiben einen Leistungsbilanzüberschuß des Inlandes und Punkte rechts bzw. unterhalb von Z ein Leistungsbilanzdefizit. Ausgehend von dieser Situation sollen nun kurz die Auswirkungen einer expansiven Fiskal- und Geldpolitik im Ausland (Land zwei) erörtert werden.

Bei einer expansiven Fiskalpolitik im Ausland verschiebt sich die Gleichgewichtsgrade des Auslandes ($Y_2 Y_2$-Gerade in Abbildung 2.1) nach oben, denn bei jedem Niveau von Y_1 wird nun ein höheres Y_2 erreicht. Da die Gleichgewichtsgerade des Inlandes ($Y_1 Y_1$-Gerade) wegen der angenommenen Sterilisation nicht exogen verschoben wird, bildet sich das neue Gleichgewicht in Punkt A'. Das neue Gleichgewicht ist durch ein höheres Einkommensniveau in beiden Ländern und durch einen Leistungsbilanzüberschuß (-defizit) in Land eins (Land zwei) gekennzeichnet. Damit läßt sich als erstes Ergebnis festhalten, daß bei international immobilem Kapital und festen Wechselkursen ein exogener expansiver fiskalpolitischer Anstoß in Land zwei via Einkommensmechanismus und Leistungsbilanzverbesserung auch auf das erste Land übertragen wird.

Wie wirkt nun eine geldpolitische Störung in Land zwei auf das neue simultane Gleichgewicht in beiden Ländern? Der Punkt A in Abbildung 1.2 zeigt erneut unsere bereits beschriebene Ausgangssituation: Bei einer expansiven Geldpolitik in Land zwei wird dort eine Tendenz zur Zinssenkung ausgelöst, die über eine ansteigende Absorption expansiv wirkt. Wie in der vorangegangenen Situation verschiebt sich durch diese Nachfrageexpansion die Gleichgewichtskurve des Landes zwei erneut nach rechts. Das neue simultane Gleichgewicht in beiden Ländern entsteht wiederum in Punkt A'. Es zeichnet sich abermals durch eine Einkommenssteigerung beider Länder und durch einen Leistungsbilanzüberschuß (-defizit) in Land eins (Land zwei) aus. Da der Einkommensmechanismus der einzige Übertragungskanal ist, sind die Auswirkungen der beiden unterschiedlichen Störungen für das Inland sehr ähnlich. Entscheidend ist, wie stark der exogene Impuls auf das Ausgangsgleichgewicht in Land zwei wirkt. Bei einer exogenen geldpolitischen Störung in Land zwei wird also - wie bei der Fiskalpolitik - die Übertragung dieses Anstoßes via Einkommensmechanismus und Leistungsbilanzreaktion auf das erste Land erfolgen.

Als dritte Möglichkeit eines exogenen Anstoßes können wir nun noch die Wirkung einer Abwertung des ersten Landes auf die gleichgewichtigen Einkommen in beiden Ländern untersuchen.[25] Ausgangspunkt in der Abbildung 2.2 ist abermals das bekannte Gleichgewicht im Punkt A. Eine Abwertung der Währung des Landes eins (Inland) führt ceteris paribus bei einer normalen Reaktion zu einer Leistungsbilanzverbesserung im Inland und zu einer Verschlechterung in Land zwei. Damit ist ein Leistungsbilanzausgleich, repräsentiert durch die Z-Kurve, bereits bei geringerem Auslandseinkommen (d.h. geringerer Importnachfrage des Auslandes) oder bei höherem Inlandseinkommen (d.h. höherer Importnachfrage des Inlandes) gegeben. Die Z-Kurve verlagert sich also nach rechts unten. Auf der Basis dieser Argumentation verlagert sich aber nicht nur die Z-Kurve, sondern auch die beiden Einkommensgleichgewichtskurven. Da im Inland das bisherige Gleichgewicht nach der wechselkursbedingten Leistungsbilanzverbesserung bereits bei einem geringeren ausländischen Einkommen und damit einer geringeren einkommensabhängigen Importnachfrage erzielbar ist, verlagert sich die Einkommensgleichgewichtsgerade des

---

25) Vgl. Mussa (1979, S.172ff.).

Abbildung 2.3 Einkommensreaktionen auf Fiskal- und Geldpolitik bei flexiblen Wechselkursen und immobilen Kapital in einem Zwei-Länder-Modell

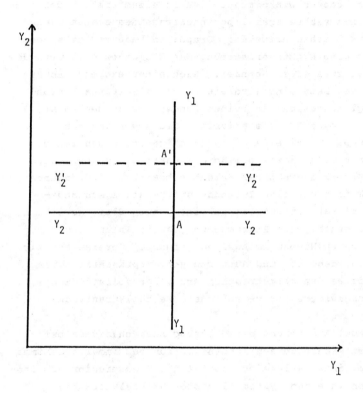

Inlandes (Y_1Y_1-Gerade) nach rechts unten. Spiegelbildlich gilt diese Argumentation auch für das Ausland. Das Ausland könnte das gleiche Einkommensniveau nur bei einem höheren Einkommen und damit einem Anstieg der einkommensabhängigen Importnachfrage des ersten Landes auch weiterhin erzielen. Graphisch bedeutet dies ebenfalls eine Rechtsverlagerung der Gleichgewichtskurve des Landes zwei (Y_2Y_2-Gerade). Nach einer exogenen Abwertung von Land eins wird ein neues, simultanes Einkommensgleichgewicht in beiden Ländern durch den Punkt A' in Abbildung 2.2 beschrieben. Die Abwertung des Inlandes hat eine Nachfrageumschichtung zugunsten des eigenen Gutes sowie bei Normalreaktion eine Leistungsbilanzverbesserung des Inlandes bewirkt. Der dadurch ausgelöste positive Inlands- und negative Auslandsmultiplikatorprozeß hat zu einem neuen Gleichgewicht bei einem gestiegenen Einkommensniveau im Inland und einem gesunkenen Niveau im Ausland geführt. Untersuchen wir verschiedene Ab- und Aufwertungen, repräsentiert die Gerade ee den geometrischen Ort aller vollständigen Gleichgewichte für verschiedene Wechselkursniveaus.

Nach der Erörterung der Übertragungsmechanismen bei festen Wechselkursen können wir nun bei immer noch immobilem internationalen Kapital die Transmission von Störungen in einem System flexibler Wechselkurse betrachten. Die zentrale Eigenschaft eines Systems flexibler Wechselkurse bei Kapitalimmobilität ist der automatische Leistungsbilanzausgleich. Jede Tendenz zu einem Überschuß oder Defizit wird durch eine sofort erfolgende Wechselkursanpassung neutralisiert. Dies hat zur Folge, daß im Gleichgewicht das Einkommen jedes Landes stets identisch mit dessen Gesamtabsorption sein muß. Einkommensveränderungen lassen sich über Nachfrageimpulse nur aufgrund von Änderungen der inländischen Absorption erzielen. Diese Bedingungen entsprechen damit analytisch der Situation einer geschlossenen Wirtschaft. Exogene Störungen aus dem Ausland werden mittels der Wechselkursanpassung durch den automatischen Leistungsbilanzausgleich voll neutralisiert. Rückwirkungen aus dem Ausland aufgrund eigener Maßnahmen ergeben sich nicht. In Abbildung 2.3 sind daher die Gleichgewichte jedes Landes unabhängig vom Einkommensniveau des anderen Landes. Dies manifestiert sich in der vertikalen bzw. horizontalen Gleichgewichtsgeraden.

Vergleichen wir nun die gleichen fiskal- und geldpolitischen Störungen in dieser Konstellation mit dem System fester Wechselkurse, erhalten wir für eine expansive Fiskalpolitik folgendes Ergebnis: Die expansive Ausgabenpolitik in Land zwei führt dort zu einem inländischen multiplikativen Einkommensprozeß. Diese Einkommensexpansion überträgt sich durch eine automatische Wechselkursanpassung und den daraus resultierenden Leistungsbilanzausgleich nicht auf das erste Land. Das Einkommensniveau von Land eins bleibt unverändert. Die multiplikative Einkommensexpansion in Land zwei entspricht dem Expansionsprozeß in einer geschlossenen Wirtschaft. Unter der Bedingung der Stabilität der Multiplikatorsysteme können wir für einen Größenvergleich verschiedener Multiplikatoren folgende Rangfolge angeben:[26] Der größte Einkommensmultiplikator ist derjenige für eine geschlossene Volkswirtschaft. Dieser ist, wie erwähnt, mit dem Multiplikator bei flexiblen Wechselkursen identisch. Bei den Festkursmultiplikatoren der offenen Wirtschaft ist wiederum der Multiplikator des kleinen Landes (ohne internationale Rückwirkungen) kleiner als der Multiplikator für ein großes Land, der internationale Rückwirkungen berücksichtigt.

---

26) Vgl. hierzu Gandolfo (1987, Bd.II, S.126f.) und die in diesem Zusammenhang erfolgenden Querverweise.

Diese Abstufung ist damit zu erklären, daß in der
geschlossenen Volkswirtschaft bzw. in einer Situation
flexibler Wechselkurse die Einkommensexpansion vollständig auf das inländische Gut wirkt. In einer offenen
Wirtschaft dagegen wird ein Teil des Einkommenszuwachses
direkt in die Importnachfrage fließen. Im Falle des
großen Landes löst dieser Nachfrageabfluß noch einen
expansiven Prozeß im Ausland aus und induziert Import-
nachfragesteigerungen des Auslandes, die einen Teil des
inländischen Nachgrageabflusses kompensieren können. Im
Fall des kleinen Landes entsteht dieser positive Rück-
wirkungsmechanismus nicht. Wir stellen also zusammenfassend fest, daß die Effekte einer expansiven Fiskalpolitik im Land zwei bei immobilem internationalen
Kapital und flexiblen Wechselkursen nicht auf Land eins
übertragen werden und daß die entstehende Einkommensexpansion stärker ausfällt als innerhalb eines Festkurs-
systems.

Hinsichtlich der Wirkung einer expansiven geldpolitischen Maßnahme ist – in Bezug auf unsere Frage der
internationalen Interdependenzen – ähnlich zu argumentieren wie bei der staatlichen Ausgabenpolitik. Die
Übertragung der geldpolitisch bedingten Störung wird
auch in diesem Fall durch den Leistungsbilanzausgleichs-
mechanismus vollständig verhindert. Land eins wird also
– wie zuvor – von der exogenen Störung in Land zwei
nicht berührt und Land zwei erfährt einen Multiplikatorprozeß, der dem für eine geschlossene Wirtschaft
gleichkommt.

Ein System flexibler Wechselkurse hat also bei völlig
immobilem, internationalem Kapital zwei wichtige
Vorzüge: Erstens, Störungen in einem Land werden nicht

auf das andere Land übertragen; es erfolgt eine vollständige Isolierung vor außenwirtschaftlichen Störungen. Zweitens, die Wirksamkeit sowohl geld- als auch fiskalpolitischer Maßnahmen wird nachhaltig verbessert. Unter diesen Bedingungen ist also ein Regime flexibler Wechselkurse hinsichtlich der Zielsetzung einer Abschirmung vor destabilisierenden, außenwirtschaftlichen Effekten und der eigenen wirtschaftspolitischen Unabhängigkeit ein geradezu ideales System. Dies gilt umso mehr, als daß das Abschirmungsziel automatisch erreicht wird, ohne ein wirtschaftspolitisches Instrument einsetzen zu müssen.

Diese Auffassung wurde insbesondere durch vier Einwände eingeschränkt:

Erstens, wird das Absorptionsniveau auch von den Terms of Trade, d.h. in einem Festpreissystem vom (flexiblen) Wechselkurs, mitbestimmt, gibt es auch bei Kapitalimmobilität Übertragungskanäle der ausländischen Störung auf das Inland. Dieser Punkt wurde bereits sehr früh von Laursen und Metzler (1950) angesprochen.

Zweitens, wenn die Geldnachfrage realeinkommensbestimmt ist und der Preisniveaudeflator neben den Preisen der Inlandsgüter auch Importgüterpreise berücksichtigt, werden Wechselkursveränderungen auf diesem Weg das LM-Gleichgewicht beeinflussen und so einen zweiten Kanal der Störungsübertragung bilden.

Drittens, ein weiterer Mechanismus der Störungsübertragung zielt auf die aggregierten Angebotsfunktionen der Volkswirtschaften. So können wechselkursbedingte Veränderungen des Verbraucherpreisdeflators zu Reallohneinbußen führen, die über Nominallohnanpassungen kompensiert werden sollen. Solche Nominallohnanpassungen beeinflussen aber in der Folge über steigende Produktionskosten die aggregierte Angebotsfunktion. Ein ähnlicher Effekt ist auch bei Berücksichtigung importierter Zwischenprodukte zu erwarten.

Viertens, sind die Güter jedes Landes nicht landesspezifisch und homogen, sondern besteht eine Struktur, in der beide Länder mehrere handelbare Güter produzieren, können Störungen in einem Land Strukturveränderungen und Relativpreisreaktionen hervorrufen und damit auch in dem zweiten Land zumindest strukturelle Anpassungsvorgänge induzieren. Eine ähnliche Argumentation gilt auch für nichthandelbare Güter.

Das gesamte bisher skizzierte Bild wandelt sich grundlegend, wenn innerhalb des gleichen keynesianischen Modelltypes die Annahme der internationalen Immobilität des Kapitals aufgegeben wird. Fleming (1962) und Mundell (1963) sind in dieser Hinsicht als die wichtigsten Wegbereiter zu nennen. Sie leiten die zweite Epoche keynesianischer monetärer Außenwirtschaftstheorie ein. Die Reaktionsabläufe bei internationaler Kapitalmobilität lassen sich in ihren wesentlichen Mechanismen am einfachsten argumentativ beschreiben.[27]

Wir beginnen wieder mit einem System fester Wechselkurse. Im Gegensatz zu der vorangegangenen Situation bei Kapitalimmobilität können wir bei sehr zinselastischen Kapitalbewegungen kaum mehr mit der Fähigkeit der Zentralbank zur Neutralisierung der Reservekomponente der monetären Basis rechnen. Für eine expansive Fiskalpolitik im Ausland (Land zwei) ergibt sich damit

---
27) Für eine ausführlichere auch graphische Diskussion vgl. Mussa (1979, S.174ff.).

folgender Reaktionsablauf: Die Ausgabenexpansion in
Land zwei führt dort zunächst über einen erhöhten Transaktionskassenbedarf zu einer Zinssteigerungstendenz.
Bei sehr zinselastischen Kapitalbewegungen entsteht ein
massiver Kapitalzufluß nach Land zwei. Der durch die
Kursfixierung nun entstehende Zuwachs an Devisenreserven, der von der Zentralbank aufgenommen werden muß,
verursacht mit der Ausweitung der Reservekomponente der
monetären Basis eine Geldmengenexpansion, die nicht mehr
mit Hilfe einer entsprechenden Reduktion der heimischen
Komponente neutralisierbar ist. Gleichzeitig findet
über die Einkommenssteigerungen durch einen Importnachfrageanstieg eine Übertragung des expansiven Prozesses
auch auf das Inland statt. In Land eins entsteht durch
diese positive Einkommensentwicklung eine Zinssteigerungstendenz, die sofort einen Teil der vom Ausland
übertragenen Anstöße dämpft. Die anfänglichen zusätzlichen Kapitalbewegungen werden also durch die Zinssteigerungstendenz auch in Land eins und mit dem Anstieg
der Geldmenge und der resultierenden Zinssenkungstendenz
in Land zwei reduziert, bis wieder ein neues Gleichgewicht entstanden ist, bei dem die Leistungsbilanzdefizite wieder voll von privaten Kapitalströmen finanziert werden. Die Fiskalpolitik des Landes zwei ist in
Bezug auf das eigene Einkommen deshalb besonders wirksam, weil der Kapitalzufluß und in dessen Folge die
Geldmengenexpansion einen starken Anstieg des inländischen Zinses verhindern und so große zinsinduzierte
Crowding-Out-Effekte nicht entstehen können. In Land
eins dagegen wird der aus Land zwei via Einkommensmechanismus übertragene expansive Impuls durch Zinssteigerungen gedämpft. Bei festen Wechselkursen unterstützt
also hohe Kapitalmobilität die Wirksamkeit der Fiskalpolitik im wirtschaftspolitisch aktiven Land. Es entsteht ein eher gedämpfter Übertragungseffekt auf das

andere Land. Dieses Bild verändert sich, wenn wir nun
die Wirksamkeit der Geldpolitik betrachten.

Bei festen Wechselkursen und hoher Zinselastizität der
Kapitalströme führt eine Geldmengenexpansion in Land
zwei zu einer Zinssenkungstendenz in diesem Land und
induziert auf diese Weise einen starken Kapitalabfluß in
Richtung des ersten Landes. Das Überschußangebot der
inländischen Währung auf dem Devisenmarkt muß von den
Zentralbanken zu festen Kursen aufgenommen werden und
bewirkt sowohl eine wieder sinkende Geldmenge des Landes
zwei als auch eine Expansionstendenz des Geldangebots
des ersten Landes. Damit wird im zweiten Land die
ursprünglich expansive Geldpolitik mit der anfänglichen
Zinssenkung allmählich neutralisiert. Im ersten Land
dagegen entsteht über die kapitalstrombedingte Geldmengenausweitung ein von der Zinssenkung induzierter,
expansiver Impuls. Damit wird ein anfänglich in Land
zwei ausgelöster Impuls in Land zwei selbst nur wenig
wirksam. Durch die hohe Kapitalmobilität wird dieser
Anstoß in starkem Maße auf das erste Land übertragen und
führt dort zu den Effekten, die für das zweite Land
beabsichtigt waren. Hohe Kapitalmobilität bei festen
Wechselkursen konterkariert die Wirksamkeit der Geldpolitik und bewirkt vor allem eine Transmission der
Impulse auf das andere Land.

Diese Situation kehrt sich in einem System flexibler
Wechselkurse nahezu um. Eine Ausgabenausweitung in Land
zwei führt dort erneut zu einem Zinsanstieg. Der
dadurch induzierte Kapitalzustrom verursacht bei flexiblen Wechselkursen aber nicht eine Veränderung des
Geldangebots, sondern bewirkt aufgrund eines Nachfrage-
geanstiegs der Währung des Landes zwei auf dem Devisenmarkt eine Aufwertung dieser Währung. Mit dieser Auf-

wertung verschlechtert sich bei einer Normalreaktion die Leistungsbilanz des zweiten Landes, so daß zu dem expansiven Ausgangsimpuls ein gegenläufiger Prozeß entsteht. Mit der Wechselkursreaktion und der Leistungsbilanzverbesserung des ersten Landes erfolgt die Transmission des Anstoßes vom Ausland ins Inland. In Land eins beginnt mit der abwertungsbedingten Leistungsbilanzverbesserung ein positiver Einkommensmultiplikatorprozeß. Während dieser eine Zinssteigerungstendenz in Land eins auslöst, bewirkt der aufwertungsbedingte kontraktive Prozeß in Land zwei die Rückführung des anfänglichen Zinszuwachses. Die Aufwertung der Währung des Landes zwei hält solange an, bis der resultierende, kontraktive Einkommensmechanismus in Land zwei und der expansive Einkommensmechanismus in Land eins die Zinsen wieder soweit angeglichen haben, daß ein Devisenmarktgleichgewicht entstanden ist. In diesem neuen Gleichgewicht ist ein wesentlicher Teil der fiskalpolitischen Ausgabenexpansion in Land zwei durch die hierdurch verursachte Aufwertung neutralisiert und via Leistungsbilanzverbesserung auf das erste Land übertragen worden. Hohe Kapitalmobilität schwächt die Wirksamkeit fiskalpolitischer Maßnahmen entscheidend ab und führt in starkem Maße zur Transmission exogener Impulse auf das Ausland.

Abschließend kann nun noch die Wirkung der Geldpolitik untersucht werden. Eine Ausweitung des Geldangebots im Ausland führt hier erneut zu Zinssenkungen. In der Folge entstehen wieder hohe Kapitalabflüsse in Richtung des Inlandes. Die Überschußnachfrage nach der Inlandswährung auf dem Devisenmarkt läßt diese aufwerten und bewirkt eine Leistungsbilanzverbesserung des Auslandes. Mit der Aufwertung von Land eins entsteht eine negativ wirkende Übertragung des expansiven Impulses aus Land zwei auf das erste Land. Über diesen negativen Anstoß werden in Land eins kontraktive Einkommensprozesse induziert, die dort eine allmähliche Zinssenkung bewirken. Gleichzeitig ist im Land zwei über die Abwertung der eigenen Währung ein zweiter expansiver Anstoß entstanden. Die nun beginnenden positiven Einkommensmultiplikatormechanismen verursachen in Land zwei einen allmählichen Zinsanstieg. Dieser hält solange an, bis durch die Zinsannäherung wieder ein neues Devisenmarktgleichgewicht erreicht wird und die multiplikativen Einkommensmechanismen abgeschlossen sind. Hohe Kapitalmobilität verstärkt bei flexiblen Wechselkursen die Wirkung der Geldpolitik im Inland beträchtlich und bewirkt eine negative Übertragung des originär positiv wirkenden Impulses auf das Ausland.

Die Ergebnisse dieser Diskussion über die Wirksamkeit fiskal- und geldpolitischer Maßnahmen und deren Übertragung auf ein anderes Land werden für eine bessere Übersicht in Tabelle 2.1 zusammengefaßt.

Eng verknüpft mit der Diskussion internationaler Kapitalmobilität wurde die Frage diskutiert, ob die Kapitalströme von den absoluten Zinsunterschieden bestimmt werden oder von den Änderungen des Zinsdifferentials.[28] Die traditionell wohl dominierende Ansicht war, daß die Aktivitäten der Arbitrageure immer dann zu kontinuierlichen Kapitalströmen führen, wenn die Zinsdifferenz den Risikoabschlag zwischen den internationalen Anlageformen übersteigt, also der Kapitalstrom als Arbitragestrom von der Zinsdifferenz abhängig ist.[29] Diese Auffassung

---
28) Eine ausführliche Diskussion hierzu bietet Hodjera (1973, S.699ff.).
29) Vgl.z.B.Rhomberg (1964), Bagatt und Flanders (1969) oder das Demonstrationsmodell bei Whitman (1970, S.14ff.).

Tabelle 2.1 Wirkungsmatrix fiskal- und geldpolitischer Maßnahmen im keynesianischen Standardsystem

	Immobiles Kapital		Hohe Zinselastizität des Kapitals	
	Fiskalpolitik	Geldpolitik	Fiskalpolitik	Geldpolitik
Feste Wechselkurse				
Wirksamkeit im Ursprungsland der Störung	Gedämpfte Wirksamkeit	Gedämpfte Wirksamkeit	Hohe Zinsreagibilität unterstützt die Wirksamkeit der Fiskalpolitik	Hohe Zinsreagibilität schwächt die Wirksamkeit der Geldpolitik
Übertragung auf das Ausland	Übertragung eines gleichgerichteten Impulses	Übertragung eines gleichgerichteten Impulses	Übertragung eines gleichgerichteten Impulses auf das Ausland	Übertragung eines starken gleichgerichteten Impulses auf das Ausland
Flex. Wechselkurse				
Wirksamkeit im Ursprungsland der Störung	Hohe Wirksamkeit	Hohe Wirksamkeit	Hohe Zinsreagibilität schwächt die Wirksamkeit der Fiskalpolitik	Hohe Zinsreagibilität unterstützt die Wirksamkeit der Geldpolitik
Übertragung auf das Ausland	Keine Übertragung auf das Ausland	Keine Übertragung auf das Ausland	Übertragung eines starken gleichgerichteten Impulses auf das Ausland	Übertragung eines entgegengesetzten Impulses auf das Ausland

impliziert z.B., daß die Währungsbehörden versuchen
können, mittels ihrer geldpolitischen Instrumente einen
bestimmten Zinsunterschied zu erzeugen, um damit die
Finanzierung von Leistungsbilanzdefiziten durch private
Kapitalzuflüsse zu gewährleisten.

Als Gegenmeinung wurde die Ansicht vertreten, daß Kapitalströme nicht von der absoluten Zinsdifferenzen abhängig sind, sondern von Änderungen der Zinsdifferenz induziert werden. Die Zinsdifferenz determiniert die Aktivabestandshaltung, nicht aber deren Änderung. Mit der Ausweitung der mikroökonomischen Portfoliotheorie (Tobin (1958) und Markowitz (1959)) auf internationale Kapitalanlagenentscheidungen (Grubel (1966,1968)) wurde der zuvor eher empirisch geführte Streit mit einem theoretischen Argument beendet. Man erkannte, daß die Bestandsgleichgewichte aus dem Portfolioansatz über das Zinsdifferential bestimmt werden. Änderungen der Zinserwartungen oder der Risiken der Aktiva bewirken einen Reallokationswunsch der Kapitalbestände und induzieren nur während der Anpassungsphase zum neuen Bestandsgleichgewicht Kapitalströme. Zwei Möglichkeiten permanenter - oder zumindest länger andauernder - Kapitalströme bei konstanten Zinsdifferenzen sind denkbar. Erstens, in einer wachsenden Wirtschaft, in der eine permanente Vermögensbildung stattfindet, die auch Auslandsaktiva einschließt, sind für gegebene Zinsunterschiede permanente Kapitalströme denkbar. Der Nettostrom ist abhängig von unterschiedlichen Wachstumsraten und damit verbunden mit unterschiedlichen Vermögensakkummulationsraten, den absoluten Unterschieden in den Vermögensniveaus oder den unterschiedlichen Anteilen, mit denen das jeweilige Auslandsaktivum als Bestandteil des Gesamtvermögens gehalten werden soll (Grubel (1968), Floyd (1969), Willet und Forte (1969)).

Zweitens kann der Reallokationsprozeß nach einer Änderung der Zinsdifferenz einen längeren Anpassungszeitraum in Anspruch nehmen. Findet dieser Anpassungsprozeß über mehrere Perioden statt, wirkt die Bestandsanpassung wie ein kontinuierlicher Kapitalstrom über diesen Zeitraum.

Obwohl also der Zinsunterschied Kapitalbestandsgleichgewichte und nicht Kapitalstromgleichgewichte bestimmte, blieb in den keynesianisch geprägten Außenwirtschaftsmodellen die Kapitalstromformulierung in Abhängigkeit von der Zinsdifferenz weiterhin populär. Explizit oder implizit wird diese Modellierungsweise meist mit einer über mehrere Perioden andauernden Bestandsanpassung begründet. Da die längerfristige Bestandsanpassung des Systems außerhalb des Zeithorizontes des Modells liegt, bleibt diese unberücksichtigt.[30]

Parallel zu der Strom- und Bestandsdiskussion der Kapitalbewegungen entwickelte sich eine Theorieströmung, die unter dem Begriff "Monetäre Zahlungsbilanztheorie" (Monetary Approach to the Balance of Payments) eine neue eigenständige Interpretation der Anpassungsmechanismen bei festen Wechselkursen lieferte. Der monetäre Zahlungsbilanzansatz kann als Rückbesinnung auf langfristige Bestandsgleichgewichtsüberlegungen, wie sie zuvor von den Klassikern bekannt waren, betrachtet werden. Kreinin und Officer umschreiben dies plakativ: "It is often suggested that the "new" monetary approach is the intellectual grandchild of the "price-specie-flow mechanism" developed by David Hume in the eighteenth century ." (Kreinin und Officer (1978, S.10))

---

30) Vgl. z.B. McKinnon und Oates (1966), Argy (1969), Whitman (1970), Branson (1970) oder Allen (1973).

Die ersten Schritte zur Wiederbelebung dieser Gedanken werden von Polak (1957), Johnson (1958), Polak und Boissonneault (1960), Mundell (1968)[31] und (1971) sowie Johnson (1972) getan.[32] Obwohl eine eindeutige Zuordnung der unterschiedlichen Beiträge kaum möglich ist, können wir doch verschiedene Strömungen innerhalb des monetären Zahlungsbilanzansatzes unterscheiden.[33] Drei Kernpunkte dieses Ansatzes sind jedoch weitgehend allen Beiträgen gemeinsam. Sie bilden die Schlüsselannahmen der Theorie: Erstens, es besteht eine generelle Zielrichtung auf langfristige Gleichgewichtsüberlegungen. Während die keynesianische Makroökonomie eher mit einem kurzen Zeithorizont arbeitet und daran anknüpfend verschiedenartige Rigiditäten zugelassen werden, ist die monetäre Zahlungsbilanztheorie eher an der Beschreibung der langfristigen Gleichgewichte interessiert. Zweitens, die Geldnachfrage ist wie das Geldangebot eine stabile Funktion von wenigen Variablen. Drittens, die Zentralbanken sind nicht in der Lage oder gewillt langfristig eine Sterilisierungspolitik zu betreiben. Der ständige Ankauf von Devisen muß zu einer Bestandsanpassung des Geldangebotes führen. Leistungsbilanzungleichgewichte reflektieren Ungleichgewichte auf den Geldmärkten und müssen daher als Phänomen des Anpassungsprozesses der Bestandsmärkte analysiert werden.

---

31) Vgl. Kapitel 15.
32) In diesem Zusammenhang ist ebenso Kemp (1962) und (1970) zu nennen, der - allerdings von der monetären Zahlungsbilanzliteratur wenig beachtet - eine ähnliche Argumentation verfolgt. Stellvertretend für viele andere Aufsätze können als charakteristisch für die monetären Zahlungsbilanzansätze folgende Beiträge genannt werden: Dornbusch (1973), Branson (1975), Frenkel und Rodriguez (1975), Dornbusch (1975), Mussa (1976a), Frenkel (1976a), Laidler und Nobay (1976) oder Johnson (1976a,1976b,1977).
33) Bei dieser charakterisierenden Abgrenzung orientieren wir uns an Kreinin und Officer (1978).

Während diese drei Basisannahmen die Grundüberlegungen der monetären Zahlungsbilanztheorie definieren, läßt sich mit Hilfe zusätzlicher Annahmen der globale Monetarismus (Globale Monetarism[34]) als eingegrenzte und spezialisierte Strömung innerhalb des monetären Ansatzes beschreiben. Im globalen Monetarismus werden Rigiditäten - insbesondere Nominallohnrigiditäten - zurückgewiesen. Die Flexibilität sämtlicher Preise führt zur Fixierung der gesamtwirtschaftlichen Produktion auf dem Vollbeschäftigungsniveau. Unterbeschäftigung existiert nur in Höhe der "natürlichen" Unterbeschäftigungsrate. Damit werden keynesianische Einkommensmechanismen und Multiplikatorvorstellungen irrelevant. Die zweite Annahme des globalen Monetarismus besteht in der internationalen Homogenität der Güter. Während innerhalb einer keynesianischen Modellwelt die Vorstellung einer endlichen Substitutionsbeziehung zwischen spezifischen Inlands- und Auslandsgütern vorherrscht,[35] gibt es im globalen Monetarismus keine länderspezifischen Unterschiede zwischen einzelnen Gütern. Für jedes Gut gilt das Law of One Price uneingeschränkt. Solange keine Güterstrukturen berücksichtigt werden,[36] gilt der einheitliche Preis auch für das Güteraggregat zu jedem Zeitpunkt und an jedem Ort. Als dritte charakteristische Eigenschaft, die den globalen Monetarismus abgrenzt, ist die Vorstellung perfekter Substitutionsbeziehungen der internationalen Aktiva zu nennen. Wie auf den Gütermärkten das Law of One Price gilt, besteht auf den Aktivamärkten zu jedem Zeitpunkt und an jedem Ort Zinsparität für alle internationalen Finanzanlagen.

---

34) Diese Bezeichnung geht auf Whitman (1975) zurück.
35) Vgl. hierzu die Diskussion des Elastizitätsansatzes der Zahlungsbilanz
36) Zum Teil wird an dieser Stelle eine Unterscheidung zwischen handelbaren und nichthandelbaren Gütern vorgenommen, vgl. z.B. Dornbusch (1973).

Als viertes wichtiges monetaristisches Element wird die Bedeutung des Geldes und des Geldmarktes als dominierender Bereich des makroökonomischen Geschehens betont. Diese vier zusätzlichen Annahmen charakterisieren also den globalen Monetarismus als eine extreme Sicht innerhalb des umfassenderen monetären Zahlungsbilanzansatzes.[37]

Als Spezialfall innerhalb des globalen Monetarismus gilt die Mundell-Laffer-Hypothese (Wanniski (1974, 1975)), auf die wir jedoch nicht weiter eingehen wollen.

Wie lassen sich nun die Anpassungsmechanismen auf exogene Störungen aus der Sicht des monetären Ansatzes beschreiben? Je nach der Vorstellung über die Situation auf den Gütermärkten läßt sich ein eher von keynesianischen Gedanken geprägter Anpassungsmechanismus von einem monetaristisch geprägten Prozeß unterscheiden.

In einem System keynesianischer Provinienz werden einerseits keynesianische Gütermarktvorstellungen verarbeitet, und auf der anderen Seite werden aber nicht nur die kurzfristigen Effekte untersucht, sondern auch die langfristigen Bestandsanpassungsprozesse zum neuen langfristigen Gleichgewicht berücksichtig (Swoboda und Dornbusch 1973). Die in diesem Modell noch zu findende Abhängigkeit des Kapitalstroms vom Zinsdifferential ist ebenfalls eher als keynesianisches Element zu betrachten.[38]

---

37) Eine ausführliche Darstellung einer - im wesentlichen - monetaristischen Position und eine umfassende Literaturdiskussion findet sich bei Claassen (1978). Vgl. auch Laidler und Nobay (1976).
38) Prinzipiell unterscheidet sich die keynesianische Variante des monetären Zahlungsbilanzansatzes von den keynesianischen Außenwirtschaftsmultiplikatormodellen mit hoher Kapitalmobilität und ohne Sterilisierungsmöglichkeit der Zentralbank kaum.

Die überwiegende Zahl der Beiträge zur monetären Zahlungsbilanztheorie hat jedoch insofern eine eher monetaristische Prägung, als daß die Annahme der Vollbeschäftigung auf dem natürlichen Niveau und die Zinsparitätsannahme Verwendung finden. Dies ist wohl auch der Grund dafür, daß der monetäre und monetaristische Zahlungsbilanzansatz gelegentlich als identisch betrachtet werden. Wir wollen daher unsere Diskussion der Anpassungsmechanismen auf diese monetaristische Variante des monetären Zahlungsbilanzansatzes beschränken. In dieser monetaristischen Version werden zwei Thesen vertreten: Erstens, die Währungsbehörden sind nicht in der Lage das reale Geldangebot im Inland zu kontrollieren. Ein Versuch, das Geldangebot über die vom inländischen Publikum in der Ausgangssituation gewünschte reale Geldhaltung auszudehnen, generiert vorübergehend ein Leistungsbilanzungleichgewicht. Dieses Leistungsbilanzungleichgewicht bleibt quasi als Ventil solange geöffnet, bis das Überschußangebot des Geldes im Inland abgebaut ist, und die Ausgangssituation als langfristiges Gleichgewicht wieder hergestellt ist. Die zweite Implikation ergibt sich aus dem Automatismus der Anpassungsprozesse. Da nach Störungen des Gleichgewichts die Anpassungsmechanismen der Geldmärkte automatisch und unaufhaltsam wirken und die Zahlungsbilanzsituation lediglich ein Spiegelbild dessen ist, wird das Nichteingreifen in irgendeinen Markt als die beste Politik betrachtet. Eingriffe können die Anpassung lediglich stören und verzögern. Fiskalpolitik ist unnötig und irrelevant, da stets auf dem Vollbeschäftigungsniveau produziert wird. Einzige Aufgabe der Wirtschaftspolitik ist, das weltweite Geldangebot so zu dosieren, daß es von den Wirtschaftssubjekten inflationsfrei aufgenommen wird. Die im wesentlichen

interessierenden Fragen sind, wie bestimmt sich das
Weltpreisniveau und wie sind die nationalen Geldmärkte
international verknüpft, denn die Geldmärkte und deren
Reaktionen definieren das langfristige Gleichgewicht und
den Anpassungsmechanismus.

Wir wollen nun die Reaktionsabläufe für zwei häufig
diskutierte Störungen - nämlich eine nationale Geldmengenerhöhung und eine Abwertung - beschreiben.[39] Ausgangssituation ist ein Gleichgewicht auf allen Geldmärkten. Da feste Wechselkurse garantiert sind, vereinigen sich die nationalen Geldmärkte zu einem Weltgeldmarkt, in dem lediglich unterschiedliche Währungsbezeichnungen die Teilmärkte voneinander abgrenzen.
Findet in einer Zwei-Länder-Welt eine Geldmengenexpansion mittels einer Kreditexpansion in Land zwei
(Ausland) statt, löst der Geldangebotsüberschuß im
Ausland entsprechend der monetaristischen Geld-Gütermarkttransmissionen einen Nachfrageüberschuß nach Gütern
aus. Durch die Annahmen der Vollbeschäftigung im Inland
und der internationalen Homogenität der Güter entsteht
aber über eine sofortige Preissteigerungstendenz eine
Umlenkung der Nachfrage auch auf das Ausland. Da auch
auf den ausländischen Gütermärkten Vollbeschäftigung
herrscht, entstehen sowohl im Ausland (Land zwei) als
auch im Inland (Land eins) simultane Preissteigerungen.
Somit wird nun aber auch der Geldmarkt des Landes eins
aus dem Gleichgewicht gebracht, denn das Realkassenniveau fällt mit dem Preisanstieg unter die gewünschte
Realkassenhaltung. Es entsteht also ein Nachfrageüberschuß nach Geld im ersten Land. Diesen Geldnachfrageüberschuß versuchen die Wirtschaftssubjekte mittels
einer Einschränkung der Absorption und daraus resultierend durch einen Leistungsbilanzüberschuß abzubauen.

---

39) Vgl. z.B. Claassen (1978, S.58ff.).

Zwar ist nicht auszuschließen, daß der Anpassungsprozeß bis zum Abbau der Geldmarktungleichgewichte mehrere Perioden beanspruchen wird. Im neuen Gleichgewicht jedoch werden die Nachfrage- und Angebotsüberschüsse auf den Geldmärkten wieder voll abgebaut sein. Der ursprüngliche Impuls einer Geldexpansion via Kreditexpansion in einem Land hat sich in einem weltweiten Anstieg des Preisniveaus ausgewirkt. Der weltweite Preisniveauanstieg hat die Weltrealkassenhaltung erneut in das unveränderbare Realkassengleichgewicht gebracht.

Auch Anpassungsreaktionen, bei denen explizit Kapitalbewegungen und temporäre Zinsveränderungen entstehen können, werden innerhalb des globalen Monetarismus beschrieben. Nach der Geldmengenexpansion im Ausland (Land zwei) verursacht der Geldangebotsüberschuß nun nicht allein einen Nachfrageüberschuß auf dem Gütermarkt, sondern ebenso auf dem Wertpapiermarkt. Auch auf den Wertpapiermärkten entstehen Werpapierpreissteigerungen und in deren Folge - aufgrund der Zinsparität - weltweit (temporär) Zinssenkungen. Im Laufe des Anpassungsprozesses reduziert sich mit dem Abbau des Geldmarktungleichgewichts auch die Wertpapiernachfrage, und der Zinssenkungsprozeß wird rückgängig gemacht. Das entstehende neue Gleichgewicht ist hinsichtlich der Bestandshaltungen und Produktionsniveaus zugleich das alte Gleichgewicht, allerdings bei einem gestiegenen Preisniveau. Die langfristige Neutralität des Geldes gilt weltweit.

Als weitere exogene Störung soll eine Abwertung der Währung des ersten Landes (Inland) betrachtet werden. Eine Abwertung verursacht direkt einen Preisanstieg der Auslandsgüter in Inlandswährung. Aufgrund der Güterhomogenität entsteht eine massive Nachfrageumschichtung des

In- und Auslandes in Richtung des inländischen Gutes.
Die Vollbeschäftigungsannahme läßt das inländische
Preisniveau steigen und das ausländische sinken, bis
über das Law of One Price ein Preisausgleich für in- und
ausländische Güter wieder erreicht ist. Mit diesem
Preisanstieg entsteht im Inland eine Überschußnachfrage
nach Geld, denn die gewünschte Realkassenhaltung kann
bei dem gestiegenen Preisniveau nicht mehr realisiert
werden. Im Ausland entsteht dagegen auf dem Geldmarkt
ein Überschußangebot. Mit der Überschußnachfrage nach
Geld im Inland geht - ähnlich wie in der vorangegangenen
Argumentation - eine Einschränkung der inländischen
Absorption einher. Im Ausland entsteht aufgrund der
umgekehrten Argumentation eine Überschußnachfrage auf
dem Gütermarkt. Im nachfolgenden Anpassungsprozeß
sorgen die transitorischen Leistungsbilanzüberschüsse
des Inlandes über Währungsreservezuflüsse für eine
Geldmengenausweitung in diesem Land und eine Geldangebotsreduktion im Ausland. Damit bauen sich die Geldmarktungleichgewichte in beiden Ländern ab, so daß eine
Bewegung zum neuen, langfristigen Gleichgewicht entsteht. Mit dem Abschluß der Bestandsanpassungen verschwinden auch die anfänglichen Leistungsbilanzungleichgewichte wieder. Die Abwertung hat also abermals
nur vorübergehend einen Einfluß auf die Leistungsbilanz
ausüben können. Langfristig werden exogene nominale
Anstöße auch nur nominale Niveaueffekte haben. Eine
Beeinflussung realer Größen ist quasi definitorisch
durch die Fixierung des Realeinkommens auf dem Vollbeschäftigungsniveau ausgeschlossen.[40]

---

40) Eine generelle Bewertung vor dem Hintergrund der
Diskussion der theoretischen und empirischen Literatur
wird von Kreinin und Officer (1978, S.72ff.)
vorgenommen.

Mit der Aufhebung der Goldkonvertibilität des US-Dollars im August 1971, der Freigabe des Pfund Sterling Mitte 1972 und dem Übergang der wichtigsten Währungen zum Floating gegenüber dem US-Dollar zu Beginn des Jahres 1973 zeichnete sich auch eine Verlagerung des Interessenschwerpunktes in der Außenwirtschaftstheorie ab.[41] Die Befürworter eines Systems flexibler Wechselkurse erhofften damit eine größere Autonomie insbesondere der Geldpolitik, die damit von den Devisenmarktinterventionen unabhängig wird, und glaubten andererseits daran, daß ein freies Wirken der Marktkräfte ohne staatliche Interventionen eine ungestörtere wirtschaftliche Entwicklung garantieren würde. Als wichtigste Befürworter der Kursflexibilisierung sind Friedman (1953) und Johnson (1969) zu nennen. "The fundamental argument for flexible exchange rates is that they would allow countries autonomy with respect to their use of monetary, fiscal and other policy instruments....." (Johnson (1969), wiederabgedruckt in: Halm (1970, S.91f.)).

Die Erfahrungen, die jedoch mit flexiblen Wechselkursen gemacht wurden, entsprachen nicht den Erwartungen. Die Wechselkursschwankungen waren stärker als erhofft. Vor diesem Hintergrund stellte sich der Theorie die Frage nach den Ursachen dieser starken, kurzfristigen Nominalkursausschläge, die scheinbar in diesem Ausmaß nicht mit den realen Begebenheiten der einzelnen Volkswirtschaften erklärbar waren. Als logische Konsequenz der Diskussion des monetären Zahlungsbilanzansatzes für feste Wechselkurse entwickelte sich ab Mitte der siebziger Jahre der Finanzmarktansatz der Wechselkursbestimmung (Asset Market Approach). Der Finanzmarktansatz der Wechsel-

---

[41] Zu einer detaillierteren Beschreibung der Ereignisse, die zum Scheitern des Bretton-Woods Systems führten vgl. Emminger (1977) oder Giersch (1971,1976).

kursbestimmung wird bisweilen als direktes Pendant zum monetären Zahlungsbilanzansatz für feste Wechselkurse betrachtet (Whitman (1975, S.516)). Dies erscheint aber insofern als eine etwas vereinfachte Sichtweise, als der Finanzmarktansatz vielschichtiger und vielseitiger ist. Die Symmmetrie des Finanzmarktansatzes zum monetären Zahlungsbilanzansatz besteht zweifelslos in der Betonung von Bestandsgleichgewichten. Eine größere Vielseitigkeit des Finanzmarktansatzes ergibt sich jedoch sowohl durch die explizite Ausrichtung der Betrachtungen auf unterschiedliche Zeithorizonte (kurze Frist und lange Frist) als auch durch die größere Vielseitigkeit der berücksichtigten Vermögensaktiva. Während also - allgemein formuliert - der monetäre Zahlungsbilanzansatz (für feste Wechselkurse definiert) eher langfristig orientiert ist und das Schwergewicht auf der Untersuchung der Geldmarktgleichgewichte liegt, betrachten die Ansätze des Finanzmarktansatzes der Wechselkursbestimmung unterschiedliche Zeithorizonte und eine größere Breite von alternativen Aktivaformen.

Wir wollen versuchen die vielen Beiträge in sechs Gruppen einzuteilen. Die Gruppe der monetaristischen Ansätze, die Overshooting-Modelle, die kurzfristigen Portfoliomodelle, die kurzfristigen Portfoliomodelle mit Gütermarktreaktionen und/oder dynamischer Strom- und Bestandsanpassung, die Währungssubstitutionsmodelle und die Capital Asset Pricing-Modelle.[42] Wir beginnen entsprechend der Reihenfolge der Aufzählung mit den monetaristischen Ansätzen.

Die monetaristische Wechselkurstheorie, deren Modelle bisweilen auch unter der Bezeichnung Chicago Theory

---

42) Einen Überblick über die Finanzmarktansätze geben Murphy und van Duyne (1980) oder Frankel (1983).

(Frankel (1979a, S.610)) diskutiert werden, arbeitet mit den gleichen, grundsätzlichen Annahmen wie die Modelle des Global Monetarism in der monetären Zahlungsbilanztheorie bei festen Wechselkursen. Die wesentlichen Charakteristika bestehen in der Annahme vollständiger Substitutionsbeziehungen aller nationalen und internationalen Bonds im Sinne der ungesicherten Zinsparität, der vollständigen Flexibilität aller Preise, der Homogenität aller internationalen Güter mit der Konsequenz der Gültigkeit der ständigen Kaufkraftparitätsbedingung, der Fixierung der Produktion auf dem Vollbeschäftigungsniveau und eines Schwergewichts der Geldmärkte als bestimmende Kraft für das Gesamtsystem.[43] Ausgehend von einem Gleichgewicht führt eine geldpolitische Expansion in einem Land lediglich zu einem prozentual gleichen Anstieg des Preisniveaus dieses Landes und einer Abwertung mit der gleichen Rate. Der Anpassungsmechanismus ist leicht zu beschreiben: Die expansive Geldpolitik überträgt sich positiv auf die Güternachfrage[44] und läßt auf den Gütermärkten eine Tendenz zu Überschußnachfragen entstehen. Da diese Märkte sofort und voll preisflexibel reagieren, wird durch die unverzögerte Preisanpassung die Überschußnachfrage sofort neutralisiert. Mit steigenden Inlandspreisen werden nun aber die ausländischen Güter attraktiver und die Substitution in Richtung der ausländischen Güter erzeugt einen Abwertungsdruck auf dem Devisenmarkt. Der Inlandspreisanstieg und der Abwertungprozeß setzen sich solange fort, bis der Inlandsgütermarkt durch die Preissteigerung ein neues Gleichgewicht erreicht hat, und die Güterarbitrage durch die Abwertung den in- und ausländischen Preisausgleich erzielt hat. Im neuen Gleich-

---

43) Für ein gut dargestelltes Demonstrationsmodell siehe Frankel (1983, S.86ff.).
44) Diese Übertragung ist durch Zinseffekte oder kurzfristige Realkassen-Vermögenseffekte denkbar.

gewicht ist die Abwertungsrate gleich der Preissteigerungsrate, und die ist gleich der Geldmengenexpansionsrate. Eine Übertragung des monetären Schocks auf das Ausland findet aufgrund der Wechselkursflexibilität nicht statt. Die Transmission des Schocks wird durch die Abwertung voll neutralisiert, das Land ist isoliert und kann eine autonome monetäre Politik betreiben, die nach monetaristischer Aufassung einzig relevant und zulässig ist.[45]

Anknüpfend an den monetaristischen Ansatz können die "Overshooting"-Modelle diskutiert werden. Während in den rein monetaristischen Modellen keinerlei Preisrigiditäten zugestanden werden, sind Preisrigiditäten wesentlicher Bestandteil des Overshootingmechanismus. Overshooting des Wechselkurses bedeutet, daß die Anstoßreaktion des Wechselkurses nach einem exogenen Schock stärker ist als die Anpassungsreaktion, die notwendig wäre, wenn alle endogenen Variablen sofort ihr langfristiges Gleichgewichtsniveau einnehmen könnten (Flood (1979b, S.168)). Als wohl populärstes Overshooting Modell ist Dornbusch (1976) zu nennen. Dieser Ansatz läßt sich auf drei konstitutive Elemente zurückführen: Ersten, ständige Gültigkeit der ungesicherten Zinsarbitragebedingungen; zweitens, kurzfristige Güterpreisrigidität gegenüber einer langfristigen Güterpreisflexibilität mit der Gültigkeit der Kaufkraftparität; drittens, rationale Erwartungen im Sinne vollständiger Voraussicht. Mit dieser Charakterisierung entspricht das langfristige Gleichgewicht des Dornbusch-Modells dem permanenten Gleichgewicht des monetaristischen Ansatzes. Durch die kurzfristigen Güterpreisrigiditäten beschreibt

---

45) Beiträge, die im wesentlichen mit den genannten monataristischen Prämissen arbeiten, sind: Frenkel (1976a), Mussa (1976b), Frenkel (1977), Bilson (1978), Hodrick (1978).

jedoch das Dornbusch-Modell eine Sofortreaktion, die vom langfristigen Gleichgewicht abweicht. Der Anpassungsprozeß läßt sich in folgender Weise charakterisieren: Eine Geldmengenexpansion im Inland verursacht eine Zinssenkungstendenz in diesem Land und erzeugt damit einen starken Bondsubstitutionswunsch in Richtung der ausländischen Anlage. Hieraus entsteht ein Abwertungsdruck, der den Wechselkurs des Inlandes ansteigen läßt. Gleichzeitig haben die Wirtschaftssubjekte aufgrund ihrer langfristigen Kaufkraftparitätsvorstellung "rational" ihre Erwartungen gebildet. Das sofortige kurzfristige Gleichgewicht wird dann erreicht, wenn bei den neuen Wechselkurserwartungen der Kassakurs so stark gestiegen ist, daß die Rate der erwarteten Wechselkursabwertungen gleich dem Zinsdifferential zwischen Auslands- und Inlandszins beträgt und damit wieder die ungesicherte Zinsarbitragebedingung gilt. Der kurzfristige Wechselkurs wird also durch die sofortigen, starken Kapitalbewegungen determiniert, die den kurzfristigen Kurs über das langfristige Niveau hinausschießen lassen. Durch die Annahme der Preisrigidität sind die Gütermärkte innerhalb dieser ersten Anstoßreaktion vollkommen unbeweglich. Erst im Verlauf des dynamischen Anpassungsprozesses entsteht ein Rückkoppelungsmechanismus zwischen den Finanz- und Gütermärkten. Die Zinssenkung im Inland und der Vermögenseffekt der Geldmengenexpansion induzieren auf dem inländischen Gütermarkt einen Nachfrageüberschuß. Anders als im monetaristischen Modell erfolgen nun die Preisanpassungen nicht sofort und vollständig, sondern in jeder Periode graduell. Diese graduellen Preisanpassungen führen das System jedoch im Zeitablauf in das langfristig erwartete, quantitätstheoretisch bestimmte Gleichgewicht zurück. Jeder Preisniveauanstieg verringert das Realkassenangebot und verursacht damit eine

allmähliche Zinssteigerung. Mit der Verringerung der
Zinsdifferenz wird jedoch bei unveränderten, langfristigen Erwartungen der Kassakurs allmählich wieder
sinken, bis im langfristigen Gleichgewicht der gegenwärtige Kassakurs dem langfristigen entspricht. In
dieser Situation ist das Zinsunterschied wieder
vollständig abgebaut, da keine Wechselkursänderungs-
erwartungen mehr bestehen. Auch der tatsächliche Kurs
entspricht der Kaufkraftparitätsbeziehung, die von den
quantitätstheoretischen langfristigen Vorstellungen
geprägt ist. Ähnliche Mechanismen bewirken auch in
einer ganzen Reihe weiterer Beiträge ein Überschießen
der Wechselkurse.[46] So wird etwa eine komplexere
Modellierung des Geldangebotsprozesses bei Rogoff (1979)
vorgenommen, der zwischen permanenten und transitorischen Störungen unterscheidet. Wilson (1979) sowie
Gray und Turnowsky (1979) machen einen Unterschied
zwischen vorhergesehenen und nicht vorhergesehenen
monetären Anstößen. Overshooting-Situationen, in denen
auch Finanzmarktrigiditäten Berücksichtigung finden,
werden von Niehans (1977) und Frenkel und Rodriguez
(1982) betrachtet.

Wir wollen uns nun den kurzfristigen Portfoliomodellen
als der dritten Gruppe der Finanzmarktansätze des Wechselkurses zuwenden. Diese Portfoliomodelle zeichnen
sich dadurch aus, daß erstens die Aktiva der einzelnen
Länder unterschiedliche Risikoeigenschaften aufweisen
und damit jede Form der Zinsparität zwischen inländischen und ausländischen Bonds ungültig wird. Die
Investoren bestimmen die Wertanteile, die die einzelnen
Vermögensaktiva in ihren optimalen Portfolios aufweisen
sollen und definieren demgemäß Aktivanachfragefunk-

---

46) Argy und Porter (1972), Frankel (1979a), Mussa
(1977), Buiter und Miller (1982) oder Mathieson (1977).

tionen, die von den Zinserwartungen und den Risiken der einzelnen Anlageformen abhängig sind. Zweitens existiert keine Einschränkungen der Kapitalbeweglichkeit. Drittens werden in der kurzfristigen Ausprägung nur Finanzmarktreaktionen betrachtet und viertens sind die Finanzvermögen - inklusive der staatlichen Bonds - zusätzlicher Bestandteil der Aktivanachfragefunktionen. Die kurzfristige Version des Portfoliomodells bezieht sich ausschließlich auf die erste Finanzmarktreaktion.[47]

Betrachten wir wieder eine Zwei-Länder-Situation, bei der im Ausland (Land zwei) eine expansive Geldpolitik[48] betrieben wird und nur das ausländische Bond international gehandelt wird, läßt sich komprimiert folgender Anpassungsmechanismus beschreiben: Ausgehend von einer Gleichgewichtssituation verursacht eine monetäre Expansion eine Störung der bisherigen Portfoliostruktur. Die Investoren des Auslandes versuchen, ihre Wertpapierhaltung zu erhöhen, und mit der so entstehenden Überschußnachfrage nach Wertpapieren sinken (durch steigende Wertpapierpreise) die Zinsen. Diese Zinssenkung bemerken auch die inländischen Investoren, die Auslandsbonds halten. Auch die Inländer versuchen nun, ihre Portfolios vom Auslands- zum Inlandswertpapier umzuschichten und erzeugen eine Überschußnachfrage nach dem heimischen Wertpapier. Zum einem sinken hierdurch die Zinsen des heimischen Bonds, und zum anderen entsteht durch die sinkende Nachfrage nach dem Auslandspapier eine Abwertung der Auslandswährung. Diese Umbewertungen der Wertpapiere durch Bondpreissteigerungen und Abwer-

---

47) Beispiele für diese Modelle sind Black (1973), Branson und Halttunen und Masson (1977), Girton und Henderson (1976a,b,1977), Dooley und Isard (1982), Henderson (1979) oder Branson und Henderson (1985).
48) Z.B durch eine Offen-Markt-Operation.

tungen der Auslandswährung erfolgen solange, bis für die
gegebenen Bestandsmengen an Aktiva ein neues Portfoliogleichgewicht erreicht wird, also die tatsächliche
Portfoliostruktur der gewünschten Portfoliostruktur
entspricht. Die Erhöhung der Geldmenge hat also die
gewünschte Bestandsstruktur der Aktiva verändert und
damit Umbewertungsprozesse ausgelöst, die so lange
wirksam sind, bis ein neues Portfoliogleichgewicht
erreicht wird. Die Aufhebung der Zinsparitätsannahme
macht die Wertpapierstruktur zu einem wichtigen Bestimmungsfaktor der Zins- und Wechselkursreaktionen.

Die dynamische Strom- und Bestandsversion des bisherigen
kurzfristigen Portfoliomodells weitet die Untersuchung
über den Anfangszeitpunkt hinaus aus.[49] Die interdependenten Strom- und Bestandsreaktionen bewegen das gesamte
System hin zu einem neuen, langfristigen Gleichgewicht.
Wir können einen solchen Anpassungsablauf wieder an
einem Beispiel mit nur einem international gehandelten
Bond, dem Auslandsbond, kurz darstellen.

Nach einer Geldmengenexpansion im Ausland (Land zwei)
und den bereits dargestellten Anstoß-Effekten auf den
Finanzmärkten, ist bei den Investoren das Gleichgewicht
zwischen Einkommensniveau und Vermögensniveau gestört.
Die Abwertung der Währung des geldpolitisch expansiven
Auslands in der Anstoß-Periode führt zu einer Güter-
nachfrageumschichtung zugunsten dieses Landes und
erzeugt so einen Leistungsbilanzüberschuß des Landes
zwei. Die Inländer müssen also ihr Leistungsbilanzdefizit mit der Abgabe des internationalen Bonds

---

49) Vgl. Kouri (1976), Branson (1977), Boyer (1977),
Calvo und Rodriguez (1977), Flood (1979b), Allen und
Kenen (1980), Branson und Buiter (1983), Kouri (1983),
Branson und Henderson (1985) oder Obstfeld und Stockman
(1985)

finanzieren. Damit verringert sich jedoch auch ihre Bestandshaltung der internationalen Anlage. Da mit diesem quantitativen Bestandsabbau im Inland dem ursprünglichen Reduktionswunsch der Werthaltung des Auslandsbonds quantitativ entgegengekommen wird, sind nun zur Erreichung des Portfoliogleichgewichts die ursprünglichen starken Wechselkursumbewertungseffekte nicht mehr erforderlich. Im Zuge der durch Leistungsbilanzungleichgewichte entstehenden quantitativen Bestandsanpassungen vermindert sich die anfängliche Aufwertung, bis durch diesen Akkumulationsprozeß ein neues langfristiges Portfolio- und Leistungsbilanzgleichgewicht wiedererlangt wird (Branson (1977)).

Zwei weitere, gesonderte Teilbereiche des Portfolioansatzes sollen noch erwähnt werden, ohne detailliert auf deren spezielle Eigenschaften einzugehen. Die erste Gruppe dieser Portfoliomodelle zeichnet sich durch identische Erwartungen der Investoren aus. Diese Ansätze knüpfen an das Capital Asset Pricing Model von Sharpe (1974) und Lintner (1965) für nationale Kapitalmärkte an.[50]

Die zweite Gruppe ist die Klasse der Währungssubstitutionsmodelle (Currency Substitution Model), die auf Calvo und Rodrignez (1977) und auf Miles (1978) zurückgehen. Konstitutives Element dieser Modelle ist die Anwendung der Portfoliodiversifizierung auf verschiedene Arten von Geld. Nicht nur das heimische, sondern auch ausländisches Geld ist Bestandteil der optimalen Portfo-

---

50) Beispiele für diesen Modelltyp sind Solnik (1974), Fama und Farber (1979) und Frankel (1979b).

liohaltung der Investoren.[51] Durch diese Vorgehensweise können sich die Wechselkursreaktionen weiter verstärken.

Neben dem Finanzmarktansatz der Wechselkursbestimmung sind zwei weitere Bereiche der neueren Wechselkurstheorie zu identifizieren: Das erste dieser Gebiete wird von Frenkel und Mussa (1985, S.726) als Asset-Price Ansatz[52] bezeichnet und baut auf Frenkel und Mussa (1980) und Mussa (1982) auf. Dieser Ansatz ist vor dem Hintergrund der Hypothese der rationalen Erwartungen (Lucas (1972,1973)) und effizienten Märkte zu verstehen. In diesen Modellen gilt die Prämisse, daß der Wechselkurs als Aktivapreis betrachtet werden muß und auf einem hochorganisiertem Finanzmarkt bestimmt wird. Auf den Märkten reflektieren die Preise zum einen die gegenwärtigen, realen Grundbedingungen auf den Märkten und zum anderen die gegenwärtig erwarteten Preisänderungen. Die Erwartungen werden auf der Basis aller relevanten Informationen über die gegenwärtigen und zukünftigen Marktbedingungen gebildet. Durch einen iterativen Erwartungsbildungsprozeß in die Zukunft wird die erwartete Entwicklung des Wechselkurses von der erwarteten Entwicklung der realen ökonomischen Rahmenbedingungen und von einer nicht erwarteten Komponente determiniert. Diese nicht erwartete Komponente entsteht dadurch, daß zuvor nicht verfügbare Informationen die Erwartungen über die realen Rahmenbedingungen verändern und so das System auf einen neuen erwarteten Entwicklungspfad bringen können. Die starken, einem Random Walk nahekommenden Ausschläge der nominalen Wechselkurse reflektieren also nach diesem Ansatz die zufallsartig den

---

51) Weitere Vertreter dieser Gruppe, sind z.B. Girton und Roper (1981) oder Thomas (1985), der eine bessere Integration der Währungssubstitutionsansätze in die traditionellen Portfoliomodelle versucht.
52) Im Gegensatz zum Capital Asset Pricing Model und Asset Market Approach.

Markt erreichenden neuen Informationen über Änderungen der gegenwärtigen und zukünftigen fundamentalen ökonomischen Bedingungen (Frenkel und Mussa (1985, S.726f.).

Als letzten Teilbereich der neueren Wechselkurstheorie wollen wir nun noch einige Möglichkeiten destabilisierender Spekulationen erörtern. Wir wollen drei Mechanismen unterscheiden, die bisweilen unter den Begriffen Speculative Bubbles, Peso Problem und Runs diskutiert werden (Dornbusch (1982,1983)).

Eine rationale "Seifenblase" kann bei folgender Hypothese über spekulatives Verhalten entstehen (Blanchard (1979)):[53] Die Investitionsentscheidung des Spekulanten beruht auf zwei Komponenten. Zum einen bestehen Vorstellungen über den langfristigen Gleichgewichtskurs, der von grundlegenden, ökonomischen Faktoren aus dem güterwirtschaftlichen Bereich bestimmt wird. Zum anderen kann der Spekulant in eine Auslandswährung investieren, wenn er erwartet, daß diese bis zur nächsten Periode weiter aufwertet. Ist bei einem risikoneutralen Spekulant die Aufwertungserwartung höher als die Erwartung einer Marktkorrektur auf den langfristigen Gleichgewichtswert (Crash), wird in die ausländische Währung investiert. Die Entscheidung zur Spekulationsfortsetzung trägt zur tatsächlichen Aufwertung bei, und führt solange in eine spekulative Aufblähung (vom fundamentalen Marktgleichgewicht weg), bis die Investoren eine Fortsetzung des Auwertungsprozesses für weniger wahrscheinlich halten als eine Marktkorrektur in Richtung des fundamentalen Gleichgewichtes. Sind die Erwartungen der Investoren ähnlich, ziehen sich diese gleichzeitig aus der spekultativen

---

53) Weitere Möglichkeiten, spekultative Blasen zu begründen werden bei Flood und Garber (1980) und Meese (1986) diskutiert.

Haltung der Auslandswährung zurück, so daß die Seifenblase platzt. Nach einer solchen Marktkorrektur kann die nächste spekultative Blase entstehen.

Während bei einer spekulativen Seifenblase alle Spekulanten wissen, daß der gegenwärtige Kurs spekultativ vom langfristig unveränderten Kurs abweicht, aber dennoch erwarten, daß sich die spekulative Aufblähung fortsetzt, entsteht das Peso-Problem durch eine Erwartungsänderung hinsichtlich des langfristigen Kurses. Bei einer Erwartungsänderung über den langfristigen Gleichgewichtskurs kann sich der gegenwärtige Wechselkurs spekulativ entscheidend verändern. Wird etwa bei einem Regierungswechsel mit einer grundsätzlichen Änderung der Wirtschaftspolitik gerechnet, beginnen die Investoren auf der Basis dieser Erwartungen ihre Anlageentscheidungen zu revidieren und verändern damit sofort die gegenwärtigen Kurse. Eine spekulative Destabilisierung kann erfolgen, ohne daß die realwirtschaftliche Grundlage tatsächlich bereits gegeben ist. Als Beispiel für die Bedeutung dieses Problems führt Dornbusch (1982, S.587) die Erfahrungen in Frankreich 1925-26 an. Während die sozialistische Regierung tatsächlich einen Budgetüberschuß aufweisen konnte und die Inflation unter Kontrolle war, führten Erwartungen über eine eventuelle Schuldendienstfinanzierung durch Geldschöpfung oder Kapitalsteuern zu einer Flucht aus dem Franc und einer kumulativen Abwertung.

Der dritte Versuch, destabilisierende Spekulationen zu begründen, besteht in der Annahme, daß die Investitionsentscheidungen auf irrelevanten Informationen basieren können (Dornbusch (1983)). Die Marktteilnehmer haben "falsche Vorstellungen" über die fundamentalen, ökonomischen Bestimmungsfaktoren des Gleichgewichts und treffen ihre Entscheidungen aufgrund von Erwartungen, die auf einem "falschen Modell" beruhen. Besteht eine hinreichend hohe Autokorrelation für die irrelevanten Variablen, kann es unmöglich werden, den systematischen Prognosefehler durch normale Tests aufzudecken. Die Wechselkursschwankungen wären aber erheblich stärker, als wenn mit dem "richtigen Modell" gearbeitet würde.

Mit der Darstellung dieser Möglichkeiten spekulativer Instabilitäten des Wechselkurses wollen wir vorerst die Diskussion über die Wechselkurstheorie abschließen.

Die Frage der makroökonomischen Interdependenzen wird während der Entwicklung des Finanzmarktansatzes der Wechselkursbestimmung eher zweitrangig und am Rande der Hauptdiskussion über die Wechselkursreaktionen angesprochen. Die Gütermarktmodellierungen, die vor allem bei den dynamischen Strom- und Bestandsmodellen berücksichtigt werden, sind meist sehr einfach und werden auf die Problemstellung der Beschreibung einfacher, dynamischer, akkumulativer Anpassungen ausgerichtet. Häufig geschieht dies sogar lediglich in einer partialanalytischen Vorgehensweise oder für ein kleines Land. Die Bedeutung der internationalen Interdependenzen der Finanz- und Gütermärkte, also die explizite Berücksichtigung von Rückwirkungen und die Betonung makroökonomischer Stabilisierungsaspekte für die zentralen wirtschaftspolitischen Größen werden erst zum Ende der 70er Jahre und zu Beginn der 80er Jahre wieder zu einem wesentlichen Gegenstand der Diskussion innerhalb der monetären Außenwirtschaftstheorie gemacht (Mussa (1979), Bryant (1980), Allen und Kenen (1980)).

Neben der traditionellen Beschreibung struktureller
Interdependenzen wurde begonnen, die Vorstellung der
außenwirtschaftlichen Interdependenzbeziehungen auf die
Dimension der wirtschaftspolitischen Aktionsinterdependenz auszuweiten.[54] Diese wirtschaftspolitische Interdependenz entsteht, da nicht nur die privaten Wirtschaftssubjekte in den verschiedenen Ländern über interdependente, internationale Finanz- und Gütermärkte in
Wechselwirkung zueinander stehen, sondern auch die politischen Entscheidungen der Regierungen nicht isoliert
gesehen werden dürfen. Die wirtschaftspolitischen Entscheidungen sind ebenfalls ein Teil eines in Wechselbeziehungen stehenden Systems. Diese Erkennntnis, daß
simultane, isolierte, wirtschaftspolitische Entscheidungen in verschiedenen Ländern sich gegenseitig simultan beeinflussen und bei der Erreichung der gewünschten
Ziele stören können, ist ein zentraler Gedanke der
neueren Diskussion außenwirtschaftlicher Interdependenzen, in deren Vordergrund die Frage der Vorteilhaftigkeit bzw. Effizienz internationaler makroökonomischer
Kooperation steht.[55]

Wir wollen zwei Bereiche dieser Kooperationsdiskussion
voneinander abgrenzen. Der erste Bereich zeichnet sich
durch die Frage nach den positiven Effekten allgemeiner,
makroökonomischer Kooperation aus, ohne das grundlegende
Problem nach den geeigneten Rahmenbedingungen , wie etwa
der Eignung verschiedener Währungssysteme, hinsichtlich

---

54) Vgl. hierzu auch die Diskussion in Abschnitt 1.
55) Obwohl eine breite Debatte über diese Probleme erst
seit Beginn der 80ger Jahre geführt wird, können erste
detaillierte Überlegungen über die Möglichkeiten international abgestimmter Stabilisierungspolitik Theil
(1964), Cooper (1968,1969) und Niehans (1968) zugeschrieben werden. Allgemeiner kann Tinbergen (1952)
als Ausgangspunkt für das Konsistenzproblem der wirtschaftspolitischen Ziel-Mittel-Kombination genannt
werden.

der Stabilisierungsfrage anzusprechen. Der zweite Bereich wendet sein Augenmerk explizit auf die Probleme der geeigneten Rahmenbedingungen einer erfolgreichen Stabilisierungspolitik, die insbesondere das Währungssystem liefern soll.

Die im Zusammenhang mit der zuerst genannten, allgemeinen Kooperationspolitik gestellten Fragen lauten etwa:[56] Kann eine international abgestimmte Fiskal- und/oder Geldpolitik besser zur Überwindung einer Unterbeschäftigungssituation in jedem einzelnen Land beitragen als die isolierte Wirtschaftspolitik jeder einzelnen Regierung? Ist ein exogener, weltweit wirkender Schock wie etwa der Ölpreisschock leichter durch eine koordinierte Wirtschaftspolitik zu überwinden? Welche Arten kooperativer Maßnahmen sind geeignet die wirtschaftspolitischen Ziele zu erreichen, und welche Ziel- und Mittelkonflikte können auftreten? Die Untersuchungsmethode innerhalb dieser Modellgruppe basiert auf einer spieltheoretischen Formulierung einer Oligopol- bzw. Duopolsituation. Die allgemein analytische Formulierung dieser Modelle erfolgt meist innerhalb eines Zwei-Länder Systems, in dem die beiden Regierungen (meist von zwei Weltregionen) als Spieler eines Zwei-Personenspiels auftreten. Diese Spieler haben eindeutig definierte Wohlfahrtsfunktionen, die vom Zielerreichungsgrad hinsichtlich des Vollbeschäftigungsziels, des Preisstabilitätsziels und bisweilen eines Leistungsbilanzziels abhängig gemacht werden. Mit Hilfe der Lösungsverfahren aus der Theorie der dynamischen Spiele werden optimale Zeitpfade für kooperative und nichtkooperative Situationen miteinander verglichen.

---

56) Vgl. z.B. Hamada (1979), Canzoneri und Gray (1985), Corden (1985), Oudiz und Sachs (1985,1984), Frenkel und Razin (1985), Currie und Levine (1985) oder Buiter (1986).

Vier wesentliche Probleme sind mit dieser Art von Überlegungen verbunden: Das erste Problem betrifft die Konsistenz der Zielvorstellungen der Länder, die an der Kooperation beteiligt sind. Auch wenn eine konzeptionelle Einigung über den theoretischen Diskussionsrahmen besteht, müssen die Zielformulierungen innerhalb dieses Rahmens konsistent sein. Ein Beispiel für eine inkonsistente Zielformulierung wäre das Ziel eines Leistungsbilanzüberschusses für alle Länder in einer geschlossenen Weltwirtschaft. Eine solche Formulierung ist als Verletzung der Weltbudgetrestriktion inkonsistent.

Die zweite Schwierigkeit entsteht aus der Möglichkeit unterschiedlicher Beurteilungen der gegenwärtigen Situation, deren Ursachen und deren weitere Entwicklung. Mit anderen Worten, hier wird das Problem einer notwendigen Einigung auf das "richtige Modell" angesprochen. Ohne einen analytischen Konsens über die Situation und die Wirkungsmechanismen des Systems werden auch bei gleicher Zielsetzung unterschiedliche, wirtschaftspolitische Schlußfolgerungen gezogen. Darüber hinaus kann die Kooperation kontraproduktiv sein, wenn zwar die beiden Länder eine kompatible Situationseinschätzung vornehmen, aber unterschiedliche Vorstellungen über die Wirkungsmechanismen des Systems haben und diese nicht kompatibel sind oder den tatsächlichen Wechselwirkungen widersprechen (Frankel und Rocket (1986)). Eine weitere wesentliche Problematik dynamischer Kooperationslösungen stellt das Problem der Zeitkonsistenz (Time Consistency Problem) des wirtschaftspolitischen Pfades dar (Oudiz und Sachs (1985)). Eine dynamische Kooperationslösung ist durch einen vollständigen, optimalen Zeitpfad wirtschaftspolitischer Maßnahmen definiert. Dies bedeutet, daß die optimale Politik bereits zum Anfangszeitpunkt des Lösungspfades für alle Perioden des angenommenen Zeithorizontes bestimmt wird. Wird in einer späteren Periode durch eine veränderte Situation eine Reoptimierung vorgenommen und auf einen neuen Zeitpfad der Politik gewechselt, war auch die Einhaltung des bisherigen Zeipfades suboptimal. Die Optimalität eines kooperativen Zeitpfades basiert also auf der Voraussetzung, daß Nachfolgeregierungen diesen Zeitpfad einhalten.

Neben der Diskussion dieser Art theoretischer Probleme werden häufig die Zwei-Region-Modelle in Form von ökonometrischen Simulationsmodellen auf mehrere Länder ausgedehnt und der Versuch unternommen, die Wirkungen konkreter, koordinierter und unkoordinierter Maßnahmen für verschiedene, als besonders wichtig erachtete Länder abzuschätzen (z.B. Oudiz und Sachs (1984), Sachs (1985), Buiter (1986), Frankel (1986), Frankel und Rocket (1986)).

Der zweite wichtige Bereich, den wir im Rahmen der jüngeren Diskussion der außenwirtschaftlichen Interdependenzen eingrenzen wollen, betrifft die Überlegungen über das geeignete Wechselkurssystem. Die Ursachen für diese neuerliche Diskussion lassen sich in drei Gruppen gliedern (Frenkel und Goldstein 1986, S. 637f.):

Erstens, die nominalen wie realen Wechselkursbewegungen waren in der Periode seit der Einführung flexibler Wechselkurse außerordentlich stark und vor allem unvorhersehbar. Während kurzfristige Fluktuationen (Exchange Rate Volatility) in ihrer Allokationswirkung als weniger störend betrachtet werden als mittel- bis längerfristige Abweichungen von den fundamentalen Gleichgewichtskursen, entsteht jedoch bereits hierdurch ein zusätzlicher Unsicherheitsfaktor, der sich negativ auswirken kann.

Zweitens, die mittelfristigen Abweichungen der Wechselkurse von den fundamentalen Gleichgewichtskursen (Misalignment) führen zu mittelfristig andauernden Relativpreisveränderungen, in deren Folge Fehlallokationen entstehen. Das Ausmaß solcher Fehlentwicklungen wird bisweilen als beträchtlich eingeschätzt (Williamson (1985)).

Drittens, ein System flexibler Wechselkurse versetzt die Regierungen in den Glauben, daß sie in der Lage seien, eine autonome Politik betreiben zu können, ohne internationale, wirtschaftspolitische Rückwirkungen und Abhängigkeiten berücksichtigen zu müssen. Bei Wechselkursflexibilität scheint der internationale Koordinationszwang, der einem Festkurssystem latent innewohnt, nicht so augenscheinlich. Dementsprechend ist das Verhalten von Regierungen und Zentralbanken nicht hinreichend an den internationalen Rahmenbedingungen orientiert.

Vor dem Hintergrund dieser Auffassungen über die Erfahrungen und Schwierigkeiten mit dem System flexibler Wechselkurse sind Überlegungen formuliert worden, die letztlich alle eine verstärkte Kontrolle der Wechselkurse zum Ziel haben. Zwischen den beiden Extremen eines völlig flexiblen Wechselkurssystems für alle Währungen und eines Systems vollständig fester Wechselkurse ist ein nahezu stufenloser Übergang in Form von Mischsystemen denkbar. Neben vereinzelt angestellten Überlegungen über die Einigungsmöglichkeiten auf ein neues Bretton-Woods-Abkommen (Branson (1986)) werden insbesondere drei Vorschläge diskutiert: Die Einrich-

tung von Wechselkurszielzonen (Target Zones), die
Bildung von Währungsgebieten (Currency Unions) und die
einseitige Anbindung der Wechselkurse an die Währung
eines anderen Landes (Optimal Peg).

Zielzonen lassen sich am besten durch Abgrenzung gegenüber verwandten Systemen definieren. Sie unterscheiden sich vom Managed Floating durch die Ankündigung einer bestimmten Zielmarge, innerhalb derer die Zentralbanken den Wechselkurs zu stabilisieren versuchen. Verglichen mit dem Adjustable Peg-System gibt es jedoch keine formale Verpflichtung zur Intervention, und - abgrenzend zur rigiden Kursfixierung - sind Anpassungen grundsätzlicher Art denkbar (Frenkel und Goldstein (1986), Williamson (1986)). Überlegungen zur Einrichtung von Zielzonen werden insbesondere für die Wechselkursprobleme zwischen den wichtigsten Währungen, US-Dollar, D-Mark, Yen, Schweizer Franken und Britisches Pfund, angesprochen.

Ein zweites bedeutendes Feld der Diskussion zur Wechselkursstabilisierung besteht in der Debatte zu optimalen Währungsgebieten. Die Frage nach den Vor- und Nachteilen einer Währungsunion wird gewöhnlich auf zwei Ebenen diskutiert:[57] Die erste Ebene behandelt die Fragestellung der Verbesserung der Allokationseffizienz durch eine gemeinsame Währung (bzw. feste Wechselkurse). In diesem Zusammenhang wird die effizienzsteigernde Funktion eines einheitlichen Tauschmittels, einer einheitlichen Recheneinheit, eines einheitlichen Wertaufbewahrungsmittels und die steigende Preissicherheit sowie daran anknüpfende spezielle Fragestellungen genannt.

---

57) Einen umfassenden Überblick über die Diskussion der Währungsunion geben Ishiyama (1975), Tower und Willett (1976), Vaubel (1978) oder Allen und Kenen (1980 Kap.14)

Entscheidend für die hier betrachteten Problembereiche ist jedoch der Einfluß des Währungszusammenschlusses auf die makroökonomischen Interdependenzen und Abhängigkeiten. Die Wirkungen wirtschaftspolitischer Maßnahmen von Währungszusammenschlüssen lassen sich auf makroökonomischer Ebene mit den internationalen Standard-Makromodellen betrachten. Von wesentlicher Bedeutung ist jedoch, daß die wirtschaftspolitische Zielvorgabe der Kursfixierung stets und unabhängig von der sonstigen Situation zu erfüllen ist, und damit von Beginn an ein wirtschaftspolitischer Zwang für einen bestimmten Mitteleinsatz gegeben ist. Die Autonomie des Einsatzes des geldpolitischen Instrumentariums in jedem Einzelland ist nicht mehr gegeben. Währungsunionen sind - unter makroökonomischem Aspekt - Gebiete fester Wechselkurse in einer Umwelt der Kursflexibilität. Modelle, die Stabilisierungsfragen bei Währungsunionen behandeln, wählen meist einen Zwei-Länder-Rahmen, bei dem die beiden kooperierenden Länder einem exogenen dritten Land, dem Rest der Welt, gegenüberstehen (Allen und Kenen (1980 Kap.16), Levine (1983)). Für diese Konstellation wird die Wirksamkeit der bilateralen Wechselkursfixierung hinsichtlich der Erfolgsaussichten der Fiskal- und Geldpolitik überprüft. In der Realität werden mit begrenzten Währungszonen Organisationsformen wie das europäische Währungssystem assoziiert.

Abschließend soll nun noch kurz auf die in Entwicklungsländern häufig praktizierte einseitige Wechselkursfixierung eingegangen werden.[58] Ähnlich wie bei der Diskussion optimaler Währungsgebiete lassen sich auch in diesem Kontext die einzelnen Beiträge in solche Argu-

---

58) Wickham (1985) liefert einen guten Überblick über den Diskussionsstand.

mente aufgliedern, die die Allokationseffizienz betreffen und solche, die eher auf einem makroökonomichen Gedankengang basieren. Die makroökonomische Fragestellung der optimalen Währungsanbindung, die vor dem Hintergrund starker Fluktuationen der wichtigsten Währungen gestellt wird, lautet: Welche Art der Währungsanbindung an eine dieser wichtigen Währungen oder an einen zu definierenden optimalen Währungskorbs führt zu einem möglichst geringen destabilisierenden Einfluß der bilateralen Fluktuationen der bedeutensten Währungen auf die wichtigsten makroökonomischen Variablen?[59] Entsprechend der unterschiedlichen Ansätze der Theorie werden auch hinsichtlich dieser Problemstellung unterschiedliche Modelltypen zugrundegelegt. So arbeiten Branson und Katseli-Papaefstratiou (1981,1982) und Lipschitz und Sundarajan (1982) mit einem partialen Elastizitätsansatz, Flanders und Helpman (1979) mit einem kurzfristigen keynesianischen Absorptionsansatz und Connoly (1982) mit einen monetaristischen Ansatz. Entsprechend dieser unterschiedlichen Modellpräferenzen sind auch, wie zu erwarten, die Implikationen und Politikempfehlungen stark voneinander abweichend.

Mit dieser kurzen, zusammenfassenden und durchaus nicht erschöpfenden Darstellung einiger neuerer Entwicklungen innerhalb der Diskussion internationaler Interdependenzen von Finanz- und Gütermärkten wollen wir unsere übersichtsartigen Ausführungen über dieses Problemfeld abschließen und uns unserer bereits definierten, noch offenen Fragestellung zuwenden.

---

59) Alternativ wird auch bisweilen gefragt: Welche Währungskorbbindung erlaubt die größtmögliche Stabilisierung des realen, effektiven Wechselkurses? Diese Frage zielt auf die Stabilisierung der Wettbewerbsfähigkeit gegenüber dem Ausland.

3. Beschreibung der Grundstruktur des Modells

Vor dem Hintergrund der in Abschnitt 1 definierten Problemstellung kann die Intention dieses Abschnitts in zwei Punkten erfaßt werden:

Erstens, wir wollen als Ausgangspunkt unserer Überlegungen einen Modellrahmen entwickeln, der die grundsätzlichen Verhaltensmuster und Restriktionen der einzelnen Aggregate in jedem der zu betrachtenden Länder beschreiben soll.

Diese allgemeine Ausgangsstruktur soll die spätere vollständige Modellierung eines Zwei-Länder-Modells und die Erweiterung auf ein Drei-Länder-System vorbereiten. Da der allgemeine Modellrahmen und dessen Restriktionen bereits hier ausführlich vorgestellt werden, kann später diese als Basis dienende Struktur leicht für die Modellierung des Zwei-Länder-Modells genutzt und nachfolgend um ein zusätzliches Land auf drei Länder erweitert werden.

Bei der Diskussion dieser Verhaltensmuster und Restriktionen muß eine sorgfältige Abwägung zwischen verschiedenen alternativen Formulierungen vorgenommen werden. Ein wesentliches Problem dieser Abwägung betrifft die Ausweitung des Systems auf einen kompletten Drei-Länder-Rahmen. Ein solcher Schritt läßt den Umfang solcher makroökonomischen Modelle schnell außerordentlich groß werden. Damit entsteht ein bedeutender trade-off zwischen der Handhabbarkeit und Anschaulichkeit des Modells und einer komplexeren Modellierung jedes einzelnen Landes. Je detaillierter die Beschreibung der einzelnen Reaktionsmechanismen in jedem Land ist, desto

verflochtener die gegenseitigen Abhängigkeiten und desto
weniger anschaulich und überschaubar sind die Wirkungsmechanismen. Diesem Problem sehen sich auch andere
Autoren gegenüber: "However simple the individual country
models may be, the interdependent global economic system
very soon outgrows analytical treatment;" (Buiter (1986,
S.541)). Unter diesem Aspekt ist es daher sinnvoll, sich
auf die Mechanismen zu beschränken, die wir als wesentlich erachten können. Allerdings ist es mindestens
ebenso wichtig, eine Bewertung des Ergebnisses nur im
Bewußtsein dieser Einschränkungen vorzunehmen.

Neben den Überlegungen zu einer angemessenen Formulierung
der Verhaltenshypothesen der einzelnen Aggregate soll als
zweiter Betrachtungsgegenstand dieses Abschnitts die
Anwendung unterschiedlicher Gleichgewichtskonzepte
problematisiert und erörtert werden. Insbesondere die
Unterscheidung von Periodenend- und Periodenanfangsgleichgewichten und deren Implikationen stehen im Vordergrund dieser Überlegungen. Beginnen wir aber mit der
Modellierung der einzelnen Aggregate.

3.1 Aggregate und ihre Verhaltenshypothesen

Die Betrachtung der einzelnen Sektoren eines Landes (j)
können wir in vier Stufen vornehmen. Erstens werden wir
den öffentlichen Sektor beschreiben, zweitens werden die
Verhaltensfunktionen und Restriktionen des privaten
Sektors definiert, drittens wollen wir die gesamtwirt-
schafliche Absorption determinieren und viertens die
Bestimmung des Leistungsbilanzsaldos vornehmen. Bevor
wir uns nun diesen einzelnen Sektoren detailliert zuwenden werden, beginnen wir jedoch mit einigen allgemeinen Annahmen zur Beschreibung des Modellrahmens.

(A1) Die betrachteten Länder sind hinsichtlich der Struktur und der Verhaltensweisen symmetrisch, es sei denn, spätere Annahmen schränken diese Aussage partiell ein.

(A2) Der Modellrahmen ist auf Fragestellungen kurzfristiger, makroökonomischer Reaktionen ausgelegt.

Diese Annahme impliziert, daß Politikmaßnahmen ausschließlich hinsichtlich ihrer kurzfristigen Wirkungen untersucht werden. Alle daraus langfristig entstehenden Effekte werden vernachlässigt. Dies ist besonders dann bedenklich, wenn kurzfristige diskretionäre Stabilisierungsmaßnahmen langfristig genau entgegengesetzte Effekte bewirken könnten und diese Effekte auch durch zukünftige Politik nicht mehr neutralisierbar sind.[1] Um jedoch solche trade-off-Situationen zwischen heutiger Stabilisierung und zukünftiger Destabilisierung adäquat untersuchen zu können, müßten dynamische Systeme formuliert werden, die sowohl das Gleichgewicht der Anstoßperiode beinhalten, als auch dynamisch auf ein langfristiges Gleichgewicht zusteuern. Solche Modelle sind jedoch bisher im makroökonamischen Rahmen nur innerhalb einfachster Modellstrukturen formulierbar.

Damit bleibt bei der Wahl der Modellstruktur die Entscheidung zwischen einem eher kurzfristig ausgerichteten Modell oder einem langfristigen Gleichgewichtsmodell.

---

1) Würde z.B. eine Regierung innerhalb einer Overshootingreaktion eine kurzfristige Stabilisierung betreiben, ohne über einen optimalen Kontrollpfad die destabilisierende Wirkung dieser anfänglichen Stabilisierungspolitik auf das langfristige Gleichgewicht neutralisieren zu können, bestünde ein intertemporaler trade-off der kurz- und langfristigen Stabilisierungziele.

Diese Entscheidung ist je nach der zu behandelnden Fragestellung zu treffen.

Da wir uns eher mit kurzfristig wirksamen internationalen makroökonomischen Interdependenzen und deren Übertragungsmechanismen beschäftigen werden, ist die Modellstruktur auf diesen kurzfristig definierten Untersuchungsgegenstand ausgerichtet.

(A3)   Alle Erwartungen sind statisch. Alle jetzigen Größen werden also auch in Zukunft für den gesamten Planungshorizont bis zum Abschluß des Akkumulationsprozesses als gleichbleibend betrachtet (vgl. auch (A43)). Dies gilt sowohl hinsichtlich der Wechselkursveränderungen als auch hinsichtlich der Aktivarenditen oder Preisniveauveränderungen.

Diese Annahme ist insbesondere für die Modellierung internationaler Finanzmärkte außerordentlich restriktiv. Auch bleibt die Möglichkeit spekulativen Verhaltens einschließlich spekulativer Seifenblasen (Blanchard (1979), Flood und Garber (1980) und Dornbusch (1982), Meese (1986)) unberücksichtigt. Der Einfluß, der etwa durch Zentralbankmaßnahmen direkt auf die Erwartungen ausgeübt werden kann, ist ebenfalls nicht weiter beachtet. Da die internationalen Transmissionsmechanismen in hohem Maße via internationalem Finanzkapitalverkehr wirken, und dieser wohl erheblich von Erwartungen und Spekulationen geprägt ist, muß diese Spezifizierung unseres Modellrahmens als eine wesentliche Einschränkung der Allgemeingültigkeit der Ergebnisse betrachtet werden.[2]

---

[2] Zur Einbeziehung von Erwartungen, vor allem rationaler Erwartungen in die Wechselkurstheorie vgl. Dornbusch

(A4)   Die Preise aller Aktiva sowie der Wechselkurse sind voll flexibel. Die Wechselkurse sind stets in Preisnotierung definiert.

(A5)   Bei der Bestimmung von Reaktionsrichtungen werden wir stets annehmen, daß Preissubstitutionseffekte stärker sind als Einkommens- oder Vermögensniveaueffekte.

Nach diesen allgemeinen Annahmen, können wir nun zu den einzelnen Aggregaten übergehen.

3.1.1 Staat

Das Verhalten des Staates und die Restriktionen, denen er unterliegt, wollen wir durch ein Bündel von Annahmen beschreiben:

(A6)   Das staatliche Budget besteht aus den allgemeinen Staatsausgaben, den Zinszahlungen auf Staatspapiere, internationalen Transferzahlungen, den allgemeinen Steuern und den Steuern auf internationale Zinseinkünfte. Alle Steuern sind Kopf-Steuern.[3]

(1976), Kouri (1976), Rodriguez (1980), Turnovsky und Bhandari (1982).
3) Zur Wirkung anderer Steuerarten als Kopf-Steuern insbesondere in Hinsicht auf das dynamische Verhalten des Systems vgl. Blinder und Solow (1973) für eine geschlossene Wirtschaft und Turnovsky (1976) für eine offene Volkswirtschaft.

(A7) Der Staat fragt nur das inländische Gut nach. Das Niveau der staatlichen Nachfrage wird exogen festgelegt.

(A8) Zinszahlungen des Staates an die Zentralbank, die dadurch anfallen, daß die Zentralbank via Offen-Markt-Operationen staatliche Bonds hält, werden sofort zurücktransferiert und sollen daher nicht explizit berücksichtigt werden.

Es entspricht auch der Praxis, daß Zentralbankgewinne für gewöhnlich zur Finanzierung des Staatsbudges eingesetzt werden.

(A9) Ein staatliches Budgetdefizit kann grundsätzlich auf zwei Wegen kreditfinanziert werden: auf dem Weg eines direkten Buchkredites bei der Zentralbank und durch die Emission von öffentlichen Bonds an das Publikum.

(A10) Direkte Buchkredite bei der Zentralbank sind zinslos.

Diese Buchkredite beschreiben den Kanal, mit dem sich der Staat den Münzgewinn der Geldschöpfung zu eigen machen kann.

(A11) Die staatlichen Bonds, die an das Publikum ausgegeben werden, sind Konsols. Sie garantieren in jeder Periode eine Zinsauszahlung von einer Währungseinheit der Denominationswährung.

(A12) Der internationale Steuer- und Transfermechanismus des Staates wird so definiert, daß der private Sektor als Aggregat stets mit einer Kopf-Steuer in der gleichen Höhe belegt wird, wie dessen internationale Zinseinkünfte betragen. Gleichzeitig wird ein Betrag in Höhe der Nettozinseinkünfte ebenfalls als Pro- Kopf-Transfer an das netto zinszahlende Land zurücktransferiert.

Diese Annahme ist sehr artifiziell. Sie ist aber in der Literatur sehr häufig vorzufinden und wird fast immer dann getroffen, wenn internationale Zinszahlungen überhaupt Erwähnung finden (Allen und Kenen (1980, S.40ff.), Branson und Henderson (1985, S.761), Marston (1985, S.868)). Der Grund für diese Vereinfachung besteht darin, daß die Autoren andere Mechanismen betonen möchten und nicht zusätzlich auf die Effekte internationaler Zinszahlungen eingehen wollen. Ein wesentliches Problem der Berücksichtigung dieser Zahlungen besteht darin, daß die Richtung des Zinsflusses von der Nettoauslandsposition des Landes bestimmt wird, also aus der exogenen Geschichte des Systems hervorgeht. Diese ist aber innerhalb einer theoretischen Betrachtung zu einem Zeitpunkt arbiträr. Es wird also möglich, die endogen zu bestimmenden Effekte durch entsprechende Annahmen über die Höhe und Richtung der Zinszahlungen beliebig zu beeinflussen.[4] Daher wird diese Problematik überwiegend übergangen. Auch wir wollen uns mit diesen Fragen nicht explizit beschäftigen, sondern durch die Einführung des internationalen Transfersystems diese Schwierigkeiten mit der beschriebenen Annahme umgehen.

---

[4] Aufgrund dieser Problematik wäre es aus theoretischer Sicht interessant, ob etwa ein "kritischer Wert" internationaler Nettozahlungen existiert, bei dem Modellergebnisse auch qualitativ durch die Einführung internationaler Zinsströme umgekehrt werden. Existiert ein solcher kritischer Wert, und ist er aus empirischer Sicht nicht generell auszuschließen, ist diese Annahme nicht unbedeutend.

Mit der Einführung dieses Mechanismuses ist gelegentlich der Einwand verbunden, daß Inländer unter diesen Bedingungen keine ausländischen Bonds mehr halten wollen, da ja die Ertäge der Auslandsanlage weggesteuert werden. Zwei Argumente sind hiergegen anzuführen: Erstens, wegen der Annahme der lump-sum-Besteuerung erkennen die Investoren die proportionale Abhängigkeit ihrer Steuerzahlungen und der internationalen Zinseinkünfte nicht.[5] Zweitens, zwar wird dem Aggregat Haushalte eine Steuer auferlegt, die genau der Höhe der internationalen Zinseinkünfte dieses Aggregats entspricht, bei unterschiedlichen Individuen bedeutet dies aber nicht notwendiger Weise, daß deren individuelle Zinserträge voll neutralisiert werden. Ein Steuer- und Transfersystem der beschriebenen Art impliziert also nicht, daß keine Auslandsbonds mehr von Inländern gehalten werden.

(A13) Während unserer Untersuchungsperiode werden wir von einem ausgeglichenen Staatsbudget ausgehen. Da jedoch in vorangegangenen Perioden Budgetdefizite durch Bondausgabe finanziert wurden, werden diese Bondbestände in der Ausgangssituation vom Publikum gehalten.[6]

Dieses Annahmenbündel kann nun in eine formale Modellformulierung übersetzt werden. Die Ausgabenposten des Staates bestehen aus den allgemeinen Staatsaufgaben zum Kauf von inländischen Gütern und Dienstleistungen (G_J), Ausgaben für Zinszahlungen (Q_J) sowohl an den privaten

---

[5] Würde dieser Zusammenhang erkannt, hätte dies direkte Folgen für die Nachfrageentscheidung nach Auslandsbonds. Damit besteht eine Parallelität zur Zollilusionsdebatte (vgl. Heidorn et.al. (1985), Heidorn (1987)).
[6] Mit dieser Annahme wird die Annahme (A9) weitgehend neutralisiert. Da (A9) jedoch den Weg für eine Modellausweitung zeigt, erscheint die explizite Aufnahme dieser Annahme als sinnvoll.

inländischen Sektor (Q_{jj})[7] als auch an das Ausland (Q_{kj}) und internationale Transferzahlungen an das Ausland (Tr_j). Zinszahlungen an die Zentralbank, die immer dann entstehen, wenn die Zentralbank durch Offen-Markt-Operation staatliche Bonds hält, sollen explizit nicht ausgewiesen werden, denn diese Zentralbankeinnahmen werden sofort und direkt an den Staat zurückfließen (A8). Implizit wirkt sich eine solche Transaktion jedoch dadurch aus, daß die staatlichen Zinszahlungen insgesamt verringert werden. Faktisch wirkt also die Zentralbankrückerstattung von Zinseinkünften aus öffentlichen Bonds, als wenn das ehemals zinstragende öffentliche Wertpapier nun ein zinsloser Buchkredit geworden ist. Durch eine Offen-Markt-Operation der Zentralbank verändert sich also auch die Schuldendienstverpflichtung des Staates.

Die Einnahmen des Staates ergeben sich aus allgemeinen Steuern (T_j) und Steuern in Höhe der internationalen Zinseinkünfte des privaten Sektors (T_j^a). Der Fehlbetrag von staatlichen Einnahmen und Ausgaben definiert das Budgetdefizit (BD_j).

(3.1) $G_j + Q_j + Tr_j - T_j - T_j^a = BD_j$

Das Budgetdefizit kann durch staatliche Kreditaufnahme finanziert werden. Berücksichtigen wir jedoch die Annahme eines ausgeglichenen Staatsbudgets (A13), stellt sich die staatliche Budgetrestriktion folgendermaßen dar:

(3.2) $G_j + Q_j + Tr_j - T_j - T_j^a = 0$

---

[7] Der erste Index definiert den Zinsempfänger und der zweite Index das Ursprungsland des Bonds.

Während die allgemeinen Staatsausgaben (G_j) exogen festgelegt sind, werden die Zinszahlungen vom Verschuldungsniveau direkt bestimmt. Da die Bonds als Konsols definiert sind und somit einen Zinsertrag von einer Währungseinheit garantieren (A11), gilt $Q_{jj}=B_{jj}$ und $Q_{kj}=B_{kj}$[8]. Durch die Annahme, daß internationale Nettozinsströme stets durch einen Gegentransfer neutralisiert werden (A12), bestimmen der Wechselkurs (e_{jk})[9] und die Nettoauslandsposition des Landes die Höhe dieses internationalen Transfers.

(3.3) $Tr_j = e_{jk}Q_{jk} - Q_{kj}$, $k \neq j$

Da gleichzeitig die zu den Auslandserträgen gleich hohe Steuer (T_j^a) einen Teil der Transferleistungen finanziert, ergibt sich letztendlich folgende, sehr einfache Budgetrestiktion:

(3.4) $T_j^a = e_{jk}Q_{jk}$

$G_j + Q_{jj} + Q_{kj} + Tr_j - T_j^a - T_j = 0$

$G_j + Q_{jj} + Q_{kj} + e_{jk}Q_{jk} - Q_{kj} - T_j^a - T_j = 0$

(3.5) $G_j + Q_{jj} - T_j = 0$, $dQ_{jj} = dT_j$ für $dG_j = 0$

Die Prämisse eines stets ausgeglichenen Staatshaushaltes ($BD_j = 0$) verlangt eine ständige endogene Anpassung der Steuern an den staatlichen Schuldendienst. Zwar entsteht

---

8) B_{kj} bezeichnet die Anzahl der Bonds des Landes j, die von Investoren des Landes k gehalten werden. Damit bestimmt der erste Index das Land des Investors, der zweite Index bestimmt das Ursprungsland des Bonds.
9) e_{jk} bezeichnet den Wechselkurs des Landes j gegenüber Land k in Preisnotierung.

durch diese Annahme keine zusätzliche Verschuldung und
damit auch kein verschuldungsinduzierter zusätzlicher
Zinsendienst, eine Veränderung der staatlichen Schulden-
dienstverpflichtungen ergibt sich jedoch immer dann, wenn
die Zentralbank eine Offen-Markt-Operation durchführt.
Da der Staat an die Zentralbank faktisch keinen Schuldendienst leistet, müssen für den Budgetausgleich die
Steuern stets an veränderte Zinszahlungen angepaßt
werden. Verringern sich nach einer expansiven Offen-
Markt-Operation durch den Ankauf staatlicher Bonds die
Zinszahlungen an den privaten Sektor, müssen die allgemeinen Steuern um den gleichen Betrag gesenkt werden, um
den Budgetausgleich zu gewährleisten. Die staatliche
Ersparnis ist stets gleich dem negativen Budgetdefizit.
Beide haben in der Ausgangssituation und während der
gesamten Betrachtung einen Betrag von Null.

(3.6) $S_j^G = -BD_j = 0$

3.1.2 Zentralbank

Das Annahmenbündel über das Zentralbankverhalten können
wir in folgender Weise zusammenfassen:

(A14) Es gibt kein Privatbankensystem. Die Zentralbank
ist die einzige zu betrachtende Bank.

Mögliche Probleme der Steuerbarkeit des Geldangebots
durch ein zwischengeschaltetes Privatbankensystem müßten
bereits für geschlossene Wirschaften berücksichtigt
werden. Dies gilt um so mehr für offene Volkswirt-

schaften.[10] Zusätzlich könnte die Existenz von Euromärkten die Schwierigkeit einer exogenen Geldmengensteuerung erhöhen. Die Auffassungen zu diesem Problem sind in der Literatur jedoch nicht einheitlich. Einerseits wird befürchtet, daß durch den Fortfall der Reserveplichtigkeit der Eurobanken die Geldangebotsmultiplikatoren beliebig groß werden können und nicht mehr kontrollierbar sind, andererseits wird davon ausgegangen, daß eine rationale Politik der Geschäftsbanken zu einer optimalen freiwilligen Reservehaltung führt und damit zwar einen komplizierteren, aber dennoch kontrollierbaren Geldangebotsmultiplikator entstehen läßt.[11]

(A15) Die Aktivabestände der Zentralbank setzen sich grundsätzlich aus den Buchschulden des Staates, dem Bestandswert an staatlichen Bonds und dem Bestandswert an Devisenreserven zusammen. In der Ausgangssituation und während unserer Betrachtungsperiode werden von der Zentralbank keine Bestände an Währungsreserven, weder in Form ausländischer Wertpapiere noch in Form ausländischen Geldes gehalten.

(A16) Wie bereits in den Annahmen zum staatlichen Sektor angesprochen, wird die Zentralbank etwaig entstandene Zinserträge sofort an den Staat abführen.

Da in unserer Ausgangssituation und auch während unserer Betrachtungen keine Währungsreserven von der Zentralbank gehalten werden, sind also auch keine Zinserträge aus der

---

10) Kenen (1976) argumentiert allerdings, daß die Berücksichtigung eines Privatbankensystems keine qualitativen Veränderungen der Modellergebnisse implizieren würde. Vgl. insbesondere den Anhang.
11) Vgl. Willms (1976), Niehans und Hewson (1976), Fuhrmann (1979) oder als Übersicht über die Diskussion Johnston (1983).

Auslandsbondhaltung an den Staat abzuführen. Dies ist
der Grund dafür, daß auch dieser Posten nicht explizit
innerhalb der Diskussion des Staatshaushaltes aufgeführt
wurde.

Nach der Auflistung der Annahmen können wir nun erneut zu
deren Transformation in das formale Modell übergehen.
Mit dem Verzicht auf die explizite Formulierung und Integration eines Privatbankensystems beschränkt sich die
Betrachtung des Bankensektors auf die Beschreibung des
Zentralbankverhaltens und deren Restriktionen.

Den Vermögensaktiva der Zentralbank (also der direkten
Buchschuld des Staates, den von der Zentralbank gehaltenen Bestandswerten staatlicher inländischer Bonds und
den Devisenreserven, bewertet in heimischer Währung)
stehen Forderungen an die Zentralbank in Form der inländischen Zentralbankgeldmenge gegenüber.

Die Annahmen (A13) und (A15) gewährleisten jedoch, daß
sich in der von uns betrachteten Situation weder die
Buchverschuldung des Staates noch der Devisenbestand der
Zentralbank verändert. Geldmengenpolitik wird damit
einzig als Offen-Markt-Operation auf dem inländischen
Bondmarkt definiert. Bei einer solchen Offen-Markt-
Operation kauft die Zentralbank staatliche Bonds und
zahlt mit Zentralbankgeld. Es entsteht also ein Zuwachs
der Zentralbankhaltung staatlicher Bonds $(d(B_{zj}))$. Bezeichnet q_j den Preis des Bonds j in der Währung des
Landes j, ergibt sich als Zentralbankrestriktion:

(3.7) $dM_j - q_j(dB_{zj}) = 0$

Solange keine zusätzliche staatliche Verschuldung berücksichtigt werden muß, ist die Änderung der Zentralbankhaltung von staatlichen Bonds gleich der negativen Änderung des Bondangebotes für das private Publikum $(q_J(dB_J))$.

(3.8)　　$dB_J = -dB_{zJ}$

(3.9)　　$q_J(dB_J) = -dM_J$

3.1.3 Unternehmen

Auch für den Unternehmenssektor wollen wir eingangs die grundlegenden Annahmen darstellen.

(A17)　Die ausschließliche Tätigkeit des Unternehmenssektors besteht in der Güterproduktion.

(A18)　Die Unternehmen produzieren ein landesspezifisches homogenes Gut.[12]

Eine Unterscheidung zwischen handelbaren und nicht handelbaren Gütern wird also nicht getroffen.[13] Auch werden wir die gelegentlich vorzufindende Differenzierung zwischen einem Export- und einem importkonkurrierenden Sektor nicht vornehmen. Ebenso wird von Zwischenprodukten und deren Einflüssen abgesehen.[14]

---

12) Die Homogenitätsannahme kann auch als composite good-Annahme interpretiert werden.
13) Als Beiträge, in denen diese Prolematik Beachtung findet, können z.B. Dornbusch (1973) und Mathiesen (1973) genannt werden.
14) Zur Behandlung von Zwischenprodukten in makroökonomischen Modellen vgl. Obstfeld (1980), Herberg und McCann (1982) oder Herberg, Hesse und Schuseil (1982).

(A19) Die Unternehmen produzieren mit den Faktoren Arbeit und Kapital. Der Kapitalstock als ein abstraktes nicht näher spezifiziertes Aggregat ist kurzfristig konstant.[15] Investitionen werden nicht berücksichtigt, weder als Nachfragekomponente, noch als Kapitalstockveränderung.

(A20) Es herrscht Unterauslastung der Kapazitäten und bei völlig elastischem Arbeitsangebot wird die Produktion bei konstanten Preisen jederzeit an die Nachfrage angepaßt.

Dies ist eine einfache, keynesianisch geprägte Beschreibung der Produktions- und Angebotsverhältnisse. Die Wahl dieser Formulierung impliziert nicht, daß wir eine solche Gütermarktvorstellung für die bestmögliche halten, sondern daß wir sie als eine denkbare Modellierung betrachten wollen. Es ist wohl unstreitig, daß unter realistischeren Bedingungen Preiseffekte beachtet werden müssen und ein wesentlich komplexeres Angebotsverhalten der Unternehmen sowie die Funktionsweise des Lohn- und Preisbildungsprozesses und dessen Implikationen zu entwerfen ist.

Wir wollen dennoch diese Modellierung vor dem Hintergrund von zwei Überlegungen wählen:

Ein größerer Teil der Debatte über außenwirtschaftliche Übertragungsmechanismen und deren Wirkungen auf die makroökonomisch relevanten Variablen ist auf der Basis einfacher keynsianischer Einkommensmodelle geführt

---

15) Die Behandlung des Kapitalstocks als ein "abstraktes Aggregat" ist brisant. Obwohl eine breite Diskussion über diese Problematik stattgefunden hat (Cambridge/Cambridge-Kontroverse), wollen wir jedoch bei dieser sehr vereinfachten Vorstellung über den Faktor Kapital bleiben.

worden. Da hinsichtlich dieser Debatte unser Interesse
der Bedeutung einer veränderten Wechselkurstheorie in
Gestalt der Portfoliotheorie gilt, wollen wir nicht auch
die Gütermärkte wesentlich verändert formulieren.

Das zweite Argument für eine solche einfache Gütermarkt-
formulierung basiert auf dem bereits angedeuteten Erfor-
dernis, den Modellumfang vor dem Hintergrund einer Drei-
Länder-Formulierung einzugrenzen. Eine Vereinfachung der
Modellierung der Gütermarktwechselwirkungen erscheint
daher zulässig, solange man dies bei den resultierenden
wirtschaftspolitischen Empfehlungen berücksichtigt.

3.1.4 Private Haushalte

Das Verhalten der privaten Haushalte soll mit folgendem
Annahmebündel charakterisiert werden.

(A21)　Alle Planungen der privaten Haushalte sind
　　　　Nominalplanungen.

Diese Annahme impliziert eine gewisse Geldillusion. Innerhalb unserer kurzfristigen Betrachtung, insbesondere
in einem monetären Modellrahmen, erscheint jedoch auch
eine Form der Geldillusion als durchaus vertretbar. Die
Geldpreise können in einer solchen Konstellation aus
Gründen ihrer Informationseffizienz als die relevanten
Preise betrachten werden. Da die Preisniveaus im
beschriebenen Modellrahmen ohnehin konstant sind, zielt
diese Annahme vor allem auf die Realeinkommenswirkungen
von Wechselkursveränderungen.

(A22) Die privaten Haushalte haben drei Entscheidungen zu treffen. Erstens, eine Vermögensstrukturentscheidung; zweitens, eine Verwendungsentscheidung des Einkommens für Absorption- oder Vermögensbildung und drittens, eine Absorptionsstrukturentscheidung.

Die Vermögenstrukturentscheidung:

Die erste von den Haushalten zu fällende Entscheidung ist eine Vermögensstrukturentscheidung. Das in einem Zeitpunkt durch Ersparnis der Vorperioden gegebene Vermögen soll optimal auf die vorhandenen Vermögensbestände aufgeteilt werden. Um diese Entscheidung beschreiben zu können, müssen wir erneut einige Annahmen vorausschicken.

(A23) Wir betrachten ein reines Finanzvermögenskonzept.

Diese Annahme wollen wir treffen, um den gesamten Problembereich des Realkapitals auszugrenzen. Wenn Modelle jedoch explizit Vermögensentscheidungen als wichtige Komponenten der Gesamtreaktionen berücksichtigen und Realkapital etwa im Produktionsbereich existiert, ist dieses bzw. deren monetäres Pendant (Aktien) im Grunde auch als wesentlicher Vermögensbestandteil in die Modellformulierung aufzunehmen. Die Beschränkung auf reine Finanzkapitalentscheidungen ist also nicht unproblematisch.

(A24) Wir unterstellen ein Konzept diskreter Zeitschritte. Wir wollen also diskrete, allerdings sehr kleine Zeitperioden betrachten.

Während die traditionellen mikroökonomischen Portfoliomodelle (Tobin (1958), Markovitz (1959)) mit Konzepten diskreter Zeit arbeiten, ist in jüngerer Zeit verstärkt unter Zuhilfenahme neuerer Techniken der stochastischen Differentialrechnung ein Konzept stetiger Zeit angewandt worden (Merton (1971), Solnik (1974), Adler und Dumas (1983). Wir werden jedoch dem traditionellen Ansatz folgen und unsere Argumentation auf eine diskrete Zeitbetrachtung abstellen.

(A25)   In jedem Land werden vom öffentlichen Sektor zwei Aktiva ausgegeben, die in der Währung dieses Landes denominiert sind. Diese Aktiva sind Geld und staatliche Bonds.[16]

(A26)   Generell werden nur staatliche Bonds international gehandelt. Geld wird jeweils nur im Ausgabeland gehalten. Von der Möglichkeit der Währungssubstitution sehen wir ab.[17]

(A27)   Geld ist ein unverzinsliches und risikoloses Aktivum.

(A28)   Die Bonds werden als Konsols definiert und garantieren einen festen Zinszahlungsbetrag von einer Währungseinheit der Ausgabewährung pro

---

[16] Mit der Formulierung eines reinen Finanzmarktkonzeptes und der Betrachtung ausschließlich öffentlicher Aktiva, insbesondere staatlicher Bonds, folgen wir nicht der Argumentation Barro's (1974), daß staaliche Bonds nicht als Vermögen zu betrachten sind. In unserer Betrachtung sind staatliche Bonds ein wichtiger Vermögensbestandteil.
[17] Überlegungen, die Geld als internationale Anlageform in den Vordergrund stellen, gehen zurück auf Chen (1973), Calvo und Rodriguez (1977) oder Miles (1978).

Periode. Die stochastische Komponente dieser
Bonds entsteht aus ihrem unsicheren zukünftigen
Kurswert.[18]

(A29) Die staatlichen Bonds sind zueinander Substitute,
jedoch im Sinne der Zinsparität nicht vollständige
Substitute. Alle Bonds sind auch Substitute zu
jeder Art Geld. Außerdem werden die Reaktionen
der Wertpapiernachfrage auf Änderungen eines
anderen Bondpreises stets als stärker betrachtet
als die Reaktion der Geldnachfrage auf eine
Änderung des gleichen Preises. Bonds sind
untereinander bessere Substitute als zu Geld.

(A30) Alle Zufallsvariablen sind normalverteilt.

(A31) Das Finanzvermögen eines Landes setzt sich aus den
in- und ausländischen Aktiva, bewertet in Inlandswährung zusammen. Die Vermögensbewertungen erfolgen also im Numéraire "Inlandswährung".

(A32) Das Portfolio-Entscheidungsverhalten soll auf
einem Erwartungswert-Varianz-Modell beruhen. Die
Varianz bzw. Standardabweichung der stochastischen Variablen wird als Approximationsgröße
für das Risiko dieser Variablen definiert.[19]

(A33) Für die Nutzenfunktion, die auf das Vermögen
definiert ist, gelten die Axiome Vollständigkeit,
Reflexivität, Transitivität, Stetigkeit, Nichtsättigung, strenge Konvexität, Unabhängigkeit und
das archimedische Axiom.

---

18) Vergleiche zu dieser Annahme auch die Annahme (A11).
19) Zukünftige stochastische Variable werden mit dem
Zusatz (˜) versehen.

(A34) Die Nutzenfunktion ist auf den Gesamtwert des stochastischen zukünftigen Vermögens in Inlandswährung bewertet definiert. Sie ist stetig, zweifach differenzierbar (und beschreibt abnehmende Grenznutzen).

(A35) Die Investoren sind risikoavers.

(A36) Der Arrow-Pratt-Koeffizient relativer Risikoaversion ist positiv und konstant.

(A37) Wir betrachten kurze diskrete Zeitperioden.

Durch die Betrachtung eines reinen Finanzvermögensansatzes und damit die Vernachlässigung von Realkapital[20] könnten generell in einer n-Länder Welt die Investoren in jedem Land n+1 Aktiva halten, nämlich außer dem nicht handelbarem Aktivum Geld alle n handelbaren Bonds. Für die Herleitung des Entscheidungsverhaltens der Haushalte wollen wir uns jedoch mit drei Vermögensaktiva begnügen. Außer dem heimischen Geld wird ein inländischer und ein ausländischer Bond gehalten.[21] Der Grund der Geldhaltung als Vermögensbestandteil besteht in der Eigenschaft des Geldes als risikoloses perfektes Wertaufbewahrungsmittel.[22] Das Transaktionsmotiv bleibt in diesem Kontext unberücksichtigt.

---

20) Vergleiche hierzu die vorangegangenen Bemerkungen.
21) Zur Beschreibung von Portfolioauswahlmodellen mit internationalen Anlagen vgl. als einen der ersten Beiträge Grubel (1968)
22) Es gibt weder endogene Preisniveauänderungen noch ist das Preisniveau als Zufallsvariable definiert, so daß aus diesem Grunde auch kein Inflationsrisiko besteht. Da jedoch alle Finanzaktiva gleichermaßen vom Inflationsrisiko betroffen sind, ist dieses auch keine entscheidende Determinante der Portfolioentscheidung.

Das Vermögen, über das der Haushalt in der Ausgangssituation disponieren kann, ist vorgegeben. Die Vermögensrestriktion lautet:

(3.10) $\quad W_J = M_J + q_J B_{JJ} + e_{JK} q_K B_{JK}$

$\quad\quad m_J = M_J/W_J \quad , \quad b_{JJ} = q_J B_{JJ}/W_J \quad , \quad b_{JK} = e_{JK} q_K B_{JK}/W_J$

Die Aufgabe des Haushaltes besteht in einer optimalen Aufteilung dieses Vermögenswertes auf die verfügbaren Vermögensaktiva. Dieser Entscheidungsprozeß und die Ableitung der Aktivanachfragefunktionen werden im nachfolgenden Exkurs ausführlich dargestellt.

Exkurs: Optimale Portfoliowahl

Beginnen wir den Exkurs zur optimalen Portfoliowahl mit einigen Überlegungen zu den Aktivarenditen. Für den jeweiligen Investor ist die relevante Rendite stets die Rendite in dessen Inlandswährung. Die Rendite eines Auslandsbonds für einen inländischen Investor ermittelt sich also als die Rendite in Auslandswährung, korrigiert um die gegebenenfalls enstehenen Wechselkursgewinne oder -verluste während des Bondhaltungszeitraumes.

Beginnen wir mit der Beschreibung der Rendite eines heimischen Bonds in Inlandswährung. Eine solche Rendite hat zwei Ertragskomponenten. Erstens garantiert das Wertpapier als Konsol eine fixe Zinsauszahlung; und zweitens kann es durch einen veränderten zukünftigen Kurs (q_J) bis zur nächsten Periode einen Kursgewinn oder -verlust erzielen. Dieser Kursgewinn stellt die stochastische Komponente der Bondrendite dar. Die Kursvarianz (bzw. Standardabweichung) dient in unserem Erwartungswert-Varianz-Modell als Index des Ertragsrisikos des Wertpapiers. Die Renditenunsicherheit ist damit ausschließlich in einer Kursunsicherheit begründet. Bonitätsrisiken werden innerhalb dieses Rahmens nicht explizit berücksichtigt. Ist q_J der für den Investor auf dem Markt beobachtbare, gegenwärtige Preis, zu dem er den Bond B_J kaufen könnte (q_J ist also als Gegenwartspreis gegeben und damit nicht unsicher), können wir die Gesamtrendite des Bonds in dessen Ausgabewährung beschreiben:[23]

$$(3.11) \quad \bar{r}_{JJ} = (\bar{q}_J - q_J)/q_J + 1/q_J = \hat{\bar{q}}_J + 1/q_J$$

Unterstellen wir gemäß der Annahme (A3) statische Erwartungen, ergibt sich der bekannte Zusammenhang, daß die Renditeerwartung gleich dem Kehrwert des Preises des Konsols sein muß.[24]

$$(3.12) \quad r_{JJ} = E(\bar{r}_{JJ}) = E(\hat{\bar{q}}_J) + 1/q_J = 1/q_J$$

Auch die Varianz der Rendite ($\sigma(r_{JJ})^2$) ist leicht zu ermitteln. Sie ist mit der Kursvarianz identisch:

$$(3.13) \quad \sigma(\bar{r}_{JJ})^2 = \sigma(\hat{\bar{q}}_J)^2$$

Eine ähnliche Argumentation gilt auch für die Rendite eines Auslandsbonds in Inlandswährung. Der wesentliche Unterschied entsteht jedoch durch die zusätzliche Umbewertung der zukünftigen Zinserträge und Kurse in in-

---

23) Der erste Index bezeichnet das Herkunftsland des Investors und der zweite Index bezeichnet das Herkunftsland des Bonds. ^ bezeichnet eine Änderungsrate.
24) E() bezeichnet den Erwartungswert der Variablen im Klammerausdruck.

ländische Währung. Da auch der Wechselkurs eine stochastische Variable ist, muß zusätzlich das Wechselkursrisiko berücksichtigt werden.

(3.14) $\bar{r}_{Jk} = (\bar{e}_{Jk}\bar{q}_k - e_{Jk}q_k)/e_{Jk}q_k + \bar{\tilde{e}}_{Jk}/e_{Jk}q_k$

$\quad\quad\quad = (1 + \bar{\tilde{e}}_{Jk})(1 + \bar{\tilde{q}}_k) - 1 + (1 + \bar{\tilde{e}}_{Jk})/q_k$

Auch in diesem Fall gilt bei generell statischen Erwartungen, daß die Renditeerwartung des Auslandsbonds in Inlandswährung dem Kehrwert des Preises entspricht.[25]

$\bar{r}_{Jk} \approx \bar{\tilde{q}}_k + \bar{\tilde{e}}_{Jk} + (1 + \bar{\tilde{e}}_{Jk})/q_k$

$\bar{r}_{Jk} \approx \bar{\tilde{q}}_k + \bar{\tilde{e}}_{Jk}(1 + 1/q_k) + 1/q_k$

(3.15) $r_{Jk} = E(\bar{r}_{Jk}) = E(\bar{\tilde{q}}_k) + E(\bar{\tilde{e}}_{Jk})(1 + 1/q_k) + 1/q_k$

$\quad\quad\quad = 1/q_k$

Die Varianz der Rendite des Auslandsbonds ($\sigma(r_{Jk})^2$) ergibt sich aus der Varianz der Bondkursänderung, der Wechselkursvarianz und der Kovarianz von Bond- und Wechselkurs:[26]

(3.16) $\sigma(\bar{r}_{Jk})^2 = \sigma(\bar{\tilde{q}}_k)^2 + \sigma(\bar{\tilde{e}}_{Jk})^2 (1+1/q_k)^2$

$\quad\quad\quad\quad + 2(1+1/q_k)\text{cov}(\bar{\tilde{q}}_k, \bar{\tilde{e}}_{Jk})$

---

25) Zur Vereinfachung haben wir unterstellt, daß das Produkt der beiden Änderungsraten hinreichend klein ist, um es vernachlässigen zu können.
26) Zum verwendeten Varianzsatz vgl. De Groot (1986, S.216, Theorem 4).

Da in unseren weiteren Betrachtungen für den Investor die stochastische Gesamtvermögensentwicklung die wesentliche Variable ist, wollen wir diese unter Verwendung der Definitionen der einzelnen Renditen für das Periodenende beschreiben.

(3.17) $\tilde{W}_J = [(1 + \tilde{r}_{Jj})b_{Jj} + (1 + \tilde{r}_{Jk})b_{Jk} + m_J]W_J$

Auch für das Gesamtvermögen wollen wir den Erwartungswert und die Varianz ableiten.[27]

(3.18) $\bar{W}_J = E(\tilde{W}_J) = [(1 + r_{Jj})b_{Jj} + (1 + r_{Jk})b_{Jk} + m_J]W_J$

(3.19) $\sigma(\tilde{W}_J)^2 = [(b_{Jj})^2 \sigma(\tilde{q}_J)^2 + (b_{Jk})^2 [\sigma(\tilde{q}_k)^2$

$\qquad + (1+1/q_k)^2 \sigma(\tilde{e}_{Jk})^2] + 2b_{Jj}b_{Jk} \text{cov}(\tilde{q}_J, \tilde{q}_k)$

$\qquad + 2b_{Jj}b_{Jk}(1+1/q_k)\text{cov}(\tilde{q}_J, \tilde{e}_{Jk})$

$\qquad + 2(b_{Jk})^2(1+1/q_k)\text{cov}(\tilde{q}_k, \tilde{e}_{Jk})](W_J)^2$

Die Vermögensvarianz stellt sich damit als außerordentlich komplizierter Ausdruck dar. Wir werden aus diesem Grunde einige vereinfachende Annahmen treffen.

(A38)   Die Kurse der Aktiva sind mit den Wechselkursen unkorreliert.

(3.20) $\text{cov}(\tilde{q}_J, \tilde{e}_{Jk}) = 0$, $\text{cov}(\tilde{q}_k, \tilde{e}_{Jk}) = 0$

---

27) Zum verwendeten Varianzsatz vgl. De Groot (1986, S.216f., Theoreme 4 und 5).

Diese Annahme vereinfacht die spätere Diskussion über die Bedingungen, die für die unterstellten Substitutionsbeziehungen zu definieren sind. Denn, auch wenn die in und ausländischen Wertpapiere allein auf Grund ihrer Bondkurskorrelationen Substitute wären, könnten die Korrelationen der Wechselkurse mit den Wertpapierkursen eine generelle Substitutionsbeziehung verhindern.

(A39) $(b_{jk})^2 (1 + 1/q_k)^2 \approx (b_{jk})^2$

Da $(1/q_j)$ kleiner als eins ist, erscheint die Vernachlässigung der Produkte (bzw. quadrierten Produkte) keinen allzu großen Annäherungsfehler enstehen zu lassen. Die Rechenvereinfachung dieser Annährung ist dagegen außerordentlich groß.

$$(b_{jk})^2 (1+1/q_k)^2 \sigma(\tilde{\tilde{e}}_{jk})^2 = (b_{jk})^2 \sigma(\tilde{\tilde{e}}_{jk})^2$$
$$+ [2(b_{jk})^2 (1/q_k) + (b_{jk})^2 (1/q_k)^2] \sigma(\tilde{\tilde{e}}_{jk})^2$$

(3.21) $(b_{jk})^2 (1+1/q_k)^2 \sigma(\tilde{\tilde{e}}_{jk})^2 \approx (b_{jk})^2 \sigma(\tilde{\tilde{e}}_{jk})^2$

Durch diese Vereinfachungen reduziert sich die Vermögensvarianz auf die drei gewichteten Einzelvarianzen und die Kovarianz der beiden Wertpapierkurse.

(3.22) $\sigma(\tilde{W}_j)^2 = [(b_{jj})^2 \sigma(\tilde{\tilde{q}}_j)^2 + (b_{jk})^2 [\sigma(\tilde{\tilde{q}}_k)^2 + \sigma(\tilde{\tilde{e}}_{jk})^2]$
$+ 2 b_{jj} b_{jk} \text{cov}(\tilde{\tilde{q}}_j, \tilde{\tilde{q}}_k)] (W_j)^2$

Nach der Diskussion der Vermögensrestriktion, der Vermögenserwartungen und -risiken müssen wir nun zu den Fragen

der Präferenzordnung und des daraus hervorgehenden
Nutzenkonzeptes übergehen.

In Analogie zum Entscheidungsverhalten unter Sicherheit
läßt sich auch für rationales Verhalten unter Unsicherheit ein Axiomensystem beschreiben, das die Eigenschaften
der Präferenzordnung und der daraus abzuleitenden Nutzenfunktion definiert.

Unter Sicherheit wird gefordert, daß für die Präferenzordnung sechs Axiome gelten:[28] Vollständigkeit,
Reflexivität, Transitivität, Stetigkeit, Nichtsättigung
und strenge Konvexität (Herberg (1985, S.69ff.), Varian
(1984, S.111ff.). Die Axiome eins bis vier garantieren
die Existenz eines Bündels von Nutzenfunkionen, die die
aus der Präferenzordnung enstandene Rangordnung durch Zuordnung von Nutzenindices abbilden. Der Präferenzordnung
und Nutzenfunktion liegt damit bei Entscheidungen unter
Sicherheit ein ordinales Konzept zugrunde.

Enscheidungen unter Unsicherheit verlangen aber nicht
nur eine reine Rangordnung der Wahlmöglichkeiten, sondern
darüberhinaus eine Angabe über das Ausmaß der Präferenzunterschiede. Um daher ein konsistentes Entscheidungsverhalten unter Unsicherheit beschreiben zu können, sind
die genannten Axiome um zwei weitere zu ergänzen. Erst
die Gültigkeit des Unabhängigkeitaxioms und des
archimedischen Axioms (Schneeweiss (1967, S.73ff.), Fama
und Miller (1972, S.192ff.)) führt zur Anwendung des
Bernoulli-Prinzips. Das Bernoulli-Prinzip fordert, daß
unter Unsicherheit der Erwartungswert der Zielfunktion,
also innerhalb unserer Fragestellung der Erwartungswert
des Nutzens, zu maximieren ist. Der Erwartungswert des

---

28) Gemeint sind hier Präferenzordnungen mit mindestens
einer Entscheidungsalternative.

Nutzens ist gleich der Summe bzw. dem Integral der mit den Ereigniswahrscheinlichkeiten gewichteten Nutzen der einzelnen Ereignisse. In allgemeiner Formulierung lassen sich damit zwei Arten von Zielfunktionen angeben, eine für diskrete Verteilungen und eine für stetige Verteilungen. Definiert (π_k) die Wahrscheinlichkeit des Ereignisses k, erhalten wir für diskrete Verteilungen:

$$(3.23) \quad V_J = E[U(\tilde{W}_J)] = \sum_{k=1}^{n} \pi_k U(\tilde{W}_J(k))$$

Definiert dagegen $\pi(\tilde{W}_J)$ eine stetige Wahrscheinlichkeitsverteilung von $\tilde{W}_J$, erhalten wir als Zielfunktion:

$$(3.24) \quad V_J = E[U(\tilde{W}_J)] = \int_{-\infty}^{\infty} U(\tilde{W}_J) \pi(\tilde{W}_J) d\tilde{W}_J$$

Die Annahme der Risikoaversion der Investoren impliziert vier Eigenschaften der Nutzenfunktion (Arrow (1965, S.31ff.)).

a) Der Grenznutzen des Vermögens ist positiv (U' > 0).

b) Der Grenznutzen des Vermögens nimmt mit zunehmenden Vermögen ab (U" < 0).

Die Eigenschaften a) und b) sichern einen konkaven Verlauf der Nutzenfunktion. Beide Annahmen garantieren außerdem, daß die Arrow-Pratt Koeffizienten absoluter Risikoaversion (R_A) und relativer Risikoaversion (R_R), die die Risikoeinstellung des Individuums beschreiben sollen, positiv sind (Arrow (1965, S.33), Pratt (1964)).

$$(3.25) \quad R_A = - U"/U' > 0$$

(3.26) $R_R = - W_J U''/U' > 0$

Weiter soll für diese Koeffizienten gelten:

c) Die absolute Risikoaversion (R_A) darf mit wachsendem Vermögen nicht zunehmen und die relative Risikoaversion (R_R) darf mit zunehmendem Vermögen nicht abnehmen.

Obwohl in traditionellen Portfoliomodellen vielfach eine quadratische Nutzenfunktion Anwendung gefunden hat (z.B. Tobin (1958)), ist diese Spezifizierung nicht mit den Bedingungen kompatibel, die für die Nutzenfunktion eines risikoaversen Wirtschaftssubjekts definiert wurden. Während in den vorangegangenen Bedingungen eine Verminderung der absoluten Risikoaversion mit steigendem Vermögen gefordert wird, impliziert eine quadratische Nutzenfunktion eine Zunahme der absoluten Risikoaversion mit einer Vermögenszunahme. Allgemein erfüllen Nutzenfunktionen, die durch ein Polynom n-ten Grades beschrieben werden, nicht alle von Arrow postulierten Bedingungen hinsichtlich risikoaversen Verhaltens (Tsiang (1972)).

In der Auseinandersetzung um die Wahl einer geeigneten Nutzenfunktion (Arrow (1965), Arrow (1970), Samuelson (1967,1970)) war die Diskussion der einschränkenden Annahme normalverteilter Zufallsvariablen und damit die Möglichkeit der Darstellung des erwarteten Nutzens durch die beiden ersten Momente (Erwartungswert und Varianz bzw. Standardabweichung) von großer Bedeutung. Da wir Normalverteilung der Zufallsvariablen unterstellt haben (A30), vereinfacht sich unsere Vorgehensweise erheblich. Besitzt die allgemeine Nutzenfunktion an der Stelle des

Erwartungswertes des Vermögens $E(\tilde{W})$ stetige endliche Ableitungen n-ter Ordnung, kann sie durch eine Taylor-Expansion an dieser Stelle dargestellt werden.

$$\bar{W}_J = E(\tilde{W}_J)$$

(3.27) $\quad E[U(\tilde{W}_J)] = E[U(\bar{W}_J)] + U' E[\tilde{W}_J - \bar{W}_J]$

$\qquad\qquad + (1/2!) U'' E[(\tilde{W}_J - \bar{W}_J)^2] + (1/3!) U''' E[(\tilde{W}_J - \bar{W}_J)^3] \ldots$

Durch die Annahme der Normalverteilung der Zufallsvariablen beschreiben die ersten beiden Momente vollständig die Eigenschaften der Verteilung. Damit läßt sich auch der erwartete Nutzen als allein von diesen beiden Momenten bestimmt, darstellen. Wir können die allgemeine Taylorexpansion auf den ersten und dritten Ausdruck reduzieren.

(3.28) $\quad E[U(\tilde{W}_J)] = U(\bar{W}_J) + (1/2) U'' \sigma(\tilde{W}_J)^2$

Nach der Disskussion der Eigenschaften der Nutzenfunktion, die unseren weiteren Überlegungen zugrunde liegen soll, können wir nun das Entscheidungskalkül des einzelnen Investors darstellen. Das Ziel des Haushaltes ist die Maximierung des erwarteten Nutzens. Die Restriktion des Haushaltes bei der Bestimmung seiner Aktivanachfrage besteht in der Höhe seines Periodenanfangsvermögens. Dieses möchte er optimal strukturieren. Da wir unsere Aktivanachfragefunktionen als Wertanteilsfunktionen am Vermögen beschreiben wollen, soll auch unsere Vermögensrestriktion direkt in Vermögensanteilen beschrieben werden. Das Optimierungsproblem des Haushalts läßt sich nunmehr darstellen als:

(3.29a) $\max [U(\bar{W}_J) + (1/2)U''\sigma(\bar{W}_J)^2]$

(3.29b) $W_J = M_J + q_J B_{JJ} + e_{JK} q_K B_{JK} = (m_J + b_{JJ} + b_{JK})W_J$

Die Maximierung erfolgt in Bezug auf die Vermögensanteile. Die Lagrangefunktion dieses Problems lautet nunmehr :

(3.30) $L = U(\bar{W}_J) + (1/2)U''\sigma(\bar{W}_J)^2 - \lambda[(m_J + b_{JJ} + b_{JK})W_J - W_J]$

Für die Bestimmung der optimalen Vermögenswertanteile der einzelnen Aktiva erhalten wir vier notwendige Bedingungen erster Ordnung.

(3.31) $\partial L/\partial m_J = U'W_J - \lambda W_J = 0$

(3.32) $\partial L/\partial b_{JJ} = U'[1+r_{JJ}]W_J + U''[b_{JJ}\sigma(\tilde{q}_{JJ})^2$
$+ b_{JK}\text{cov}(\tilde{q}_J, \tilde{q}_K)](W_J)^2 - \lambda W_J = 0$

(3.33) $\partial L/\partial b_{JK} = U'(1+r_{JK})W_J + U''[b_{JK}[\sigma(\tilde{q}_K)^2 + \sigma(\tilde{e}_{JK})^2]$
$+ b_{JJ}\text{cov}(\tilde{q}_J, \tilde{q}_K)](W_J)^2 - \lambda W_J = 0$

(3.34) $\partial L/\partial \lambda = (m_J + b_{JJ} + b_{JK})W_J - W_J = 0$

Unter der Annahme, daß auch die Bedingungen zweiter Ordnung für ein Maximum erfüllt sind, können wir aus diesen vier Gleichungen die Aktivanachfragefunktion ableiten. Zuvor wollen wir jedoch den Korrelationskoeffizienten $\rho(\tilde{q}_J, \tilde{q}_K)$ definieren. Grundsätzlich ist der Korrelationskoeffizient im Intervall $[-1,1]$ definiert.

Die Annahme substitutiver, aber nicht vollständig substitutiver Bonds verlangt jedoch eine Einschränkung des Definitionsbereiches auf das Intervall]0,1[.

(3.35) $\quad \rho(\tilde{\hat{q}}_J, \tilde{\hat{q}}_k) = \text{cov}(\tilde{\hat{q}}_J, \tilde{\hat{q}}_k)/\sigma(\tilde{\hat{q}}_J)\sigma(\tilde{\hat{q}}_k)$

(3.36) $\quad 0 < \rho < 1$

Zur Vereinfachung des Schreibaufwands sollen zwei zusammenfassende Ausdrücke definiert werden:

(3.37a) $\quad c_1 = [1 + \sigma(\tilde{\hat{e}}_{Jk})^2/\sigma(\tilde{\hat{q}}_k)^2] \quad, \quad 1 < c_1$

(3.37b) $\quad c_2 = (1 - \dfrac{\rho(\tilde{\hat{q}}_J, \tilde{\hat{q}}_k)^2}{(1+\sigma(\tilde{\hat{e}}_{Jk})^2/\sigma(\tilde{\hat{q}}_k)^2)}) \quad, \quad 0 < c_2 < 1$

Die Bedeutung der Korrelationen ist für die Substitutionseigenschaften der Aktiva essentiell. Wir können dies direkt an der vollständig ausgeschriebenen Nachfragefunktion demonstrieren.[29]

(3.38) $\quad b_{JJ} = \dfrac{1/q_J}{c_2 R_R \sigma(\tilde{\hat{q}}_J)^2} - \dfrac{(1/q_k)\rho(\tilde{\hat{q}}_J, \tilde{\hat{q}}_k)}{c_2 R_R \sigma(\tilde{\hat{q}}_J)\sigma(\tilde{\hat{q}}_k) c_1}$

(3.39a) $\quad \partial b_{JJ}/\partial q_J = -(1/q_J)^2/c_2 R_R \sigma(\tilde{\hat{q}}_J)^2 < 0$

(3.39b) $\quad \partial b_{JJ}/\partial q_k = \dfrac{(1/q^k)^2 \rho(\tilde{\hat{q}}_J, \tilde{\hat{q}}_k)}{c_2 R_R \sigma(\tilde{\hat{q}}_J)\sigma(\tilde{\hat{q}}_k) c_1} \lesseqgtr 0 \quad \text{für} \quad \rho \lesseqgtr 0$

---

[29] Die Herleitung der Anteilsnachfragefunktionen aus den Bedingungen erster Ordnung wird im Anhang 1 ausführlich beschrieben.

Die Nachfragereaktion auf eine Erhöhung des eigenen Bondpreises (Senkung des erwarteten Eigenzinses) ist stets negativ. Die Reaktion auf einen Anstieg des zweiten Aktivapreises (also die Senkung des Kreuzzinses) ist jedoch keineswegs eindeutig. Letztere wird entscheidend vom Korrelationskoeffizienten determiniert. Nur wenn der Korrelationskoeffizient, wie wir angenommen haben, positiv ist ($\rho > 0$), also eine positive Ertragskorrelation zwischen dem Inlands und Auslandswertpapier in inländischer Währung existiert, sind die beiden Anlagen für den inländischen Investor Substitute (A29). Nur dann entsteht eine positive Kreuzpreisreaktion. Bei negativen Korrelationskoeffizienten handelt es sich um ein komplementäres Bond. Ökonomisch ist diese Argumentation offensichtlich. Sind die Erträge zweier Wertpapiere negativ korreliert, kompensieren sich die Ertragsschwankungen und damit die Ertragsrisiken gegenseitig. Steigt eine der Bondrenditen und damit der direkte Wunsch, diese Bondart verstärkt zu halten, kann die daraus resultierende Risikozunahme durch die zusätzliche Haltung des negativ korrelierten Bonds gemildert werden. Ein solches Bond ist also ein komplementäres Aktivum. Wir unterstellen jedoch generell positive Korrelationskoeffizienten, da wir substitutive Bonds unterstellen.

Nach dieser Diskussion und der expliziten Beschreibung der Nachfragekomponenten, können wir nun allgemeine Wertnachfragefunktionen definieren. Der von den Investoren des Landes j gewünschte Vermögenswertanteil für den Bond j ergibt sich als:

(3.40) $\quad b_{jj} = b_{jj}(q_j, q_k, \sigma(\tilde{\bar{q}}_j), \sigma(\tilde{\bar{q}}_k), \sigma(\tilde{\bar{e}}_{jk}), \rho(\tilde{\bar{q}}_j, \tilde{\bar{q}}_k), R_R)$

Da die Varianzen und Kovarianzen als konstant betrachtet werden, können wir diese Funktion umschreiben als:

(3.41) $b_{JJ} = b_{JJ}(\overset{-}{q_J},\overset{+}{q_k})$

(3.42a) $\beta(q_J)_{JJ} = (\partial b_{JJ}/\partial q_J)(q_J/b_{JJ}) < 0$

(3.42b) $\beta(q_k)_{JJ} = (\partial b_{JJ}/\partial q_k)(q_k/b_{JJ}) > 0$

(3.43) $B^D_{JJ} = b_{JJ}(\overset{-}{q_J},\overset{+}{q_k})W_J$

Eine ähnliche Argumentation und Vorgehensweise läßt sich auch für die Herleitung der Nachfrage nach dem zweiten Bond durchführen.[30]

(3.44) $b_{Jk} = \dfrac{1/q_k}{c_2 R_R \sigma(\tilde{\hat{q}}_k)^2 c_1} - \dfrac{(1/q_J)\rho(\tilde{\hat{q}}_J,\tilde{\hat{q}}_k)}{c_2 R_R \sigma(\tilde{\hat{q}}_J)\sigma(\tilde{\hat{q}}_k) c_1}$

(3.45a) $\partial b_{Jk}/\partial q_k = -(1/q_k)^2/c_2 R_R \sigma(\tilde{\hat{q}}_J)^2 < 0$

(3.45b) $\partial b_{Jk}/\partial q_J = \dfrac{(1/q_J)^2 \rho(\tilde{\hat{q}}_J,\tilde{\hat{q}}_k)}{c_2 R_R \sigma(\tilde{\hat{q}}_J)\sigma(\tilde{\hat{q}}_k) c_1} > 0$, für $\rho > 0$

Auch für die Auslandsbonds gilt durch die unterstellte Substitutivität eine positive Kreuzkursreaktion.

In gleicher Weise läßt sich nun die Wertnachfrage nach dem Auslandsbond durch eine allgemeine Funktion beschreiben.

(3.46) $b_{Jk} = b_{Jk}(q_J,q_k,\sigma(\tilde{\hat{q}}_J),\sigma(\tilde{\hat{q}}_k),\sigma(\tilde{\hat{e}}_{Jk}),\rho(\tilde{\hat{q}}_J,\tilde{\hat{q}}_k),R_R)$

(3.47) $b_{Jk} = b_{Jk}(\overset{+}{q_J},\overset{-}{q_k})$

---

30) Eine detaillierte Herleitung erfolgt in Anhang 1.

(3.48a) $\beta(q_J)_{Jk} = (\partial b_{Jk}/\partial q_J)(q_J/b_{Jk}) > 0$

(3.48b) $\beta(q_k)_{Jk} = (\partial b_{Jk}/\partial q_k)(q_k/b_{Jk}) < 0$

(3.49) $B_{Jk}^D = b_{Jk}(\overset{+}{q_J}, \overset{-}{q_k})W_J$

Während für den ersten Bond die gewünschte Bondwerthaltung auf einem in gleicher Währung definierten Bondmarkt wirksam wird, gilt dies für die Nachfrage der Inländer nach dem Auslandsaktivum nicht. Der in Inlandswährung abgeleitete Werthaltungswunsch muß erst mit dem laufenden Wechselkurs in die Wertnachfrage in Auslandswährung umgerechnet werden. Erst diese in Auslandswährung umgerechnete Aktivawertnachfrage wird auf dem Markt für Auslandsbonds wirksam.

Die Geldnachfragefunktion ergibt sich nach der Bestimmung der beiden optimalen Bondwertanteile am Vermögen direkt aus der Vermögensanteilsrestriktion.

$$m_J = 1 - b_{JJ} - b_{Jk}$$

(3.50) $m_J = 1 - \dfrac{1}{c_2 R_R \sigma(\tilde{\hat{q}}_J)^2 \sigma(\tilde{\hat{q}}_k)^2 c_1}$

$[(1/q_k)\sigma(\tilde{\hat{q}}_J)^2 + (1/q_J)\sigma(\tilde{\hat{q}}_k)^2 c_1$

$- ((1/q_J) + (1/q_k))\rho(\tilde{\hat{q}}_J, \tilde{\hat{q}}_k)\sigma(\tilde{\hat{q}}_J)\sigma(\tilde{\hat{q}}_k)]$

(3.51a) $\partial m_J/\partial q_J = \dfrac{(1/q_J)^2 [\sigma(\tilde{\hat{q}}_k)^2 c_1 - \rho(\tilde{\hat{q}}_J, \tilde{\hat{q}}_k)\sigma(\tilde{\hat{q}}_J)\sigma(\tilde{\hat{q}}_k)]}{c_2 R_R \sigma(\tilde{\hat{q}}_J)^2 \sigma(\tilde{\hat{q}}_k)^2 c_1} > 0$

(3.51b) $\quad \partial m_J/\partial q_k = \dfrac{(1/q_k)^2 \, [\sigma(\tilde{\hat{q}}_J)^2 - \rho(\tilde{\hat{q}}_J, \tilde{\hat{q}}_k) \sigma(\tilde{\hat{q}}_J) \sigma(\tilde{\hat{q}}_k)]}{c_2 R_R \sigma(\tilde{\hat{q}}_J)^2 \sigma(\tilde{\hat{q}}_k)^2 c_1} > 0$

Da Geldhaltung weder einen Ertrag verspricht noch irgend ein Risiko birgt, ist Geld ein Substitut zu beiden ertrags- und risikotragenden Wertpapieren. Die Reaktion der Geldnachfrage auf Bondkursänderungen ist daher positiv. Durch die engere Substitutionsbeziehung zwischen Inlands- und Auslandsbonds als zwischen Bonds und Geld (A29), sind jedoch die Geldnachfragereaktionen schwächer als die entsprechenden Reaktionen der Bondnachfrage.

(3.52) $\quad m_J = m_J(q_J, q_k, \sigma(\tilde{\hat{q}}_J), \sigma(\tilde{\hat{q}}_k), \sigma(\tilde{\hat{e}}_{Jk}), \rho(\tilde{\hat{q}}_J, \tilde{\hat{q}}_k), R_R)$

(3.53) $\quad m_J \stackrel{+\ +}{=} m_J(q_J, q_k)$

(3.54a) $\quad \mu(q_J)_J = (\partial m_J/\partial q_J)(q_J/m_J) > 0$

(3.54b) $\quad \mu(q_k)_J = (\partial m_J/\partial q_k)(q_k/m_J) > 0$

(3.54c) $\quad \mu(q_k)_J < \beta(q_k)_{JJ}$

(3.55) $\quad M_J^D = m_J(q_J, q_k) W_J$ $\stackrel{+\ +}{}$

Exkursende

Listen wir nun die im Exkurs ausführlich abgeleiteten Aktivanachfragefunktionen nocheinmal auf, erhalten wir für die wertmäßige Nachfrage der Investoren des Landes j nach dem Bond des eigenen Landes j:[31]

---

31) $\beta(q_J)_{JJ} = (\partial b_{JJ}/\partial q_J)(q_J/b_{JJ})$
$\beta(q_k)_{JJ} = (\partial b_{JJ}/\partial q_k)(q_k/b_{JJ})$.

(3.43) $B_{jj}^D = b_{jj}(q_j,q_k)W_j$, $\beta(q_j)_{jj}^- < 0$, $\beta(q_k)_{jj}^+ > 0$

Die wertmäßige Nachfrage der Investoren des Landes j (in deren Währung) nach dem Auslandsbond ergibt sich als:[32]

(3.49) $B_{jk}^D = b_{jk}(q_j,q_k)W_j$, $\beta(q_j)_{jk}^+ > 0$, $\beta(q_k)_{jk}^- < 0$

Die Geldhaltung ist substitutiv zu beiden anderen Aktiva. Die Substitutionsbeziehungen zwischen Inlands- und Auslandsbonds sind jedoch stärker als diejenigen zwischen Geld und Bonds (A29).[33]

$$M_j^D = m_j(q_j,q_k)W_j \quad , \quad \mu(q_j)_j \overset{+}{>} 0 \quad , \quad \mu(q_k)_j \overset{+}{>} 0$$

$$\mu(q_k)_j < \beta(q_k)_{jj}$$

Abschließend lassen sich nun noch aus der Vermögensrestriktion die Summen-Bedingungen angegeben:

(3.56a) $m_j(q_j,q_k) + b_{jj}(q_j,q_k) + b_{jk}(q_j,q_k) = 1$

(3.56b) $m_j\mu(q_j)_j + b_{jj}\beta(q_j)_{jj} + b_{jk}\beta(q_j)_{jk} = 0$

(3.56c) $m_j\mu(q_k)_j + b_{jj}\beta(q_k)_{jj} + b_{jk}\beta(q_k)_{jk} = 0$

Bei den bisherigen Überlegungen war die Geld- und Wertpapiernachfrage einzig von der Vermögensstrukturent-

---

32) $\beta(q_j)_{jk} = (\partial b_{jk}/\partial q_j)(q_j/b_{jk})$
    $\beta(q_k)_{jk} = (\partial b_{jk}/\partial q_k)(q_k/b_{jk})$.
33) $\mu(q_j)_j = (\partial m_j/\partial q_j)(q_j/m_j)$
    $\mu(q_k)_j = (\partial m_j/\partial q_k)(q_k/m_j)$.

scheidung geprägt. Das Transaktionskassenmotiv als
Bestandteil des Geldhaltungswunsches fand keine Beachtung. Dies soll nun diskutiert werden. Die Transaktionskassenhaltung ist ein Instrument zum Ausgleich
temporärer Divergenzen zwischen erwarteten Einnahme- und
Ausgabeströmen über einen bestimmten Zeitraum. Da
Tauschprozesse zeitlich nicht vollständig synchronisiert
sein müssen, können mittels des liquidesten Mediums
"Geld" auch zeitlich asynchrone Transaktionen vorgenommen
werden. So werden in Patinkins Hicks'scher Woche die
Tauschprozesse zwar zu den Gleichgewichtspreisen durchgeführt, sie müssen aber nicht innerhalb der Woche zeitlich
voll synchronisiert sein, denn das Geld kann über die
Transaktionskassenhaltung vorübergehende Einnahme- und
Ausgabedivergenzen puffern.[34]

Die Bestimmung des Transaktionskassenniveaus hängt daher
vom erwarteten Transaktionsvolumen über einen bestimmten
Planungszeitraum ab. Approximativ für das Transaktionsvolumen wird häufig das Einkommen als Bestimmungsfaktor
verwendet. Bei Berücksichtigung der Transaktionskasse in
der Geldnachfragefunktion muß daher das über die Folgeperiode zu erwartende Einkommmen als Nachfrageargument
aufgenommen werden. Da wir jedoch Periodenanfangsgleichgewichte betrachten werden und mit statistischen Erwartungen operieren, werden sich die Einkommenserwartungen
für die Folgeperiode bei der Bestimmung der Bestandsmarktgleichgewichte zu Periodenanfang nicht endogen
verändern.[35]

Bei der Untersuchung unseres Ein-Perioden-Anstoß-Gleichgewichts treten damit Einkommensgrößen nicht als endogene

---

34) Zur Beschreibung des Transaktionskassenmotivs siehe
Claassen (1980, S.110).
35) Vgl. zum Periodenanfangs- und Periodenendgleichgewichtskonzept den Abschnitt 3.2.

Bestimmungsfaktoren der Aktivanachfragen auf. Wir werden sie daher auch nicht in die explizite Darstellung der Nachfragefunktionen aufnehmen.

Nach der Diskussion der Vermögensstrukturentscheidung und den Überlegungen zur Einbeziehung des Transaktionskassenmotivs in die Aktivanachfrage können wir nun die Vermögensaufbau-, d.h. die Spar- und Absorptionsentscheidung der Haushalte näher untersuchen.

Die Spar- und Absorptionsentscheidung:

Die Prämissen, auf denen die Spar- und Absorptionsentscheidung beruhen sind:[36]

(A40) Das verfügbare Einkommen besteht aus dem Produktionseinkommen und den Zinserträgen aus der Vermögenshaltung abzüglich der Steuern, die bereits bei der Diskussion des staatlichen Sektors beschrieben wurden.

(A41) Das verfügbare Einkommen wird entweder absorbiert oder durch Sparen für den Vermögensaufbau genutzt.

(A42) Die Sparentscheidung der privaten Haushalte wird als Vermögensaufbauentscheidung betrachtet. Sie ist Teil einer graduellen Angleichung des tatsächlichen Vermögens an das langfristig gewünschte Vermögen.

(A43) Das langfristig gewünschte Vermögen wird von den Bond- und Wechselkursen, also implizit vom erwar-

---

36) An dieser Stelle erscheint es noch einmal erwähnenswert, daß Nominalplanungen unterstellt werden (A21). Alle "Nicht-Mengen-Größen" sind nominale Größen.

teten Zinsvektor und dem laufenden inländischen verfügbaren Einkommen determiniert.[37]

(A44) Die private Absorption ergibt sich residual aus der Budgetrestriktion und der Sparentscheidung. Die private Absorption ist die Differenz zwischen verfügbarem Einkommen und Ersparnis.

(A45) Die Absorptionsstrukturentscheidung betrifft die Wahl zwischen dem inländischen und ausländischen Gut. Sie wird von den Terms of Trade zwischen dem Inlands- und dem jeweiligen Auslandsgut bestimmt. Die Güter sind superior und Substitute.

(A46) Auch bei den nominalen Absorptionsentscheidungen werden generell Substitutionseffekte für stärker erachtet als gegebenenfalls entgegengerichtete Niveaueffekte. Dies gilt auch für Vermögensniveaueffekte, die aufgrund von Wechselkursänderungen auftreten können.

Bei dieser Annahme ist zu betonen, daß die genannten Substitutionseigenschaften bereits für die nominalen Größen gelten. Für gewöhnlich beziehen sich solche Aussagen nämlich auf Mengen- und nicht auf Wertgrößen. Dies impliziert jedoch, daß die in den Wertreaktionen enthaltenen Mengeneffekte die Umbewertungseffekte überkompensieren. Die Mengenreaktionen werden also als hinreichend elastisch unterstellt. Diese Annahme wird aufgenommen, um die Vorzeichen der später noch zu beschreibenden Bedingungen einer eindeutigen Gesamtreaktion der Absorption und der Normalreaktion der Leistungsbilanz bestimmen zu können.

---

37) Zur Erwartungsbildungshypothese vgl. (A3).

Wir wollen nun diese Annahmen wieder in eine formale Schreibweise überführen.

Das verfügbare Einkommen (Y_J) des privaten Sektors ergibt sich aus mehreren Einkommensquellen. Diese sind das Einkommen aus dem Produktionsprozeß (Y_J), die Zinszahlungen auf die von den Haushalten gehaltenen Inlandsbonds (Q_{JJ}) und die Zinszahlungen auf die Auslandsbonds der Inländer, bewertet in inländischer Währung ($e_{JK}Q_{JK}$). Von diesem Bruttoeinkommen müssen die allgemeinen Steuern (T_J) und die Steuern in Höhe der Zinserträge aus Auslandsanlagen (T_J) abgezogen werden.

(3.57) $\quad Y_J^v = Y_J + Q_{JJ} + e_{JK}Q_{JK} - T_J^Q - T_J = Y_J + Q_{JJ} - T_J$

Da jedoch durch den internationalen Steuer- und Transfermechanismus (A12) die Erträge aus den Auslandsanlagen durch eine gleich hohe Kopf-Steuer neutralisiert werden und durch den Staatsbudgetausgleich Zinsertragsänderungen bei Inlandsbonds z.B. nach einer Offen-Markt-Operation der Zentralbank durch Steueränderungen kompensiert werden, bleibt als alleinige, wirklich variierbare Größe, die das Niveau des verfügbaren Einkommens beeinflußt, das Faktoreinkommen aus dem Produktionsprozeß (Y_J).[38] Das verfügbare Einkommen wird entweder absorbiert (A_J) oder dient als Ersparnis (S_J) der privaten Vermögensbildung.[39]

(3.58) $\quad Y_J^v = A_J^P + S_J^P$

---

[38] Vgl. Abschnitt 3.1.1.
[39] Da wir entsprechend der Annahme (A19) keine Absorption seitens der Unternehmen unterstellen, entsprechen Ersparnis und Absorption der Haushalte auch der Ersparnis und Absorption des gesamten privaten Sektors.

Das Ausgabeverhalten basiert auf einem dreistufigen Entscheidungsprozeß a) über die Höhe des gewünschten nominalen Vermögens, b) über den Vermögensaufbau oder -abbau, d.h. über das Absorptionsniveau und c) über die Aufteilung der Absorption auf die unterschiedlichen Güter.

Die Entscheidungen über den Vermögensaufbau und die private Absorption soll in Form eines Anpassungsprozesses des gegenwärtigen an den gewünschten Vermögenswert beschrieben werden. Der private Haushalt wählt die Höhe seines gewünschten Vermögens (W_j^*) in Abhängigkeit vom Vektor der erwarteten gegenwärtigen Renditen (r_j) und dem laufenden verfügbaren Einkommen (Y_j^v).[40]

(3.59a) $\quad W_j^* = W_j^*(\overset{+}{r_j},\overset{+}{Y_j^v})$, $r_j = (r_{jj},\ldots,r_{jk},\ldots,r_{nn})$

$\quad \partial W_j^* / \partial Y_j^v < 1$,

(3.59b) $\quad W_j^* = W_j^*(\overset{-}{q},\overset{+}{Y_j^v})$, $q = (q_j,\ldots,q_k,\ldots,q_n)$

Die Sparentscheidung repräsentiert die Vermögensaufbauentscheidung, denn sie wird als eine Anpassungsentscheidung des gegenwärtigen an das gewünschte Vermögen definiert (A42).

(3.60) $\quad S_j^p = \Gamma_j [W_j^* - W_j]$, $\quad 0 < \Gamma_j = \text{const.} < 1$

---

40) Die Vorzeichenangabe über einem Vektor definiert eine entsprechende Reaktion für jedes einzelne der Vektorelemente.

Γ_J ist dabei ein Parameter, der die gewünschte Geschwindigkeit dieses Anpassungsprozesses abbildet. Auf die Berücksichtigung des Laursen-Metzler-Effekts (Laursen und Metzler (1950)) wird bei dieser Entscheidung durch die Annahme (A21) verzichtet. Wir können damit eine allgemeine Sparfunktion definieren.[41]

(3.61) $\quad S_J^P = S_J^P(\overset{-}{q},\overset{+}{Y_J^v},\overset{-}{W_J}) \qquad \partial S_J^P / \partial Y_J^v = \Gamma_J (\partial W_J^* / \partial Y_J^v) < 1$

Das gewünschte private Absorptionsniveau wird direkt aus der Differenz zwischen dem verfügbaren Einkommen und den gewünschten Ersparnissen bestimmt.

(3.62) $\quad A_J^P = Y_J^v - S_J^P(q,Y_J^v,W_J)$

Da die Reaktionen des Absorptionsniveaus auf Änderungen ihrer Bestimmungsfaktoren eindeutig festlegbar sind, können wir auch eine allgemeine Form der Absorptionsniveaufunktion beschreiben:

(3.63) $\quad A_J^P = A_J^P(\overset{+}{q},\overset{+}{Y_J^v},\overset{+}{W_J}) \quad , \quad 0 < \partial A_J^P / \partial Y_J^v < 1$

Im langfristigen Gleichgewicht ist die Anpassung des tatsächlichen an das gewünschte Vermögen vollständig abgeschlossen. Die Ersparnis des privaten Sektors wird Null und das verfügbare Einkommen wird vollständig absorbiert.

---

41) Diese Art der Formulierung der Sparfunktion kann auch auf Metzler (1951) zurückgeführt werden. Eine ähnliche Vorgehensweise findet sich auch bei Calvo und Rodriguez (1977), Dornbusch und Fischer (1980), Allen und Kenen (1980, S.35) oder Henderson und Rogoff (1981).

(3.64) $0 = Y_J^y - A_J^p$

$0 = \Gamma_J (W_J^* - W_J)$

(3.65) $W_J = W_J^*$

Als weitere Komponente der Absorptionsentscheidung müssen wir die Absorptionsstrukturentscheidung beschreiben. Die Gesamtabsorption (A_J^p) teilt sich auf die Absorption der inländischen und die der ausländischen Güter auf.[42] Existieren n verschiedene Güter und Länder, erhalten wir:

(3.66) $A_J^p = \sum_{k=1}^{n} A_{Jk}^p$

Die einzelnen Nachfragefunktionen werden von den bilateralen Terms of Trade und dem Absorptionsniveau determiniert. Da die Preisniveaufaktoren in unserer Analyse konstant sind und auf eins normiert werden können, sind die bilateralen Terms of Trade stets gleich dem Kehrwert des entsprechenden nominalen Wechselkurses. Die Normierung der Preise eines Landes in der Währung dieses Landes auf eins bedeutet zudem den Übergang von nominalen zu realen Göβen. "Real" steht dabei für "Einheiten des Gutes des eigenen Landes".

(3.67) $\theta_{Jk} = p_J / (p_k e_{Jk}) = 1/e_{Jk}$

---

[42] Der erste Index bezeichnet das absorbierende Land, während der zweite Index das Ursprungsland des absorbierten Gutes beschreibt.

Werden die Subtitutionseffekte stets für stärker betrachtet als gegebenenfalls entgegengerichtete Niveaueffekte (A46), impliziert dies für die als Wertgrößen definierten Absorptionsfunktionen, daß die hierin enthaltenen Mengeneffekte die Umbewertungseffekte überkompensieren.[43] Ist D^P_{jk} die private mengenmäßige Nachfrage nach Gut k in Land j, erhalten wir als partiellen Absorptionskoeffizienten bei einer Wechselkursänderung:

$$A^P_{jk} = e_{jk} D^P_{jk}$$

$$\frac{\partial A^P_{jk}}{\partial e_{jk}} = D^P_{jk} (e_{jk} + \frac{\partial D^P_{jk}}{\partial e_{jk}} \frac{e_{jk}}{D^P_{jk}}) = D^P_{jk} (1 + \frac{\partial D^P_{jk}}{\partial e_{jk}} \frac{e_{jk}}{D^P_{jk}}) < 0$$

Soll diese partielle Absorptionswertreaktion negativ werden, muß die Mengenreaktion hinreichend elastisch sein. Zusätzlich wird jedoch eine so starke Mengenreaktion gefordert, daß eine negative Gesamtreaktion einschließlich der Vermögenseffekte gewährleistet ist. Durch solche hinreichend elastischen Mengenreaktionen ergibt sich auch, daß ein J-Kurven-Effekt der Leistungsbilanzreaktion ausgeschlossen wird. Wie bereits angedeutet, ist jedoch eine Annahme über die partiellen Absorptionsreaktionen nicht erforderlich. Lediglich eine eindeutige Gesamtreaktion unter Einschluß der Vermögenseffekte wird benötigt ($n(e_{jk})$; vgl. Abschnitt 4.2.2 und Abschnitt 5.2.2).

Wir erhalten nun als Absorptionsfunktion für das eigene Gut:

---

[43] Gewöhnlich beziehen sich solche Aussagen auf Mengenreaktionen, so daß es notwendig erscheint auf die hier verwendete Annahme der Wertreaktion explizit hinzuweisen.

(3.68) $A^P_{jj} = A^P_{jj}(e_J, A^P_j(q, Y^v_j, W_J))$

$e_J = (e_{Jk}, \ldots, e_{Jn})$, $\partial A^P_{jj}/\partial e_{Jk} > 0$, $j \neq k$

(3.69a) $a(e_{Jk})^P_{jj} = \dfrac{dA^P_{jj}}{de_{Jk}} = \dfrac{\partial A^P_{jj}}{\partial e_{Jk}} + \dfrac{\partial A^P_{jj}}{\partial A^P_j}\dfrac{\partial A^P_j}{\partial W_J} q_k B_{Jk}$ > 0

(3.69b) $a(q_J)^P_{jj} = \dfrac{dA^P_{jj}}{dq_J} = \dfrac{\partial A^P_{jj}}{\partial A^P_j}\left[\dfrac{\partial A^P_j}{\partial q_J} + \dfrac{\partial A^P_j}{\partial W_J} B_{JJ}\right]$ > 0

(3.69c) $a(q_k)^P_{jj} = \dfrac{dA^P_{jj}}{dq_k} = \dfrac{\partial A^P_{jj}}{\partial A^P_j}\left[\dfrac{\partial A^P_j}{\partial q_k} + \dfrac{\partial A^P_j}{\partial W_J} B_{Jk} e_{Jk}\right]$ > 0

(3.69d) $a(Y^v_J)^P_{jj} = \dfrac{\partial A^P_{jj}}{\partial Y^v_J} = \dfrac{\partial A^P_{jj}}{\partial A^P_j}\dfrac{\partial A^P_j}{\partial Y^v_J}$, $0 < a(Y^v_J)^P_{jj} < 1$

Als weitere strukturelle Absorptionsfunktionen ergeben sich, unterstellen wir auch hier bei der Vorzeichenbestimmung der Funktionselemente die Gültigkeit der Annahme (A46):

(3.70) $A^P_{Jk} = A^P_{Jk}(e_J, A^P_j(q, Y^v_J, W_J))$

$\partial A_{Jk}/\partial e_{Jk} < 0$ und $\partial A_{Jk}^P/\partial e_{Jl} > 0$ für $j \neq k$

(3.71a) $a(e_{Jk})^P_{jk} = \dfrac{dA^P_{Jk}}{de_{Jk}} = \dfrac{\partial A^P_{Jk}}{\partial e_{Jk}} + \dfrac{\partial A^P_{Jk}}{\partial A^P_j}\dfrac{\partial A^P_j}{\partial W_J} q_k B_{Jk}$

(3.71b) $a(e_{Jl})^P_{jk} = \dfrac{dA^P_{Jk}}{de_{Jl}} = \dfrac{\partial A^P_{Jk}}{\partial e_{Jl}} + \dfrac{\partial A^P_{Jk}}{\partial A^P_j}\dfrac{\partial A^P_j}{\partial W_J} q_l B_{Jl}$

$$(3.71c) \quad a(q_J)_{Jk}^P = \frac{dA_{Jk}^P}{dq_J} = \frac{\partial A_{Jk}^P}{\partial A_J^P}\left[\frac{\partial A_J^P}{\partial q_J} + \frac{\partial A_J^P}{\partial W_J} B_{JJ}\right] > 0$$

$$(3.71d) \quad a(q_k)_{Jk}^P = \frac{\partial A_{Jk}^P}{\partial q_k} = \frac{\partial A_{Jk}^P}{\partial A_J^P}\left[\frac{\partial A_J^P}{\partial q_k} + \frac{\partial A_J^P}{\partial W_J} B_{Jk} e_{Jk}\right] > 0$$

$$(3.71e) \quad a(Y_J^v)_{Jk}^P = \frac{dA_{Jk}^P}{dY_J^v} = \frac{\partial A_{Jk}^P}{\partial A_J^P} \frac{\partial A_J^P}{\partial Y_J^v} , \quad 0 < a(Y_J^v)_{Jk}^P < 1$$

3.1.5 Aggregation zur gesamtwirtschaftlichen Absorption

Die Gesamtabsorption des Landes ergibt sich aus der privaten Absorption und den exogenen staatlichen Ausgaben. Die gesamtwirtschaftlichen Absorptionsfunktionen nach den einzelnen Gütern betragen:

$$(3.72) \quad A_J = A_J^P + G_J$$

$$(3.73) \quad A_{JJ} = A_{JJ}(e_J, A_J^P) = A_{JJ}^P(e_J, A_J^P) + G_J$$

$$(3.74) \quad A_{Jk} = A_{Jk}(e_J, A_J^P) = A_{Jk}^P(e_J, A_J^P)$$

Da die staatliche Absorption exogen ist, sind die Reaktionen der gesamtwirtschafftlichen Absorption mit den bereits vorgestellten privaten Absorptionsreaktionen identisch.[44]

$$(3.75a) \quad a(e_{Jk})_{JJ} = a(e_{Jk})_{JJ}^P > 0$$

---

[44] Auch das verfügbare Einkommen wird endogen nur vom Produktionseinkommen verändert (Vgl. A12, A13 u. G13.5, 3.57).

(3.75b) $a(q_J)_{JJ} = a(q_J)^P_{JJ} > 0$

(3.75c) $a(q_k)_{JJ} = a(q_k)^P_{JJ} > 0$

(3.75d) $a(Y_J)_{JJ} = a(Y_J^v)^P_{JJ} > 0$

(3.76a) $a(e_{Jk})_{Jk} = a(e_{Jk})^P_{Jk}$

(3.76b) $a(e_{Jl})_{Jk} = a(e_{Jl})^P_{Jk}$, $k \neq l$

(3.76c) $a(q_J)_{Jk} = a(q_J)^P_{Jk} > 0$

(3.76d) $a(q_k)_{Jk} = a(q_k)^P_{Jk} > 0$

(3.76e) $a(Y_J)_{Jk} = a(Y_J^v)^P_{Jk} > 0$

3.1.6 Leistungsbilanz

Der nationale Leistungsbilanzüberschuß (Z_J) läßt sich über die nationale Hortungsfunktion definieren. Die nationale Hortung ist gleich der Summe der privaten und staatlichen Ersparnis.

(3.77) $H_J = S_J^P + S_J^G$

Nutzen wir die Budgetrestriktion der privaten Haushalte und des Staates erhalten wir die gesamtwirtschaftliche Hortung als das Nettoeinkommen des Landes abzüglich der privaten und staatlichen Absorption. Die Annahme (A12), die bereits ausführlich diskutiert wurde, bewirkt, daß das Nettozinseinkommen neutralisiert wird. Dadurch reduziert sich die nationale Hortung und damit der Leistungsbilanzüberschuß des Landes auf die Differenz zwischen dem nationalen Einkommen aus der Produktion und der gesamtwirtschaftlichen Absorption.

$$S_j^p = Y_j^y - A_j^p = Y_j + Q_{jj} + e_{jk}Q_{jk} - T_j - T_j^g - A_j^p$$

$$S_j^g = -BD_j = T_j + T_j^g - G_j - Q_{jj} - Q_{kj} - Tr_j = 0$$

$$H_j = Y_j + Q_{jj} - T_j^g - T_j - A_j^p + T_j + T_j^g - G_j - Q_{jj} + (e_{jk}Q_{jk} - Q_{kj} - Tr_j)$$

(3.78) $\quad Z_j = H_j = Y_j + (e_{jk}Q_{jk} - Q_{kj} - Tr_j) - A_j = Y_j - A_j$

Diese Hortungsentscheidung ist eine Vermögensakkumulationsentscheidung gegenüber dem Ausland. In einer dynamischen Betrachtung würde mit dieser Entscheidung der Anpassungspfad der Akkumulation des ausländischen Aktivums bestimmt.

3.2 Überlegungen zu unterschiedlichen Gleichgewichtsvorstellungen

Während in vorangegangenen Abschnitten zunächst generell verschiedene Budgetzusammenhänge der einzelnen Sektoren aufgezeigt und Verhaltensfunktionen abgeleitet worden sind, sollen nun einige Überlegungen zu möglichen Gleichgewichtsvorstellungen angestellt werden. Bevor wir uns also detailliert den Marktgleichgewichten unseres Zwei- und Drei-Länder-Modells zuwenden werden, sollen einige generelle Vorausbemerkungen zu Strom- und Bestandszusammenhängen bei den verschiedenen Gleichgewichtsvorstellungen gemacht werden.

Allgemein beruhen die Unterschiede in den Gleichgewichtsvorstellungen auf Unterschieden des zugrundegelegten Zeitkonzeptes (stetige oder diskrete Zeit) und des Gleichgewichtszeitpunktes (Periodenanfang oder Periodenende).[45] Die Vorstellung von einem diskreten Ablauf der Zeit bedeutet, daß endliche Periodenlängen unterstellt werden. Zeit schreitet in den diskreten Schritten der Periode fort, Gleichgewichte werden über Zeitperioden definiert. Wird dagegen die Zeit nicht als eine Folge diskreter Zeitschritte betrachtet, sondern als ein Kontinuum von Zeitpunkten, erhalten wir unendlich kleine Periodenlängen. Die Gleichgewichte werden nicht für eine Zeitperiode, sondern für einen Zeitpunkt definiert. Da wir uns nur mit Gleichgewichten in diskreter Zeit befassen wollen, können wir zwei Gleichgewichtszeitpunkte für die Bestandsgleichgewichte unterscheiden, das Periodenanfangsgleichgewicht und das Periodenendgleichgewicht.

Je nach Wahl des Gleichgewichtszeitpunktes entstehen unterschiedliche Wechselwirkungen der Strom- und Bestandsgrößen. Um es mit Foleys zusammenfassenden Worten zu sagen:"The argument is directed to the following results; that there are two different possible specifications of asset market equilibrium in makroeconomic models,...,that these two specifications are each internally consistent but inconsistent with each other...; that the existing macroeconomic literature does not always recognize the distinction between the two specifications and occasionally confuses them. One

---
45) Eine ausführliche Diskussion dieser Problematik findet sich bei May (1970), Foley (1975), Turnovsky (1977) oder Engel (1980)

specification is "beginning-of-period" equilibrium...;
the other is "end-of-period" equilibrium..."(Foley (1975,
S.304)).

Um diese unterschiedlichen Konzeptionen kurz darstellen
zu können, wollen wir die Begriffe Bestand, Bestandsänderungen und Ströme zunächst definieren, um dann die
wichtigsten Implikationen der verschiedenen Vorstellungen
hinsichtlich der Gleichgewichtseigenschaften kurz ansprechen zu können.

Bestände sind bewertete Mengen zu einem Zeitpunkt; sie
haben daher die Dimension Währungseinheit, z.B. [DM].
(Herberg (1975)). Als Beispiel für eine Bestandsgröße
können wir die Geldmenge (ein Bestandswert) zum 31.12.
eines Jahres anführen.

Bestandsänderungen beschreiben die Differenz zweier
Bestände, die an unterschiedlichen Zeitpunkten gemessen
werden. Die Dimension der Bestandsänderungen bleibt
damit identisch zur Dimension der Bestände [DM]. Anknüpfend an das vorangegangene Beispiel ist ein Bestandsände-
rung die Differenz zwischen der Geldmenge am 31.12. eines
Jahres und der Geldmenge am 31.12. des Vorjahres.

Ströme sind Bestandsänderungen pro Zeitperiode, d.h., die
Dimension eines Stroms ist [DM/Periode]. Ein Beispiel für
eine Stromgröße ist das Inlandsprodukt eines Jahres. Das
Inlandsprodukt eines Jahres mißt den Wert der in einer
Periode (Jahr) durchschnittlich produzierten Güter, d.h.,
den Wert der durchschnittlichen Änderung des Güter-
bestandes, über den das Land vom Beginn bis zum Ende
dieser Periode verfügen kann.

Mit Hilfe dieser Definitionen können wir nun in diskreter Zeit das Periodenendgleichgewicht und das Periodenanfangsgleichgewicht charakterisieren. Beide Vorstellungen lassen sich am besten durch die Schilderung des Ablaufs einer Hicks'schen Woche, wie sie bei Patinkin (1965) immer wieder beschrieben wurde, darstellen.

3.2.1 Beschreibung des Periodenendgleichgewichts

Definieren wir die Periode auf einen endlichen Zeitraum, der zum Zeitpunkt t (am Montagmorgen der Hicks'schen Woche) beginnt und zum Zeitpunkt t+h (am Samstag abend der Hicks'schen Woche) endet,[46] läßt sich folgendes Gedankenspiel durchführen: Am Montagmorgen kommen alle am Wirtschaftsprozeß beteiligten Akteure (private Haushalte, Unternehmen, Staat, Zentralbank, etc.) zusammen und verkünden auf allen Märkten ihre Planungen bis zum Stichtag am Periodenende. Diese Planungen können als Bestandsänderungsplanungen hinsichtlich des Endzeitpunktes, oder, wenn man sie auf die Zeitperiode bezieht (hier die Woche) als (durchschnittliche) Stromplanungen betrachtet werden. Ein Auktionator versucht nun alle Transaktionswünsche für den Stichtag des Periodenendes (t+h) kompatibel zu machen und ein simultanes Gleichgewicht auf allen Strom- und Bestandsmärkten am Periodenende zu bestimmen. Die Strom- und Bestandsentscheidungen sind damit simultane Entscheidungen. Die gleichgewichtigen Transaktionen auf den Märkten der Stromvariablen implizieren gleichzeitig Bestandsänderungen und lösen simultan auch die

---

46) Sonntag ist Ruhetag.

Bedingungen der Bestandsmarktgleichgewichte zum Periodenende.[47]

Graphisch läßt sich diese Beschreibung der Planungen und Gleichgewichtsbildung am nachfolgenden Zeitstrahl erläutern.

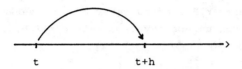

Auf diesem Zeitstrahl sind Zeitpunkte eingetragen, die als Periodenanfangszeitpunkte Schnittstellen für die Einteilung diskreter Perioden definieren. Zum Zeitpunkt t beginnt genau eine Periode und zum Zeitpunkt t+h ist diese Periode gerade zuende gegangen.[48] Bei einem Periodenendgleichgewicht planen die Wirtschaftssubjekte ihre Aktivitäten zum Zeitpunkt t über die gesamte Periode bis t+h. Für diese Periode werden Gleichgewichte für die Strommärkte gebildet und simultan werden mit den über die Ströme definierten Bestandsveränderungen auch die Bestandsmarktgleichgewichte für den Zeitpunkt t+h bestimmt. Zum Zeitpunkt t+h sind also alle gleichgewichtigen Tauschprozesse auf den Strom- und Bestandsmärkten abgeschlossen, so daß ein simultanes Strom- und Bestandsgleichgewicht entstanden ist. Diese Simultanität der

---

47) Zur Problematik von Strom- und Bestandssystemen in makroökonomischen Modellen mit Periodenendgleichgewichten vgl. auch Herberg (1975).
48) Genau genommen ein Zeitpunkt zuvor, denn t+h stellt den Anfangszeitpunkt der neuen Periode dar. Wir wollen auf diese Unterscheidung aber nur hinweisen, ohne weiter darauf einzugehen.

Strom- und Bestandsmarktgleichgewichtsbildung ist eine wesentliche Eigenschaft der Periodenendgleichgewichte.

3.2.2 Beschreibung des Periodenanfangsgleichgewichts

Die Verschiebung des Gleichgewichtszeitpunktes auf den Anfangszeitpunkt unserer Betrachtungsperiode (t) verändert die Eigenschaften unseres Systems beträchtlich.

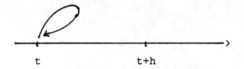

Ein sofortiges Gleichgewicht bereits für den Zeitpunkt (t) kann nur diejenigen Größen betreffen, die zum Anfangszeitpunkt der Periode existieren, denn die gleichgewichtigen Planungen und Wünsche richten sich exklusiv auf den Zeitpunkt (t). Da in diesem Zeitpunkt jedoch keine diskreten durchschnittlichen Ströme existieren (sondern nur über den nachfolgenden Zeitraum), betrifft eine Periodenanfangsgleichgewichtsbestimmung ausschließlich die bereits existierenden Bestände. Es wird also ein reines Bestandsmarktgleichgewicht bestimmt. Die über die diskrete Zeitperiode definierten Strommärkte werden in diese Gleichgewichtsbildung nicht simultan einbezogen. Die Strommarktgleichgewichte werden erst mit der Einbeziehung der nachfolgenden Zeitperiode von (t) bis (t+h) berücksichtigt und auf der Basis der Bestandsmarktgleichgewichte, die direkt zuvor im Zeitpunkt t bestimmt wurden, gebildet. Ob innerhalb dieser diskreten Folgeperiode durch die Strommarktreaktion ein neues Strommarktgleichgewicht bereits vollständig erreicht wird, oder ob lediglich eine graduelle Bewegung in Richtung eines neuen Strommarktgleichgewichtes entsteht, hängt von der unterstellten Anpassungsgeschwindigkeit des Strommarktes ab.

Wir haben damit zwei getrennte Marktsysteme, ein Vermögensbestandsmarktsystem im Periodenanfangszeitpunkt (t) und ein sofort folgendes Strommarktsystem, das über die diskrete Periode (t,t+h) definiert ist. Walras` Identität und Walras` Gesetz gelten für jedes dieser Einzelsysteme separat. Eine Beeinflussung des Bestandssystems durch das nachfolgende Strommarktgleichgewicht ist auf dem Wege der Erwartungsbildung denkbar. Bei statischer Erwartung bleibt jedoch das nachfolgende System unberücksichtigt.

Die beschriebenen Überlegungen lassen sich auch wieder an der Vorstellung einer Hicks'schen Woche erläutern: Am Montagmorgen kommen erneut alle am Wirtschaftsprozeß beteiligten Akteure am Börsenplatz zusammen, um Gleichgewichtsbestimmungen vorzunehmen. Diejenigen Akteure, die durch Akkumulationen in den Vorperioden Periodenanfangsbestände in Form von Vermögensaktiva halten, versuchen nun aber sofort bereits für die bestehenden Aktivabestände ihre gewünschte Aktivastruktur zu erreichen. Der Auktionator beginnt also die Anpassungswünsche zu koordinieren und findet für die vorhandenen Vermögensbestände noch am frühen Montagmorgen ein neues Gleichgewicht der Aktivamärkte. Dieses Gleichgewicht ist anfangszeitpunktbezogen (t), so daß die Wirtschaftssubjekte in diesem Zeitpunkt einen direkten Planungshorizont für die Gleichgewichtsbildung von Null haben. Ein Planungshorizont[49] von Null bedeutet jedoch nicht, daß generell auch der

---

49) Der Begriff Planung soll hier als gleichgewichtige, kompatible Planung verstanden werden.

Erwartungshorizont Null sein muß. Die Erwartungen können grundsätzlich über den Moment hinausgehen. Ein Planungshorizont von Null besagt lediglich, daß es keine über den Zeitpunkt t weiterreichenden kompatiblen (gleichgewichtigen) Planungen gibt. Dieses Gleichgewicht zu Periodenbeginn bestimmt nun die Umstände, unter denen die Planungen für die Stromgrößen der Periode erfolgen. Da die Gleichgewichte der Aktivamärkte nicht für das Periodenende definiert sind, können wir das noch zu betrachtende Marktsystem als isoliertes Strommarktsystem separat beschreiben. Die Strommarktgleichgewichte und damit verbunden auch die Bestandsänderungen der Vermögensaktiva müssen also nicht zu einem simultanen Periodenendgleichgewicht auch auf den Aktivamärkten führen. Die durch die Strommarktreaktionen entstandenen akkumulativen Bestandsveränderungen stellen die Ausgangssituation für das nach Ablauf der Periode erneut zu formulierende Bestandsgleichgewicht dar. Hierin besteht der entscheidende Unterschied zu den Vorstellungen des Periodenendgleichgewichtes, bei dem eine simultane Gleichgewichtsbilung der Strom- und Bestandsgrößen für das Periodenende vorgenommen wird. In einem System mit Periodenanfangsgleichgewichten bestehen die dynamischen Wechselwirkungen von Strom- und Bestandsmärkten nach einer Störung des Steady-State-Ausgangsgleichgewichtes in einer Sequenz von transitorischen Gleichgewichten die letztlich bei dynamischer Stabilität des Systems in ein neues langfristiges Steady-State-Gleichgewicht führen werden.

Da unser Interesse jedoch nicht der gesamten Entwicklung eines solchen Anpassungspfades gilt, sondern lediglich der ersten Periode nach der Gleichgewichtsstörung, wollen wir diese Überlegungen nicht zusätzlich ausweiten.

4. Interdependenzen in einem Zwei-Länder-Referenzmodell

Nach der ausführlichen Beschreibung der Verhaltensgleichungen, der Budgetrestriktionen und der Diskussion unterschiedlicher Möglichkeiten von Gleichgewichtsbeschreibungen können wir nun die Marktgleichgewichte für ein Zwei-Länder-Modell definieren. Die Beschreibung eines Zwei-Länder-Modells erfolgt aus folgenden Gründen:

Erstens, das Zwei-Länder-Modell soll als Referenzsystem für den später zu entwickelnden Drei-Lände-Fall dienen. Mit Hilfe dieses Referenzsystems können die impliziten Aggregationen der üblichen Zwei-Länder-Modelle herausgearbeitet werden. Darüber hinaus kann dieses Zwei-Länder-System als vorbereitender Schritt für die Formulierung des Drei-Länder-Modells betrachtet werden.

Zweitens, schon anhand eines Zwei-Länder-Systems können innerhalb eines noch relativ einfachen Modellrahmens wesentliche außenwirtschaftliche Übertragungsmechanismen erörtert werden. Eine anschauliche Beschreibung dieser Transmissionen ist das zweite Ziel dieses Abschnitts.

Basierend auf den Beschreibungen der außenwirtschaftlichen Übertragungsmechanismen können drittens bereits erste Überlegungen hinsichtlich der Isolierungs- und Abschirmungsproblematik angestellt werden.

4.1 Beschreibung des Gleichgewichtes

Für die Definiton des Zwei-Länder-Gleichgewichtssystems sind abermals zunächst einige spezifische Annahmen zu treffen.

(A47) Es existieren zwei Länder. Die Länder werden als Land eins und Land zwei bezeichnet.

(A48) Die Gleichgewichte sind Periodenanfangsgleichgewichte in diskreter Zeit.

(A49) Die Beschreibungen der Aggregate, Restriktionen und Verhaltensmuster sind in ihrer Struktur für beide Länder symmetrisch.[1]

(A50) Wir definieren und untersuchen ausschließlich das Impact Gleichgewicht der Anstoß-Periode.

Bei der Definition der Marktgleichgewichte werden wir, wie im vorangegangenen Abschnitt angesprochen, zwei Gleichgewichtssysteme unterscheiden. Einerseits haben wir ein komplettes Bestandsmarktsystem zu betrachten und andererseits ist ein System von Stromgleichgewichten zu berücksichtigen. Da ein zentraler Bestandteil der Portfoliomodelle ein Periodenanfangs-Bestandsmarktgleichgewicht ist und nicht - wie im Mundell-Flemming-Modell - ein simultanes Strom- und Bestandsmarkt-Periodenendgleichgewicht, ergibt sich eine Separierung des Bestandsmarktsystems vom Gütermarktsystem. Das zeitlich nicht simultane Gütermarktgleichgewicht beeinflußt die Finanzmarktgleichgewichte nur insofern, als daß bei der Finanzmarktgleichgewichtsbestimmung Erwartungen über das Strommarktgleichgewicht bestehen können. Da diese aber für uns statisch sind, ist das Finanzmarktgleichgewicht zu Beginn der ersten Periode von den Gütermarktanpassungen innerhalb der Impact-Periode unabhängig. Diese Argumentation erlaubt die Dichotomisierung des Gesamtsystems zu einem sofortigen Bestandsmarktgleichgewicht und einem

---

1) Diese Annahme wird allerdings durch eine der nachfolgenden Annahmen eingeschränkt.

"nachfolgenden", erst über den Ablauf einer diskreten
Zeitperiode entstehenden Strommarktgleichgewicht.

Wir können also bei unseren Untersuchungen jeweils in
zwei Schritten vorgehen: Zunächst wird stets das Finanz-
marktgleichgewichtssystem betrachtet, um dann unter Verwendung der hier ermittelten sofortigen Reaktionen das im
Folgenden entstehende Gütermarktgleichgewicht zu
bestimmen.

4.1.1 Finanzmarktgleichgewichte

(A51)   Jedes Land emitiert zwei Aktiva, Geld und
        staatliche Bonds. Nur der Bond des Landes zwei
        wird international gehandelt.

Die Konstellation von nur einem international handelbaren
Bond findet sich bereits sehr früh in der Literatur des
Finanzmarktansatzes.[2] Sie könnte z.B. mit der dominierenden Stellung eines Landes als Währungsreserveland
begründet werden. Wir wollen diese Vorstellung auch bei
unserer Modellierung eines Zwei-Länder-Modells
übernehmen.

(A52)   In der Ausgangssituation besteht ein Portfolio-
        und Finanzmarktgleichgewicht: Alle Portfoliohal-

---

2) Die Annahme, daß nur ein Aktivum international gehandelt wird, ist außerordentlich beliebt, als Beispiele
sind Branson (1976), Kouri (1976), Branson (1977)
Branson, Haltunnen und Masson (1977), Flood (1979b),
Dornbusch und Fisher (1980) oder Henderson und Rogoff
(1981) zu nennen.

tungswünsche werden realisiert, alle Aktivamärkte sind im Gleichgewicht.

Die Finanzmarktgleichgewichte sind durch die Wertgleichgewichte auf den Aktivamärkten und simultan durch die Portfoliohaltungsgleichgewichte definiert. Mit anderen Worten, in unserem Modell müssen sowohl die verschiedenen Marktgleichgewichte als auch zusätzlich die Portfoliohaltungsgleichgewichte berücksichtigt werden. Die Marktgleichgewichte garantieren den Ausgleich der gesamten angebotenen Wertbestände mit den gesamten Portfolio-Bestandsnachfragewerten auf den Weltmärkten. Die Portfoliohaltungsgleichgewichte garantieren, daß nicht nur Nachfrage- und Angebotswerte in der Summe auf den Weltaktivamärkte übereinstimmen, sondern, daß im Gleichgewicht die einzelnen, von jedem Land nachgefragten Bestandswerte auch tatsächlich von dem jeweiligen Land als Vermögensbestandswert gehalten werden. In unserem System mit vier Aktiva müssen vier Marktgleichgewichtsbedingungen erfüllt werden. Da das erste Land drei verschiedene Aktiva halten kann und das zweite Land zwei Anlageformen hält, sind insgesamt fünf Portfoliohaltungsgleichgewichte zu erfüllen.

(A53)   Die Bondmärkte sind vollständig integriert. Dies bedeutet, es gibt keine staatlichen Reglementierungen, so daß die Märkte sofort und vollständig reagieren.

Der Begriff Kapitalmarktintegration wird gelegentlich mit den Substitutionseigenschaften internationaler Aktiva in Verbindung gebracht. Vollständige Kapitalmarktintegration bedeutet lediglich die Unmöglichkeit anhaltender Arbitragegewinne und eine sofortige und vollständige Anpassungsfähigkeit der tatsächlichen an die gewünschte

Portfoliostruktur (Frankel (1983, S.86)). Vollständige Kapitalmarktintegration bedeutet nicht, daß in- und ausländische Anlagen vollständige Substitute sind und etwa internationale Zinsparität zwischen in- und ausländischen Bonds herschen müßte. Auch Cooper (1985) versucht dieser Begriffsverwirrung entgegenzuwirken. Cooper zitiert Cournot's Definition für einen Markt als: "the whole of any region in which buyers and sellers are in such free intercourse with one another that the prices of the same good tend to equality easily and quickly."(Cooper (1985, S.1199). Diese Definition überträgt Cooper auf internationale Märkte: "We can speak of international economic integration to the extent that markets so defined cross national boundaries....a world wide market implies that the law of one price obtains *for each of those goods and securities*....For instance, the elasticity of substitution between home and foreign goods or securities might be very low despite highly integrated markets..." (Cooper (1985, S.1199), Hervorhebung im Original).

Wir wollen nun schrittweise alle Marktgleichgewichte und Portfoliohaltungsgleichgewichte definieren. Ausgangspunkt sind die beiden Vermögensrestriktionen.

Die Vermögensrestriktionen

Da das Vermögenskonzept bereits ausgiebig besprochen wurde, können wir nun schlicht die Vermögensrestriktionen für die beiden Länder definieren. Das Nominalvermögen des Landes eins setzt sich aus den drei Komponenten Geld, dem Wert des von Inländern gehaltenen Inlandsbonds und dem Wert des von Inländern gehaltenen internationalen Bonds, bewertet in Inlandswährung, zusammen.

(4.1) $\quad W_1 = M_1 + q_1 B_{11} + e_{12} q_2 B_{12}$

Das Nominalvermögen des zweiten Landes besteht aus nur zwei Vermögensformen. Neben dem Geldbestand des Landes wird von den Investoren lediglich ein Teil des eigenen inländischen Bonds gehalten, da in diesem Land außer dem inländischen Bond kein international gehandeltes Wertpapier existiert.

(4.2) $\quad W_2 = M_2 + q_2 B_{22}$

Die Geldmärkte

Da Geld eine Anlageform ist, die ausschließlich im Inland gehalten wird, besteht die gesamte Geldnachfrage jeweils nur aus der Nachfrage der Investoren des Emissionslandes. Die Geldnachfragefunktionen der beiden Länder sind nicht symmetrisch, denn nur die Bonds des Landes zwei werden international gehandelt, nicht aber die Bonds des Landes eins.

Die Geldnachfrage des Landes eins ist vom Preis des inländischen Bonds (und damit implizit von dessen erwarteter Rendite), dem Preis des internationalen Bonds und dem nominalen Vermögen des Landes eins abhängig.

(4.3) $\quad M_1^D = m_1(\overset{+}{q_1}, \overset{+}{q_2}) W_1$

Wie in Abschnitt 3.1.4 diskutiert, würde in unseren Geldnachfragefunktionen das Transaktionsmotiv über die Einkommenserwartungen in der Geldnachfrage berücksichtigt. Da jedoch innerhalb einer Periodenanfangsgleichgewichtsbetrachtung bei statisch gebildeten Erwartungen die Einkommenserwartung exogen aus der Vorperiode gegeben sind, treten die Einkommensgrößen des Strommarktsystems der Anstoß-Periode nicht als endogene Determinanten der Aktivanachfragen auf. Wir können also das Einkommen als Geldnachfragedeterminante vernachlässsigen. Im Gegensatz zu dieser Argumentation in diskreter Zeit findet sich in vielen Portfoliomodellen mit stetiger Zeitbetrachtung das (momentane) Einkommen als Argument der Geldnachfragefunktionen (z.B. Kouri (1976), Branson und Buiter (1983), Branson und Henderson (1985)). Eine geldtheoretische Begründung für diese Vorgehensweise in Form des üblichen Transaktionskassenargumentes kann in diesen Modellen jedoch nur schwer geltend gemacht werden. Der Grund hierfür ist, daß die Essenz der Transaktionskassentheorie im Ausgleich temporärer Divergenzen zwischen Einnahmen und Ausgaben liegt.[3] Damit muß aber das Transaktionsargument direkt mit einem diskreten, endlichen Zeitkonzept verknüpft werden, da es eine diskrete Planungsperiode impliziert (Hellwig (1975)). Auf der Basis dieser Argumentation erscheint es also eher problematisch, daß die genannten Autoren in ihren in stetiger Zeit formulierten Stock-Flow-Portfoliomodellen das Einkommen als wichtigsten simultanen Rückkopplungsmechanismus der Gütermärkte auf die Finanzmärkte beschreiben. Das zugrundeliegende Geldhaltungsmotiv bleibt unerwähnt. Eine Formulierung, in der das (momentane) Einkommen nicht gleichzeitig als Argument der Aktivanachfrage definiert wird, wie etwa bei Allen und Kenen (1980), erscheint aus den beschriebenen geldtheoretischen Gründen auch in stetiger Zeit eher gerechtfertigt.

---

3) Die formale Begründung der Transaktionskassentheorie geht zurück auf die klassischen Aufsätze von Baumol (1952) und Tobin (1956) oder Classen (1980, S.110 ff). Vergleiche aber auch Patinkin (1965, S.14 und Kap.V)

Die Geldnachfrage des Landes zwei wird ausschließlich vom Preis des Inlandsbonds und dem inländischen Vermögen determiniert. Dies ergibt sich direkt aus der Nichthandelbarkeit des Bonds des ersten Landes. Die Anleger des Landes zwei haben keine internationale Anlagealternative. Die Portfolioentscheidung dieser Investoren betrifft also nur die Vermögensaufteilung auf die inländischen Bonds und Geld.

(4.4) $M_2^D = m_2(\overset{+}{q_2})W_2$

Da das Geldangebot in jedem einzelnen Land als von der Zentralbank exogen steuerbar betrachtet wird, lassen sich die beiden Geldmarktgleichgewichte durch die folgenden beiden Bedingungen darstellen.

(4.5) $M_1 = m_1(\overset{+}{q_1},\overset{+}{q_2})W_1$

(4.6) $M_2 = m_2(\overset{+}{q_2})W_2$

Die Bondmärkte

Die Nachfragefunktionen nach Bonds in den einzelnen Ländern enthalten die gleichen Argumente wie die jeweiligen Geldnachfragefunktionen. Die wertmäßige Nachfrage des Landes eins nach den eigenen und den internationalen Bonds können wir beschreiben als:

(4.7) $B_{11}^D = b_{11}(\overset{-}{q_1},\overset{+}{q_2})W_1$

(4.8) $B_{12}^D = b_{12}(\overset{+}{q_1},\overset{-}{q_2})W_1$

Die wertmäßige Bondnachfrage des Landes zwei, die ausschließlich auf den inländischen Bond gerichtet ist, können wir beschreiben als:

(4.9) $B_{22}^D = \bar{b}_{22}(q_2)W_2$

Die Marktangebotswerte der beiden Bondarten ergeben sich aus der Bewertung der auf dem Markt befindlichen Bondbestände (B_1, B_2). Diese bestehen aus dem Gesamtbestand an staatlich ausgegebenen Bonds (B_j^G) abzüglich der Bonds, die von der Zentralbank im Rahmen von Offen-Markt-Operationen aufgekauft wurden und nun als Bestand bei der Zentralbank gehalten werden (B_{2j}). Die auf dem privaten Markt befindlichen Bonds teilen sich auf die Investoren der einzelnen Länder auf. Das Wertpapier des Landes eins wird jedoch aufgrund der Annahme (A51) ausschließlich von den Investoren desselben Landes gehalten.

(4.10) $q_1(B_1^G - B_{Z1}) = q_1 B_1 = q_1 B_{11}$

(4.11) $q_2(B_2^G - B_{Z2}) = q_2 B_2 = q_2(B_{22} + B_{12})$

Das Gleichgewicht auf dem Bondmarkt des Landes eins ist dadurch leicht bestimmbar, denn es handelt sich um einen reinen Inlandsmarkt.

(4.12) $q_1 B_1 = b_{11}(q_1, q_2)W_1$

Das Marktgleichgewicht für den internationalen Bond wird in der Währung des Emissionslandes definiert. Die Wertnachfrage des Landes eins muß also mit dem Wechselkurs umbewertet werden.

(4.13) $q_2 B_2 = (1/e_{12}) b_{12}(q_1, q_2) W_1 + b_{22}(q_2) W_2$

Die Portfoliohaltungsgleichgewichte

Wie bereits angedeutet, ist ein Gleichgewicht nicht nur durch die Aktivamarktgleichgewichte, also die Übereinstimmung von Angebots- und Nachfragewerten auf den Aktivamärkten definiert. Auch die Portfoliohaltungsgleichgewichte müssen erfüllt werden. Die Portfoliohaltungsgleichgewichte garantieren die Identität der tatsächlichen mit der gewünschten Vermögenshaltungsstruktur. Erst, wenn die gewünschte Werthaltungsstruktur auch tatsächlich realisiert wird, besteht auch ein Portfoliohaltungsgleichgewicht. Für Land eins ist daß Portfoliohaltungsgleichgewicht definiert als:

(4.14) $M_1 = M_1^D$, $q_1 B_{11} = B_{11}^D$, $(e_{12} q_1) B_{12} = B_{12}^D$

Das Portfoliohaltungsgleichgewicht für das zweite Land ergibt sich als:

(4.15) $M_2 = M_2^D$, $q_2 B_{22} = B_{22}^D$

Damit haben wir neben den beiden Vermögensrestriktionen sämtliche Bedingungen definiert, die in einem Portfoliohaltungs- und Finanzmarktgleichgewicht gelten müssen. In der Ausgangssituation unseres Modells sollen alle diese Gleichgewichtsbedingungen erfüllt sein (A52).

Zusammenfassend stehen damit für die fünf Unbekannten (q_1, q_2, e_{12}, W_1, W_2) sieben Gleichungen zur Verfügung, nämlich zwei Vermögensrestriktionen, drei Portfoliogleichgewichte in Land eins und zwei Portfoliogleichgewichte in Land zwei. Durch Walras' Gesetz wird jedoch in jedem Land eine dieser Gleichgewichtsbedingungen redundant.

Wir haben damit die Gleichgewichte auf den Bestandsmärkten beschrieben, so daß wir zur Definition der Gütermarktgleichgewichte übergehen können.

4.1.2 Gütermarktgleichgewichte und Leistungsbilanzen

Aufbauend auf der Diskussion des Spar- und Absorptionsverhaltens können wir nach einigen ergänzenden Annahmen sofort die Formulierung der Gleichgewichte vornehmen.[4]

(A54) Jedes Land fragt jeweils beide landesspezifischen homogenen Güter nach.[5]

(A55) Im Ausgangsgleichgewicht sind die Leistungsbilanzen beider Länder ausgeglichen.[6]

(A56) Entstehende Leistungsbilanzdefizite können nur durch die Hergabe des internationalen Wertpapiers finanziert werden.

---
4) Vergleiche hierzu Abschnitt 3.1.4.
5) Diese Annahme ist implizit bereits in die Diskussion der Absorptionsentscheidung eingegangen. Sie soll jedoch an dieser Stelle bei der endgültigen Formulierung des Zwei-Länder-Modells noch einmal explizit aufgenommen werden.
6) Auch diese Aussage folgt eigentlich bereits aus Annahme (A52). Sie soll jedoch im Zusammenhang mit den folgenden Überlegungen zu den Gütermarktgleichgewichten noch einmal explizit angesprochen werden.

Unter Nutzung dieser Annahmen lassen sich die beiden Gütermarktgleichgewichte in folgender Weise definieren:

(4.16) $Y_1 = A^P_{11}(e_{12}, A^P_1(q_1, q_2, Y^V_1, W_1)) +$

$e_{12} A^P_{21}(e_{12}, A^P_2(q_2, Y^V_2, W_2)) + G_1$

(4.17) $Y_2 = A^P_{22}(e_{12}, A^P_2(q_2, Y^V_2, W_2)) +$

$(1/e_{12}) A^P_{12}(e_{12}, A^P_1(q_1, q_2, Y^V_1, W_1)) + G_2$

Die Leistungsbilanzdefizite ergeben sich jeweils aus der Differenz von Einkommen und Absorption. Mit der Beschreibung eines Leistungsbilanzdefizites ist in einem Zwei-Länder-System durch die Weltbudgetrestriktion auch der Leistungsbilanzüberschuß des zweiten Landes bestimmt. Das Leistungsbilanzdefizit des einen Landes muß dem Leistungsbilanzüberschuß des anderen Landes entsprechen, da die Summe der beiden nationalen Leistungsbilanzdefizite als Weltbudgetrestriktion in gleicher Währung Null ergeben muß.

(4.18) $Z_1 = Y_1 - A_1$

(4.19) $Z_2 = Y_2 - A_2$

(4.20) $Y_1 - A_1 + e_{12}(Y_2 - A_2) = 0$

Die Leistungsbilanzdefizite sind das Ergebnis eines vollständigen Finanz- und Gütermarkt-Entscheidungsprozesses für die ertse Periode. Sie stellen als nationale Hortungsentscheidung die Akkumulationsentscheidung gegenüber dem Ausland dar, denn die Gegenbuchung des Leistungsbilanzüberschusses besteht in einer Bestandsände-

rung von Wertpapieren. Es handelt sich um einen Güter-
Wertpapiertausch. Die daraus resultierenden Vermögensbe-
standsänderungen weisen auf die Fortsetzung des dynamischen Anpassungsprosses in den nachfolgenden Perioden
hin. Der dynamische Anpassungsprozeß, der über eine
ganze Sequenz von transitorischen Gleichgewichten ab-
läuft, wird erst dann beendet, wenn ein neues Steady-
State-Gleichgewicht erreicht ist. Da wir unsere Untersuchungen jedoch lediglich für die Anstoßperiode durchführen werden, sind Folgewirkungen dieser akkumulativen
Bestandsänderungen in der anschließenden und in späteren
Perioden außerhalb unseres Betrachtungshorizontes.

Für die Bestimmung der vier endogenen Gütermaktvariablen
(Y_1, Y_2, Z_1, Z_2) werden also die beiden Gütermarkt-Gleich-
gewichtsbedingungen, die Bestimmungsgleichung der
Leistungsbilanz des Landes eins und die Weltbudgetrestriktion benötigt.

Somit ist das Finanz- und Gütermarktgleichgewicht voll-
ständig definiert. Wir können nun dazu übergehen die
Wirkungen wirtschaftspolitischer Maßnahmen auf dieses
Gleichgewichtssystem zu untersuchen.

4.2 Auswirkung einer Offen-Markt-Operation eines Landes

In diesem Abschnitt wollen wir untersuchen welche Wirkungen eine expansive Offen-Markt-Operation des Landes
zwei auf die beiden Länder unserer Weltwirtschaft ausübt.

Warum ist gerade diese Politikmaßnahme für uns
interessant?

Erstens, wir wollen eine geldpolitische Störung dieses
Gleichgewichtes untersuchen, weil ein großer Teil unseres
Ineresses, insbesondere bei der Modellausweitung auf drei
Länder, den Portfolioreaktionen gilt, und diese in der
Literatur meist für geldpolitische Maßnahmen untersucht
wurden. Die zusätzlichen Effekte des Drei-Länder-Modells
sollen also mit den im Zwei-Länder-Rahmen erzielten Ergebnissen verglichen werden können.

Zweitens, die Wahl gilt einer Offen-Markt-Operation, da
diese gegenüber einer "Hubschrauberpolitik" als realistischer angesehen werden kann.

Drittens, die Lokalisierung der Politikmaßnahme in das
zweite Land erfolgt, weil Land zwei später stets als exogener "Störenfried" betrachtet wird, und wir für eine
solche Situation mögliche stabilisierende Gegenreaktionen
des zweiten oder dritten Landes untersuchen wollen. Die
originäre Störung wird also auch im weiteren stets von
Land zwei ausgehen.

Wie lassen sich also die entstehenden gleichgewichtigen
Reaktionen beschreiben? Mit Hilfe des Gedankenspiels
einer Hickschen Woche können wir die Reaktionsabläufe auf
den Finanz- und Gütermärkten vor dem Hintergrund unserer
Formulierung eines Periodenanfangsgleichgewichtes darstellen. Am Montag morgen der Hicks'schen Woche kommen
alle Marktteilnehmer zur Börse und stellen fest, daß die
Zentralbank durch den Ankauf privat gehaltener Bonds eine
Offen-Markt-Operation durchführen möchte. Die resultierende zusätzliche Nachfrage nach Bonds bei gleichzeitigem
Überschußangebot an Geld verursacht tendenziell Kursänderungen der Aktivabestände und führt zum Umstrukturierungswunsch der Portfolios. Die Marktteilnehmer versuchen

nunmehr ihre veränderten Planungen für die kommende Zeitperiode kompatibel zu machen. Sie versuchen also neue Güter- und Finanzmarktgleichgewichte zu bestimmen. Die Finanzmarktakteure bemerken sehr schnell, daß sie auch ohne Berücksichtigung der Gleichgewichtsbildungsprozesse auf den Gütermärkten und den daraus resultierenden möglichen Akkumulationen sofort auf der Basis ihrer bereits bestehenden Bestände Tauschmöglichkeiten (noch während der ersten halben Börsenstunde) haben. Quasi im "Hinterzimmer" der Börse werden nun allein durch Neubewertungen der bestehenden Aktivabestände in kürzester Zeit Nachfrage- und Angebotswerte kompatibel gemacht und als Finanzmarktgleichgewicht fixiert. Noch während der Gleichgewichtsbildungsprozeß auf den Gütermärkten in vollem Gange ist, treten die Finanzmarktakteure auf das Podium des Auktionators und verkünden ihr bereits erzieltes Ergebnis. Vor dem Hintergrund dieser Ergebnisse wird nachfolgend die Gleichgewichtsbildung auch auf den übrigen Märkten vollzogen, so daß am Montagmittag erneut alle Gleichgewichte bis zum Ablauf der Periode bestimmt sind.

Wir können das Gesamtsystem also rekursiv in zwei Schritten untersuchen: In einem ersten Schritt werden die sofortigen Finanzmarktreaktionen bestimmt. Darauf stellen wir in einem zweiten Schritt diese Reaktionen als die Anstöße der Gütermärkte dar und beschreiben die gleichgewichtigen Gütermarktreaktionen.

4.2.1 Finanzmarktreaktionen

Eine geldpolitische Störung des Ausgangsgleichgewichtes der Finanzmärkte kann grundsätzlich durch zwei Anpassungsmechanismen zu einem sofortigen neuen Finanzmarktgleichgewicht führen, ohne daß Akkumulationsvorgänge stattfinden. Die erste Anpassungsmöglichkeit besteht in Tauschprozessen der Aktivabestände zwischen den Investoren der einzelnen Länder. Eine zweite Anpassungsmöglichkeit der Wertgleichgewichte ergibt sich durch Umbewertungen der gehaltenen Bestände. Da innerhalb unseres Modellrahmens nur ein international handelbarer Bond existiert, sind direkte Bondtauschprozeße der Investoren im Zeitpunkt der Bestimmung des Finanzmarktgleichgewichtes ausgeschlossen ($dB_{11} = 0$, $dB_{12} = 0$). Quantitative Bestandsveränderungen sind nur akkumulativ über die Zeit hinweg durch Leistungsbilanzüberschüsse oder - wie im hier betrachteten Fall - durch eine gegebene Offen-Markt-Operation der Zentralbank möglich. Die Anpassungen der Portfoliogleichgewichte müssen unter diesen Bedingungen allein durch Umbewertungen erfolgen. Die Handelbarkeit nur eines Bonds hat auch Konsequenzen für die Diskussion einer Offen-Markt-Operation der Zentralbank. Die Bestandsveränderungen einer solchen Maßnahme müssen mit den Investoren des Landes abgewickelt werden, dessen Bondmarkt in die Offen-Markt-Operation direkt involviert ist. Eine Offen-Markt-Operation bedeutet generell einen Tausch von Geld gegen einen gleichen Wert von Wertpapieren. Die Zentralbank kauft Wertpapiere auf und zahlt mit Forderungen auf sich selbst, also mit Zentralbankgeld. Die Geldmengenexpansion ist damit genau gleich dem Wert der angekauften Wertpapiere. Da das Geld eines Landes stets nur von den Investoren des gleichen Landes gehalten wird, kann eine Offen-Markt-Operation letztlich ausschließlich zwischen

diesen Investoren und der Zentralbank durchgeführt
werden; zusätzliches Geld kann schließlich nur in deren
Vermögen Aufnahme finden. Ebenso kann bei einer Geld-
mengenreduktion das Geld, das dem Publikum entzogen
werden soll, nur aus dem Vermögen der genannten inländischen Investoren entstammen. In unserem Fall wird die
Offen-Markt-Operation über den Bondmarkt des zweiten
Landes durchgeführt. Die von der Zentralbank des Landes
zwei aufgenommenen Bonds entstammen letzlich vollständig
aus der Bestandshaltung des Publikums des Landes zwei, so
daß die Zentralbank die Offen-Markt-Operation exklusiv
mit den Inländern des eigenen Landes durchführt. Der
Werttausch des Aktivums Geld gegen das Aktivum Bonds -
bewertet zum neuen Gleichgewichtspreis - läßt beim betei-
digten Publikum des zweiten Landes keine Veränderung des
Vermögensniveaus entstehen. Eine Offen-Markt-Operation
des Landes zwei stellt sich damit in folgender Form dar:[7]

$$dM_2 = -q_2 (dB_{22})$$

(4.21) $\quad M_2 \hat{M}_2 = - q_2 B_{22} \hat{B}_{22}$

Eine gleichgewichtige Reaktion der Finanzmärkte ergibt
sich aus dem nachfolgenden, in differenzierter Form dargestellten System. Für die beiden Vermögensrestriktionen
erhalten wir:

$$\hat{W}_1 = m_1 \hat{M}_1 + b_{11} \hat{B}_{11} + b_{12} \hat{B}_{12} + b_{11} \hat{q}_1 + b_{12} (\hat{e}_{12} + \hat{q}_2)$$
$$\underbrace{\phantom{m_1 \hat{M}_1 + b_{11} \hat{B}_{11} + b_{12} \hat{B}_{12}}}_{\text{bestandsbedingte Vermögensänderungen}} \quad \underbrace{\phantom{b_{11} \hat{q}_1 + b_{12} (\hat{e}_{12} + \hat{q}_2)}}_{\text{bewertungsbedingte Vermögensänderungen}}$$

$$\hat{M}_1 = \hat{B}_{11} = \hat{B}_{12} = 0$$

---

[7] (^) definiert im Weiteren stets eine relative Änderung
der damit gekennzeichneten Variablen.

(4.22) $\hat{W}_1 = b_{11}\hat{q}_1 + b_{12}(\hat{e}_{12} + \hat{q}_2)$

(4.23) $\hat{W}_2 = m_2\hat{M}_2 + b_{22}\hat{B}_{22} + b_{22}\hat{q}_2$

  bestandsbedingte   bewertungsbedingte
  Vermögensänderungen   Vermögensänderungen

Die Reaktionen der beiden Geldmärkte lassen sich beschreiben als:

(4.24) $\hat{M}_1 = \mu(q_1)_1\hat{q}_1 + \mu(q_2)_1\hat{q}_2 + \hat{W}_1$, $\hat{M}_1 = 0$

(4.25) $\hat{M}_2 = \mu(q_2)_2\hat{q}_2 + \hat{W}_2$

Nutzen wir zusätzlich die Reaktion des Bondmarktes eins, ist die Veränderung des Finanzmarktgleichgewichtsystems vollständig bestimmt.

(4.26) $(\hat{q}_1 + \hat{B}_{11}) = \beta(q_1)_{11}\hat{q}_1 + \beta(q_2)_{11}\hat{q}_2 + \hat{W}_1$, $\hat{B}_{11} = 0$

Es ist leicht zu überprüfen, daß die Lösung dieses Systems sowohl alle vier gleichgewichtigen Aktivamarktreaktionen, als auch die fünf Bedingungen gleichgewichtiger Veränderungen der Portfoliohaltungen erfüllt: Da Geld nur im jeweiligen Ausgabeland gehalten wird, sind die beiden Geldmarktgleichgewichte mit den Portfoliohaltungsgleichgewichten identisch. Gleiches gilt für das Markt- und Portfoliohaltungsgleichgewicht des ersten Landes. Durch die Berücksichtigung der beiden Vermögensrestriktionen gelten auch in beiden Ländern die beiden Portfoliohaltungsbedingungen für den Bond des zweiten Landes. Gemäß Walras' Gesetz wird bei Räumung der drei explizit dargestellten Märkte und Berücksichtigung der Budgetrestriktionen auch der Markt des vierten Aktivums geräumt. Mit den beschriebenen sechs Gleichungen läßt sich der Vektor der sechs endogenen Variablen ($\hat{q}_1, \hat{q}_2, \hat{e}_{12}, \hat{W}_1, \hat{W}_2, \hat{B}_{22}$) bestimmen. Exogener Anstoß ist die Geldmengenexpansion, die von der Zentralbank des Landes zwei mittels der Offen-Markt-Operation durchzuführen ist.

Wir können die Anpassungsreaktionen leicht ermitteln, denn dieses System ist rekursiv lösbar.

Die Offen-Markt-Operation wird durch eine zusätzliche Nachfrage seitens der Zentralbank nach den Bonds des zweiten Landes begonnen. Die hierdurch entstehende Überschußnachfrage auf diesem Markt treibt den Bondpreis (q_2) in die Höhe und drückt so die erwartete Rendite dieser Anlage. Dies veranlaßt die Investoren die gewünschte Portfoliohaltungsstruktur zugunsten des anderen Vermögensaktivums, Geld, zu revidieren. Auf dem Geldmarkt des Landes zwei entsteht damit ein Nachfrageüberschuß. Da die Investoren gleichzeitig die gewünschte Bestandswertreduktion durch Bestandsverkäufe an die Zentralbank der tatsächlichen Bestandswerthaltung angleichen können, wird durch die hiermit verbundene Geldmengenausweitung auch der Nachfrageüberschuß auf dem Geldmarkt abgebaut. Die Zunahme der Geldhaltung entspricht bei diesem Prozeß dem Wert der Bonds, die die Zentralbank mit dem zusätzlichen Geld von den Investoren des Landes zwei ankauft. Es entsteht damit für Land zwei aus der quantitativen Aktivaumschichtung der eigenen Offen-Markt-Operation direkt kein Vermögensniveaueffekt, wohl aber aus den Umbewertungen, die durch die Kursänderungen entstehen.[8]

(4.27) $\hat{W}_2 = m_2 \hat{M}_2 + b_{22}(\hat{q}_2 + \hat{B}_{22}) = b_{22}\hat{q}_2$

---

[8] Diese Gleichung erhalten wir aus der Vermögensrestriktion für Land zwei und der Definition der Offen-Markt-Operation.

Die in Land zwei erfolgte Veränderung der Angebotsstruktur der Aktiva bewirkt durch Bondpreisveränderungen die Nachfrageumstellungen, die für ein neues Gleichgewicht notwendig sind. In diesem neuen Gleichgewicht erhalten wir erwartungsgemäß ein Ansteigen des Bondpreises und eine Verminderung der Wertpapierbestandshaltung der Investoren des zweiten Landes. Aus dem Geldmarktgleichgewicht des Landes zwei können wir die gleichgewichtige Reaktion des Bondpreises (q_2) bestimmen:

$$\hat{M_2} = \mu(q_2)_2 \hat{q_2} + b_{22} \hat{q_2} = (\mu(q_2)_2 + b_{22}) \hat{q_2}$$

(4.28) $v(M_2)_2 = \hat{q_2}/\hat{M_2} = 1/(\mu(q_2)_2 + b_{22}) > 0$

Die Preisänderung des Bonds zwei überträgt sich auch auf das erste Land: Auch im ersten Land verursacht der Anstieg des Bondpreises q_2 eine Veränderung der gewünschten Vermögenshaltungsstruktur. Die Anleger in diesem Land möchten wegen der gesunkenen Renditeerwartungen des Bonds zwei einen höheren Vermögensanteil der Geldhaltung und des heimischen Bonds realisieren. Darüber hinaus entsteht durch den Wertanstieg des Bonds zwei ein positiver Vermögenseffekt. Aufgrund dieser beiden Effekte entstehen Überschußnachfragen auf dem Geld- und Bondmarkt des Landes eins mit der Folge einer Preissteigerung auch des Bondpreises (q_1). Der aus dieser Preiserhöhung resultierende positive Vermögenseffekt verstärkt die Nachfrage nach Bond eins zusätzlich. Der Preis q_1 wird letzlich solange ansteigen, bis der Angebotswert gleich dem Werthaltungswunsch ist. Aus der Kombination des Geld und Bondmarktes des Landes eins und unter Berücksichtigung der Preissteigerung des zweiten Bonds erhalten wir:[9]

---

9) Für eine eindeutige Vorzeichenbestimmung müssen wir die Annahme (A29) nutzen (vgl. auch Gl. 3.54.c).

$$(\mu(q_1)_1 - \beta(q_1)_{11} + 1)\hat{q}_1 + (\mu(q_2)_1 - \beta(q_2)_{11})\hat{q}_2 = 0$$
$$ + +$$

(4.29) $\quad v(M_2)_1 = \hat{q}_1/\hat{M}_2 = \dfrac{-(\mu(q_2)_1 - \beta(q_2)_{11})}{(\mu(q_1)_1 - \beta(q_1)_{11} + 1)(\mu(q_2)_2 + b_{22})} > 0$

$ + - +$

Mit Hilfe der bereits gewonnenen Ergebnisse lassen sich auch die Wechselkursbewegungen ableiten. Der Rückgang der Auslandsbondnachfrage bei den Investoren des Landes eins hat eine Aufwertung der Währung des Landes eins und damit eine Wertminderung des in Inlandswährung bewerteten Auslandsbonds zur Folge. Erst, wenn für die gegebene Geldmenge die im Inland gehaltenen Bondbestandswerte durch Bondpreis und Wechselkurs bedingte Umbewertungen der gewünschten Bestandsstruktur entsprechen, ist der Anpassungsprozess abgeschlossen. Land eins wertet also bei einer Geldmengenexpansion in Land zwei auf, und Land zwei wertet ab $(w(M_2)_{12} < 0)$.[10]

$$0 = (\mu(q_1)_1 + b_{11})\hat{q}_1 + (\mu(q_2)_1 + b_{12})\hat{q}_2 + b_{12}\hat{e}_{12}$$

$ + +$

(4.30) $\quad w(M_2)_{12} = \hat{e}_{12}/\hat{M}_2 = -[(\mu(q_1)_1 + b_{11})v(M_2)_1$

$ + +$
$ + (\mu(q_2)_1 + b_{12})v(M_2)_2]/b_{12} < 0$

Nachdem die vorangegangene Analyse gezeigt hat, daß das geldpolitisch expansive Land gegenüber dem anderen Land erwartungsgemäß abwertet und weltweit eine Zinssenkungstendenz entsteht, gilt es nun diese Ergebnisse für die gleichgewichtigen Bestandsmarktänderungen noch einmal zu-

---

10) Die Wechselkursänderung zwischen Land eins und Land zwei ergibt sich aus der Kombination der Vermögensrestriktion mit dem Geldmarktgleichgewicht sowie den für die Zinsänderungen erzielten Ergebnissen.

sammengefaßt in einer Tabelle darzustellen. Dabei werden
auch die Reaktionen auf eine Offen-Markt-Operation in
Land eins mit berücksichtigt.[11]

Tabelle 4.1: Ergebnistabelle der Wirkungen von Offen-
Markt-Operationen auf die Finanzmärkte (Zwei-Länder-
Modell)

Exogen \ Endogen	$\hat{M_1}$ [OMO]	$\hat{M_2}$ [OMO]
$\hat{q_1}$	(+) $v(M_1)_1$	(+) $v(M_2)_1$
$\hat{q_2}$	(0) $v(M_1)_2$	(+) $v(M_2)_2$
$\hat{e}_{12}$	(+) $w(M_1)_{12}$	(−) $w(M_2)_{12}$

4.2.2 Reaktionen der Gütermärkte

Nach der Analyse einer gleichgewichtigen Finanzmarktreaktion als Folge einer Geldmengenerhöhung in Land zwei
müssen nun die Gütermarktreaktionen und damit die wichtigen realwirtschaftlichen Effekte untersucht werden. Die
aus den Bestandsmarktgleichgewichten abgeleiteten Änderungen des Preisvektors (q_1, q_2, e_{12}) stellen nun quasi
exogen den Anstoßeffekt auf den Gütermärkten dar. Bevor
die daraus resultierenden Gütermarktmultiplikatoren be-
rechnet werden sollen, wollen wir kurz auf diese Anstoßeffekte und damit die "Transmissionsriemen" zwischen
Finanz- und Gütermärkten eingehen.

---

11) Zur Herleitung dieser Reaktionen siehe Anhang 2A.

Unter Verwendung der marginalen Absorptionskoeffizienten
können wir zunächst die einzelnen partiellen bondpreis-
und wechselkursbedingten Absorptionsreaktionen $(n(q_J)_J;$
$n(e_{JK})_J)^{12}$ für die Märkte eins und zwei definieren und
ihre Vorzeichen bestimmen. Wie in Abschnitt 3.1.5
beschrieben, müssen die Mengenreaktionen nur als Summe
die Umbewertungs- und Niveaureaktionen einschließlich der
Vermögenseffekte überkompensieren, um eine Normalreaktion
zu garantieren. Da wir dies unterstellen, erhalten wir
nach Normierung der Wechselkurse für die Gesamtreaktionen
des Gutes eins:

(4.31a) $n(q_1)_1 = [\overset{+}{a(q_1)_{11}} + \overset{+}{a(q_1)_{21}}]q_1 > 0$

(4.31b) $n(q_2)_1 = [\overset{+}{a(q_2)_{11}} + \overset{+}{a(q_2)_{21}}]q_2 > 0$

(4.31c) $n(e_{12})_1 = a(e_{12})_{11} + a(e_{12})_{21} + A_{21} > 0$

Als Koeffizienten für das Gut zwei erhalten wir:

(4.32a) $n(q_1)_2 = [\overset{+}{a(q_1)_{22}} + \overset{+}{a(q_1)_{12}}]q_1 > 0$

(4.32b) $n(q_2)_2 = [\overset{+}{a(q_2)_{22}} + \overset{+}{a(q_2)_{12}}]q_2 > 0$

(4.32c) $n(e_{12})_2 = -a(e_{21})_{22} + a(e_{12})_{12} - A_{12} < 0$

Obwohl wir nicht auf jede partielle Reaktion einzeln eingehen wollen, werden die Finanzmarkt-Gütermarkt-Trans-

---

12) Durch die Verwendung von Semi-Elastizitäten können
wir direkt die Wirkung der als relative Änderungen
ausgewiesenen Bond- und Wechselkursreaktionen auf die
absoluten Absorptionsänderungen beschreiben.

missionsmechanismen deutlich erkennbar. Erstens wirken die Bondpreisveränderungen, d.h. die Änderungen der Renditeerwartungen, über die Vermögensaufbauentscheidung auf das Absorptionsverhalten und übertragen so Finanzmarktreaktionen auf die Gütermärkte. Der zweite Transmissionsriemen entsteht durch die Veränderungen des Wechselkurses. Dieser hat seine Hauptwirkung auf die Terms of Trade und verursacht Nachfrageumlenkungen zwischen den einzelnen Ländern. Die Absorptionsstrukturentscheidung wird nachhaltig hiervon geprägt. Die Koeffizienten $n(e_{12})_1$ bzw. $n(e_{12})_2$ beschreiben außerdem, wie sich ceteris paribus die inländische bzw. ausländische Leistungsbilanz aufgrund einer Abwertung der Währung eins ändert. Es entsteht eine Normalreaktion.

Auch den Gesamtnachfrageanstoß für den Markt j (dN_j), der sich aus den Kurs- und Wechselkurseffekten einer Geldmengenänderung zusammensetzt, können wir beschreiben.

Der Anstoßeffekt für den Markt des Gutes eins ergibt sich als:[13]

(4.33) $\quad dN_1 = n(M_2)_1 \hat{M}_2$

(4.34) $\quad n(M_2)_1 = \overset{+}{n(q_1)_1} \overset{+}{v(M_2)_1} + \overset{+}{n(q_2)_1} \overset{+}{v(M_2)_2} + \overset{-}{n(e_{12})_1} w(M_2)_{12} \gtreqless 0$

Das Vorzeichen von $n(M_2)_1$ ist generell unbestimmt: Einerseits steigt die Nachfrage nach dem Inlandsgut, weil Kursgewinne im In- und Ausland positive Vermögenseffekte auf die Güternachfrage auslösen. Andererseits führt die

---

[13] Bei der Herleitung dieser Effekte greifen wir auf die Gütermarktgleichgewichte zurück und bestimmen für jede dieser Gleichungen die exogenen Anstöße.

Aufwertung der Währung des Landes eins zu Substitutionseffekten zulasten des Gutes eins.

Der Anstoßeffekt für den Markt des Gutes zwei ergibt sich als:

(4.35) $dN_2 = n(M_2)_2 \hat{M}_2$

(4.36) $n(M_2)_2 = \overset{+}{n(q_1)_2} v(M_2)_1 + \overset{+}{n(q_2)_2} v(M_2)_2 + \overset{+}{n(e_{12})_2} \overset{-}{w(M_2)_{12}} \overset{-}{>} 0$

Für diese Anstöße können wir nun das Gütermarktgleichgewichte definieren. Die Wechselkurse der Ausgangssituation sind auch hier nach erfolgter Ableitung auf eins normiert.

(4.37) $dY_1 = a(Y_1)_{11} dY_1 + a(Y_2)_{21} dY_2 + dN_1$

(4.38) $dY_2 = a(Y_1)_{12} dY_1 + a(Y_2)_{22} dY_2 + dN_2$

Dieses Gleichungssystem ist identisch mit den bekannten reinen Zwei-Länder-Einkommens-Multiplikator-Modellen. Die Anstoßeffekte sind hier jedoch nicht originär exogen, sondern werden von der Veränderung des Preisvektors (q_1, q_2, e_{12}) verursacht. Sie beschreiben die Transmission der monetären Effekte auf den realen Sektor. In Matrixform läßt sich das Gütermarktmodell in folgender Form darstellen:

(4.39)
$$\begin{bmatrix} 1 - a(Y_1)_{11} & -a(Y_2)_{21} \\ -a(Y_1)_{12} & 1 - a(Y_2)_{22} \end{bmatrix} \begin{bmatrix} dY_1 \\ dY_2 \end{bmatrix} = \begin{bmatrix} n(M_2)_1 \hat{M}_2 \\ n(M_2)_2 \hat{M}_2 \end{bmatrix}$$

Als Lösung dieses Modells lassen sich die bekannten Standard-Einkommensmultiplikatoren ermitteln. Da die Eigenschaften dieser Multiplikatoren bereits hinreichend untersucht wurden, können wir an dieser Stelle auf eine nähere Betrachtung der Multiplikatoreigenschaften verzichten. Die Matrix A hat eine positive dominante Diagonale[14] und die Nicht-Diagonalelemente sind nicht positiv, damit ist die Inverse A^{-1} positiv (Kemp und Kimura (1978, Theorem 7, S.9). Die partiellen Einkommensmultiplikatoren (x_{Jk}) sind also sämtlich positiv:

(4.40) $x_{Jk} = \partial Y_J / \partial N_k > 0$

Ein Größenvergleich dieser Einkommensmultiplikatoren ist bereits hier im Zwei-Länder-Modell nur schwer möglich, wir wollen jedoch festlegen, daß bei gleichen Anstößen Primärmultiplikatoren größer als Sekundärmultiplikatoren sind. Primärmultiplikatoren x_{JJ} sind Multiplikatoren, die eine Marktreaktion beschreiben, die durch den direkten Anstoß auf diesem Markt ausgelöst wurde. Sekundärmultiplikatoren x_{Jk} ($j \neq k$), sind solche Multiplikatoren, die Marktreaktionen beschreiben, die originär auf Anstöße in anderen Märkten zurückzuführen sind, und die erst durch die Interdependenz des Systems mittelbar auf den betrachteten Markt wirken. Die Gleichgewichtseinkommen der beiden Länder lassen sich damit für die exogenen Anstöße dN_1, dN_2 errechnen:

(4.41) $dY_1 = x_{11} dN_1 + x_{12} dN_2$

(4.42) $dY_2 = x_{21} dN_1 + x_{22} dN_2$

---

14) denn: $a(Y_1)_{11} + a(Y_1)_{1J} = \partial A_1 / \partial Y_1 < 1$

Die Einkommensreaktionen sind nicht immer eindeutig. Zu einer genaueren Untersuchung der Effekte müssen wir diese aufschlüsseln und ihre Komponenten einzeln diskutieren. Für Land eins erhalten wir als Reaktion auf die Geldmengenexpansion in Land zwei:

(4.43) $\quad \Omega_1(M_2) = dY_1/\hat{M_2}$

$$= [\overset{+}{x_{11}} \overset{+}{n(q_1)_1} + \overset{+}{x_{12}} \overset{+}{n(q_1)_2}] \overset{+}{v(M_2)_1}$$

$$[\overset{+}{x_{11}} \overset{+}{n(q_2)_1} + \overset{+}{x_{12}} \overset{+}{n(q_2)_2}] \overset{+}{v(M_2)_2}$$

$$[\overset{+}{x_{11}} \overset{+}{n(e_{12})_1} + \overset{+}{x_{12}} \overset{-}{n(e_{12})_2}] \overset{-}{w(M_2)_{12}} \gtreqless 0$$

Fassen wir die gleichgerichteten Effekte der Bondpreisänderungen zusammen, lassen sich zwei Reaktionskomponenten unterscheiden:

1. Die auf beide Länder überfließenden Bondpreissteigerungen wirken auf die Einkommen beider Länder expansiv. Die ansteigenden Bondpreise senken die Renditeerwartungen der Investoren und führen zu einem Anstieg der Vermögen. Die Sparneigung sinkt und damit steigt das Absorptionsniveau. Dies führt über simple multiplikative Nachfrageeffekte ceteris paribus zu einer expansiven Einkommensentwicklung in allen Ländern.

2. Die Wechselkursbewegung hat keinen solch eindeutigen Charakter: Die Aufwertung des Landes eins verursacht zwei entgegengesetzte Reaktionen. Einerseits entsteht zwischen Land eins und zwei eine Nachfrageumschichtung in Richtung auf Gut zwei, die einen kontraktiven Prozeß in Land eins verursacht. Andererseits bewirkt genau diese

Umschichtung einen positiven Multiplikatorprozeß in Land zwei, der auch auf die Importnachfrage nach Gut eins expansiv wirkt. Unterstellen wir, daß der Primärmultiplikatorprozeß den Sekundärmultiplikatorprozeß dominiert, können wir von einem insgesamt negativen Wechselkurseffekt für Land eins ausgehen. Für die Beurteilung der Einkommensentwicklung in Land eins stellt sich damit die Frage, ob die positiven Einkommenseffekte ausgelöst durch den Kurs- und Vermögensanstieg stärker ausfallen als die kontraktiv wirkenden Aufwertungseffekte der Wechselkursreaktionen. Je nach relativer Stärke der Wechselkurs- versus der Zinswirkungen wird ein expansiver oder kontraktiver Gesamteffekt für das Einkommen in Land eins zu erwarten sein. Wird unterstell, daß wechselkursbedingte Substitutionseffekte stärker wirken als die Vermögenseffekte der Bondumbewetungen, ist eine Senkung des Einkommens des Landes eins zu erwarten.

Die Diskussion der Einkommenseffekte in Land zwei ist weniger problematisch. Für den Einkommenseffekt in Land zwei erhalten wir:

(4.44) $\quad \Omega_2(M_2) = dY_2/\hat{M}_2$

$$= [\overset{+}{x_{22}}\overset{+}{n}(q_1)_2 + \overset{+}{x_{21}}\overset{+}{n}(q_1)_1]v(M_2)_1$$

$$+ [\overset{+}{x_{22}}\overset{+}{n}(q_2)_2 + \overset{+}{x_{21}}\overset{+}{n}(q_2)_1]v(M_2)_2$$

$$+ [\overset{+}{x_{22}}\overset{-}{n}(e_{12})_2 + \overset{+}{x_{21}}\overset{+}{n}(e_{12})_1]w(M_2)_{12} > 0$$

Da Land zwei gegen eins abwertet, wirken bei dominanten Primärmultiplikatoren alle Anstöße aus den Finanzmärkten expansiv. Eine Einkommensverbesserung kann für Land zwei bereits aufgrund der Wechselkursreaktionen erwartet werden. Die abwertungsbedingte Umschichtung der In- und Auslandsabsorption führt zu einer Nachfrageexpansion nach Gut zwei und damit mittels der Einkommensmultiplikatoren zu einer abwertungsbedingten Einkommensexpansion. Aufgrund der stets expansiven Einkommenseffekte der gesunkenen Renditeerwartungen wird für Land zwei eine eindeutig positive Einkommensentwicklung als Gesamtreaktion zu erwarten sein. Wir können nun zur besseren Übersicht alle Reaktionen nocheinmal in einer Reaktionstabelle darstellen.[15]

Tabelle 4.2: Ergebnistabelle der Wirkungen von Offen-Markt-Operationen auf die Finanz- und Gütermärkte (Zwei-Länder-Modell)

	$\hat{M}_1$ [OMO]	$\hat{M}_2$ [OMO]
$\hat{q}_1$	(+) $v(M_1)_1$	(+) $v(M_2)_1$
$\hat{q}_2$	(0) $v(M_1)_2$	(+) $v(M_2)_2$
$\hat{e}_{12}$	(+) $w(M_1)_{12}$	(−) $w(M_2)_{12}$
dY_1	(+) $\Omega_1(M_1)$	(+) (−)[16] $\Omega_1(M_2)$
dY_2	(+) (−)[15] $\Omega_2(M_1)$	(+) $\Omega_2(M_2)$

---

15) Die Einkommensreaktionen einer Offen-Markt-Operation in Land eins werden im Anhang 2B hergeleitet.
16) Bei relativ starken Substitutionseffekten kann jedoch eher mit einer negativen Reaktion gerechnet werden.

Für die unsicheren Reaktionen $Q_1(M_2)$ und $Q_2(M_1)$ läßt sich
angeben, daß beide Reaktionen positiv sind, wenn die
Zinswirkungen auf das Einkommen dominieren, daß sie jedoch negativ werden, falls die Wechselkurseffekte einen
dominierenden Einfluß haben. Damit können wir bereits
einige erste Ergebnisse zusammenfassen: Innerhalb einer
solchen Modellspezifikation überträgt sich eine expansive
geldpolitische Maßnahme über zwei sofort entstehende Reaktionen, nämlich die Zins- und Wechselkursreaktionen,
auch auf die Gütermärkte des anderen Landes. Während die
bondkursbedingten Vermögenseffekte auf beide Märkte
expansiv auf das Einkommen wirken, kann die Wechselkursreaktion nur für das abwertende Land einen positiven
Einkommenseffekt haben. Das aufwertende Land ist kontraktiv betroffen. Damit ist die Einkommensreaktion nur
im geldpolitisch expansiven Land eindeutig. Im anderen
Land entscheidet die relative Stärke der zinsbedingten
Einkommensexpansion versus der aufwertungsbedingten
Einkommensrestriktion über die Gesamtentwicklung des
Einkommens.

Die Entwicklungen der Leistungsbilanzen sind generell
ungewiß. Es lassen sich jedoch Tendenzaussagen machen:
Der Leistungbilanzüberschuß ist stets gleich dem nicht
absorbierten Teil des Gesamteinkommens des Landes. Ist
die marginale Absorptionsquote eines Landes kleiner als
eins, wird die einkommensbedingte Leistungsbilanzreaktion
ceteris paribus der Richtung der Einkommensreaktion entsprechen. Damit könnte für Land eins aufgrund der (wahrscheinlich) negativen Einkommensentwicklung eher mit
einer Leistungsbilanzverschlechterung und für Land zwei
eher mit einer Leistungsbilanzverbesserung gerechnet
werden. Demgegenüber stehen die Kurs- und Wechselkurseffekte. Steigende Bondkurse führen in beiden Ländern mit

steigenden Vermögen zu einer höheren Absorption und damit zu einer Tendenz der Leistungsbilanzverschlechterung. Die Abwertung der Währung des Landes zwei dagegen verursacht in Land eins (durch die Umbewertung der Bonds B_{12}) einen negativen Vermögens- und daraus resultierend einen negativen Absorptionseffekt. Die umbewertungsbedingten Vermögenseffekte stehen damit denn einkommensbedingten Absorptionsreaktionen entgegen. Da angenommen werden kann, daß die einkommensbedingten Absorptionsreaktionen stärker sind als die vermögensbedingten Absorptionsreaktionen, ist tendenziell eher mit einer Leistungsbilanzverbesserung für Land zwei und einer Leistungsbilanzverschlechterung für Land eins zu rechnen.

5. Interdependenzen in einem Drei-Länder-System

In diesem Abschnitt wollen wir das Zwei-Länder-Modell auf eine Drei-Länder-Welt ausweiten. Unsere Fragestellungen betrifft dabei folgende Problemkreise:

Welche zusätzlichen außenwirtschaftlichen Interdependenzen der Finanz- und Gütermärkte entstehen, wenn wir die sonst weitgehend üblichen Zwei-Länder-Modelle nun um ein drittes Land ergänzen?

Haben diese zusätzlichen Effekte eine Bedeutung für die Reaktionsrichtungen, die aus den Zwei-Länder-Modellen bekannt sind, und wie sind diese Ergebnisse zu bewerten?

Die Diskussion dieser Fragestellungen soll in zwei Untersuchungsschritte unterteilt werden: Erstens, werden wir das Modell beschreiben und dabei die bisherigen Annahmen für die Formulierung eines Drei-Länder-Modells erweitern. Zweitens werden wir die Reaktion des Systems untersuchen, wenn eine geldpolitische Störung in einem der Länder (Land zwei) das bestehende Gleichgewicht anstößt.

5.1 Beschreibung des Gleichgewichtes

5.1.1 Finanzmarktgleichgewichte

Die in den vorangegangenen Abschnitten erörterten Annahmen sind jeweils um die Komponenten des dritten Landes (Land drei) zu ergänzen. Wir beginnen unsere Betrachtungen erneut mit den Finanzmärkten.

Annahmeerweiterungen

(A57) Land drei emitiert wie das erste Land zwei Finanzaktiva, Geld und Bonds.

(A58) Die Bonds des Landes drei werden wie das Geld dieses Landes international nicht gehandelt. Beide Anlageformen werden ausschließlich im eigenen Land gehalten.

Wir sehen also auch hier von der Möglichkeit der Währungssubstitution ab und behalten auch hinsichtlich des Wertpapiers die Konstellation bei, daß nur ein handelbares Wertpapier existiert.

Da die Spezifikation der Verhaltensfunktionen mit Ausnahme der Komponenten eines zusätzlichen Landes unverändert bleiben, brauchen diese nicht erneut detailliert diskutiert zu werden, so daß wir direkt mit der Darstellung der Finanzmarktgleichgewichte und Vermögensrestriktionen fortfahren können:

Da weder Land eins noch Land zwei Anlagen des Landes drei hält, berührt die Existenz des dritten Landes die Aktivanachfragefunktionen der beiden ersten Länder nicht. Als Aktivanachfragefunktionen für Land eins erhalten wir also:

(5.1) $M_1^D = m_1(\overset{+}{q_1}, \overset{+}{q_2})W_1$

(5.2) $B_{11}^D = b_{11}(\overset{-}{q_1}, \overset{+}{q_2})W_1$

(5.3) $B_{12}^D = b_{12}(\overset{+}{q_1}, \overset{-}{q_2})W_1$

Die Aktivanachfragefunktionen für Land zwei lauten:

(5.4) $M_2^D = m_2(\overset{+}{q_2})W_2$

(5.5) $B_{22}^D = b_{22}(\overset{-}{q_2})W_2$

Die Aktivanachfragen des dritten Landes sind symmetrisch zu Land eins.

(5.6) $M_3^D = m_3(\overset{+}{q_3},\overset{+}{q_2})W_3$

(5.7) $B_{33}^D = b_{33}(\overset{-}{q_3},\overset{+}{q_2})W_3$

(5.8) $B_{32}^D = b_{32}(\overset{+}{q_3},\overset{-}{q_2})W_3$

Stellen wir das gesamte Finanzmarktsystem nach Ländern geordnet dar, erhalten wir für die Vermögensrestriktionen und die Finanzmärkte des ersten Landes:

(5.9) $W_1 = M_1 + q_1 B_{11} + e_{12} q_2 B_{12}$

(5.10) $M_1 = m_1(\overset{+}{q_1},\overset{+}{q_2})W_1$

(5.11) $q_1 B_1 = b_{11}(\overset{-}{q_1},\overset{+}{q_2})W_1$,

Die Finanzmärkte des Landes zwei ergeben sich als:

(5.12) $W_2 = M_2 + q_2 B_{22}$

(5.13) $M_2 = m_2(\overset{+}{q_2})W_2$

(5.14) $q_2 B_2 = (1/e_{12}) b_{12} (\overset{+}{q_1}, \overset{-}{q_2}) W_1 + b_{22} (\overset{-}{q_2}) W_2 + (1/e_{32}) b_{32} (\overset{+}{q_3}, \overset{-}{q_2}) W_3$

Zu diesem bereits bekannten zwei Länder System werden der Geldmarkt und der Bondmarkt des Landes drei sowie die Vermögensrestriktion dieses Landes hinzugefügt.

(5.15) $W_3 = M_3 + q_3 B_{33} + e_{32} q_2 B_{32}$

(5.16) $M_3 = m_3(\overset{+}{q_3}, \overset{+}{q_2}) W_3$

(5.17) $q_3 B_3 = b_{33}(\overset{-}{q_3}, \overset{+}{q_2}) W_3$

Die Kreuzkursarbitrage-Bedingung für dieses System lautet:

(5.18) $e_{13} = e_{12}/e_{32}$

Neben den sechs Marktgleichgewichten, den drei Vermögensrestriktionen und der Kreuzkursarbitrage-Bedingung sind abermals die Portfoliohaltungsgleichgewichte zu erfüllen. Diese belaufen sich nun auf insgesamt acht. Jeweils drei Portfoliohaltungsgleichgewichte für die Vermögens-Haltung der Länder eins und drei und zwei Portfoliohaltungsgleichgewichte für das zweite Land.

Diese Portfoliohaltungsgleichgewichte, die simultan gelten müssen, stellen sich dar als:

(5.19) $M_1 = M_1^D$, $q_1 B_{11} = B_{11}^D$, $e_{12} q_2 B_{12} = B_{12}^D$

(5.20) $M_2 = M_2^D$, $q_2 B_{22} = B_{22}^D$

(5.21) $M_3 = M_3^D$, $q_3 B_{33} = B_{33}^D$, $e_{32} q_2 B_{32} = B_{32}^D$

Der Vollständigkeit halber können wir auch für den Drei-Länder-Fall noch zeigen, daß die Erfüllung dieses Gleichgewichtssystems auch der Weltvermögensrestriktion bewertet in einer Währung genüge tut.

$$M_1^D + e_{12} M_2^D + e_{13} M_3^D + B_{11}^D + B_{12}^D + e_{12} B_{22}^D + e_{13} B_{32}^D + e_{13} B_{33}^D$$

$$= W_1 + e_{12} W_2 + e_{13} W_3$$

$$= M_1 + e_{12} M_2 + e_{13} M_3 + q_1 B_1 + e_{12} q_2 B_2 + e_{13} q_3 B_3$$

$$(M_1^D - M_1) + e_{12}(M_2^D - M_2) + e_{13}(M_3^D - M_3) + (B_{11}^D - q_1 B_1) +$$

$$(B_{12}^D + e_{12} B_{22}^D + e_{13} B_{32}^D - q_2 B_2) + e_{13}(B_{33}^D - q_3 B_3) = 0$$

Im Drei-Länder-System sind damit neun Unbekannte Variable ($q_1, q_2, q_3, e_{12}, e_{13}, e_{32}, W_1, W_2, W_3$) zu ermitteln. Insgesamt stehen hierfür zwölf Gleichungen zur Verfügung: Drei Vermögensrestriktionen, drei Portfoliogleichgewichte in Land eins, zwei Portfoliogleichgewichte in Land zwei und drei Portfoliogleichgewichte in Land drei sowie die Kreuzkursarbitragebedingung. Durch Walras' Gesetz wird jedoch in jedem Land eine Gleichgewichtsbedingung redundant, so daß für die neun Variablen nunmehr auch neun Gleichungen verfügbar sind.

Auch für das Drei-Länder-System haben wir somit den finanziellen Sektor dargestellt und können als nächsten Schritt die Gütermärkte und Leistungsbilanzen diskutieren.

5.1.2 Gütermarktgleichgewichte und Leistungsbilanzen

Bevor wir die Gütermärkte und Leistungsbilanzen formal beschreiben, müssen wir zunächst wieder einige Annahmen treffen.

Annahmeerweiterungen

(A59) Das Gut des dritten Landes ist ebenfalls ein landesspezifisches, superiores homogenes Gut. Es ist ein Substitut hinsichtlich der Gütern der beiden anderen Länder.

(A60) Die Gesamtabsorption jedes Landes teilt sich nunmehr auf alle drei Güter auf.[1]

(A61) Die Absorption des Inlandsgutes hängt von den Preisen aller Güter ab. Die Absorption der Importgüter dagegen wird nur vom Importgutpreis und dem Preis des Inlandsgutes determiniert.

Da Preisreaktionen zwischen Inlands- und Auslandsgütern bei konstantem Preisniveau nur durch Wechselkursveränderungen entstehen können, ist die jeweilige Importgutnachfrage letztendlich vom bilateralen Wechselkurs mit dem entsprechenden exportierenden Land abhängig.

---

1) Diese Annahme erweitert die bisherige Annahme (A54) um ein dritte Land.

Diese Annahme schränkt die allgemeine Formulierung ein, daß die Nachfragefunktionen von allen Preisen determiniert sind. Sie impliziert, daß die entstehenden Kreuzpreisreaktionen als hinreichend unbedeutend gegenüber den direkten Preiseffekten zwischen Inlands- und Importgut betrachtet werden.

Die Gütermarktgleichgewichte

Für jedes Land besteht in einer Drei-Länder-Welt die Gesamtabsorption aus den beiden Importkomponenten der Absorption sowie der auf das inländische Gut gerichteten Absorptionskomponente.

(5.22) $\quad A_J = A_{JJ}^P (e_{Jk}, e_{Jl}, A_J^P (q, Y_J^y, W_J))$

$\quad\quad\quad + A_{Jk}^P (e_{Jk}, A_J^P (q, Y_J^y, W_J))$

$\quad\quad\quad + A_{Jl}^P (e_{Jl}, A_J^P (q, Y_J^y, W_J)) + G_J \quad , \quad j \neq k, i$

Da wir angenommen haben, daß für die bilateralen Nachfragestrukturentscheidungen nur die bilateralen Terms of Trade bzw. wegen der konstanten Preise die bilateralen Wechselkurse relevant sind, enthalten diese bilateralen Importabsorptionsfunktionen die gleichen Wechselkurse als Argumente wie die Absorptionsfunktionen der Importgüter des Zwei-Länder-Falls. Allein die Absorption des inländischen Gutes ist direkt von beiden Wechselkursen abhängig.

Unter Berücksichtigung dieser Definitionen lassen sich die drei Gütermarktgleichgewichte bestimmen. Für das Gütermarktgleichgewicht des Landes eins erhalten wir:

(5.23) $Y_1 = A^P_{11}(e_{12}, e_{13}, A^P_1(q, Y^V_1, W_1))$

$\quad + e_{12} A^P_{21}(e_{12}, A^P_2(q, Y^V_2, W_2))$

$\quad + e_{13} A^P_{31}(e_{13}, A^P_3(q, Y^V_3, W_3)) + G_1$

Das Gütermarktgleichgewicht des Landes zwei ergibt sich als:

(5.24) $Y_2 = A^P_{22}(e_{12}, e_{32}, A^P_2(q, Y^V_2, W_2))$

$\quad + (1/e_{12}) A^P_{12}(e_{12}, A^P_1(q, Y^V_1, W_1))$

$\quad + (1/e_{32}) A^P_{32}(e_{32}, A^P_3(q, Y^V_3, W_3)) + G_2$

Gleichgewicht auf dem Gütermarkt des Landes drei ist definiert als:

(5.25) $Y_3 = A^P_{33}(e_{13}, e_{32}, A^P_3(q, Y^V_3, W_3))$

$\quad + (1/e_{13}) A^P_{13}(e_{13}, A^P_1(q, Y^V_1, W_1))$

$\quad + e_{32} A^P_{23}(e_{32}, A^P_2(q, Y^V_2, W_2)) + G_3$

Die Leistungsbilanzen

Eine weitere Veränderung gegenüber dem Referenzmodell des vorangegangenen Abschnitts erhalten wir für die Leistungsbilanzzusammenhänge. Während im Zwei-Länder-Modell die bilateralen und die nationalen Leistungsbilanzen identisch sind, besteht in Mehr-Länder-Modellen die nationale Leistungsbilanz aus der Summe der bilateralen Bilanzen. Aber auch in einem Mehr-Länder-System gilt der

Zusammenhang, daß der nationale Leistungsbilanzüberschuß gleich der Differenz von Einkommen und Absorption ist und daß die Leistungsbilanzen der Weltbudgetrestriktion bewertet in einer Währung unterliegen. Anders als in Zwei-Länder-Modellen gibt hier jedoch die Leistungsbilanzsituation eines Landes keinerlei Hinweis auf die einzelnen Leistungsbilanzpositionen der verbleibenden Länder, sondern lediglich auf deren aggregierte Position. Es müssen damit zwei Leistungsbilanzsalden bestimmt werden, um mit Hilfe der Weltbudgetrestriktion auf den dritten verbleibenden Saldo schließen zu können.

Wir können also für die nationalen Leistungsbilanzen folgende Abhängigkeiten beschreiben:

(5.26) $Z_1 = Y_1 - A_1$

(5.27) $Z_2 = Y_2 - A_2$

(5.28) $Z_3 = Y_3 - A_3$

Die Weltbudgetrestriktion garantiert jedoch stets, daß mit der Identifikation zweier nationaler Defizite auch das dritte Defizit determiniert ist:

$$Y_1 - A_1 + e_{12}(Y_2 - A_2) + e_{13}(Y_3 - A_3) = 0$$

(5.29) $Y_1 - A_1 = - e_{12}(Y_2 - A_2) - e_{13}(Y_3 - A_3)$

5.2 Auswirkungen der Offen-Markt-Operation eines Landes

In diesem Abschnitt wollen wir der Frage nachgehen, welche Wirkungen eine geldpolitische Störung in Land zwei für die Einkommen, Bondpreise und Wechselkurse jedes

Landes hat. Keines der beiden anderen Länder ergreift in dieser Situation irgendwelche wirtschaftspolitischen Gegenmaßnahmen, um die Reaktion bestimmter Variablen zu dämpfen.

Den Ablauf des Prozesses der Gleichgewichtsbildung können wir uns wieder in ähnlicher Weise vorstellen, wie er bereits bei der Betrachtung des Zwei-Länder-Modells beschrieben wurde. Sofort zu Beginn der Hicks'schen Woche bilden sich die Finanzmarktgleichgewichte und nachfolgend, aber noch am Montagmorgen wird der Gleichgewichtsbildungsprozeß der Gütermärkte abgeschlossen. Durch die Rekursivität des Finanz- und Gütermarktsystems erfogt unsere Analyse einer gleichgewichtigen Änderung des gesamten Systems erneut in zwei Stufen. Die erste Stufe untersucht die Finanzmarktreaktionen und die zweite Stufe analysiert die Gütermarkteffekte, die von den Finanzmarktreaktionen verursacht werden.

5.2.1 Die Finanzmarktreaktionen

Auf Grund der Annahme nur eines international handelbaren Aktivums und flexibler Wechselkurse kann nach einer Störung des Ausgangsgleichgewichtes ein sofortiges neues Wertgleichgewicht der Finanzmärkte nur durch Umbewertungen der gehaltenen Bondbestände gefunden werden. Direkte Tauschprozesse der Bestände können nicht stattfinden, da Land zwei keinen der beiden anderen Bonds beim Tausch akzeptieren würde. Ebenso akzeptieren in einem Tauschprozeß die Länder eins und drei nur den Bond des zweiten Landes, so daß auch zwischen diesen beiden Ländern kein direkter Wertpapiertausch erfolgen kann.

Für Bestandsänderungen durch direkte Tauschprozesse der Investoren aus den einzelnen Ländern gilt somit: $dB_{11} = dB_{12} = dB_{22} = dB_{33} = dB_{32} = 0$. Quantitative Bestandsänderungen sind nur durch Offen-Markt-Operationen oder im Zeitablauf akkumulativ möglich. Hierdurch und durch die ausschließliche Lokalisierung der Geldhaltung im Ausgabeland gilt auch hier die Diskussion zu Offen-Markt-Operationen der Zentralbanken, die im Zwei-Länder-Modell geführt wurde. Eine Offen-Markt-Operation ist nur auf dem Markt des inländischen Bonds mit den inländischen Investoren durchführbar.

(5.30) $\quad dM_J = -q_J(dB_{JJ}) , \quad M_J\hat{M}_J = -q_J B_{JJ}\hat{B}_{JJ}$

Da wir später auch die Wirkungen der Offen-Markt-Operationen der beiden anderen Länder berücksichtigen werden, sollen bereits an dieser Stelle auch deren Effekte mit bestimmt werden, auch wenn diese vorerst nicht explizit diskutiert werden. Damit erhalten wir für die Bestimmung der gleichgewichtigen Reaktionen der zwölf endogenen Variablen ($\hat{q}_1$, $\hat{q}_2$, $\hat{q}_3$, $\hat{e}_{12}$, $\hat{e}_{32}$, $\hat{e}_{13}$, $\hat{W}_1$, $\hat{W}_2$, $\hat{W}_3$, $\hat{B}_{11}$, $\hat{B}_{22}$, $\hat{B}_{33}$) zwölf Gleichungen. Neben den drei Definitionsgleichungen der Offen-Markt-Operationen werden die drei Geldmärkte, die drei Vermögensrestriktionen, je ein Bondmarkt in den Ländern eins und drei und die Kreuzkursarbitragebedingungen des dritten Wechselkurses explizit betrachtet. Über die Anwendung von Walras' Gesetz ist auch der Marktausgleich des Bondmarktes des Landes zwei gesichert. Die Gleichgewichtsbedingungen der Märkte der reinen Inlandsaktiva definieren simultan die Portfoliohaltungsgleichgewichte dieser fünf Aktiva. Durch die Beachtung dieser Haltungsgleichgewichte gemeinsam mit den Vermögensrestriktionen ist sichergestellt, daß auch die verbleibenden drei Portfoliohaltungsgleichgewichte bezüglich des Bonds des Landes zwei erfüllt werden. Nach

Ländern geordnet erhalten wir als zu betrachtende Gleichungen für Land eins neben der Definition der Offen-Markt-Operation den Geldmarkt, den Markt des inländischen Bonds und die Vermögensrestriktion dieses Landes.

(5.31) $dM_1 = -q_1(dB_{11})$, $M_1\hat{M}_1 = -q_1 B_{11}\hat{B}_{11}$

(5.32) $\hat{M}_1 = \mu(q_1)_1\hat{q}_1 + \mu(q_2)_1\hat{q}_2 + \hat{W}_1$

(5.33) $\hat{q}_1 + \hat{B}_{11} = \beta(q_1)_{11}\hat{q}_1 + \beta(q_2)_{11}\hat{q}_2 + \hat{W}_1$

(5.34) $\hat{W}_1 = m_1\hat{M}_1 + b_{11}(\hat{B}_{11} + \hat{q}_1) + b_{12}(\hat{e}_{12} + \hat{q}_2)$

In Land zwei müssen wir lediglich den Geldmarkt und die Vermögensrestriktion berücksichtigen. Der Wertpapiermarkt dieses Landes wird, wie beschrieben, durch die Anwendung von Walras' Gesetz redundant.

(5.35) $dM_2 = -q_2(dB_{22})$, $M_2\hat{M}_2 = -q_2 B_{22}\hat{B}_{22}$)

(5.36) $\hat{M}_2 = \mu(q_2)_2\hat{q}_2 + \hat{W}_2$

(5.37) $\hat{W}_2 = m_2\hat{M}_2 + b_{22}(\hat{B}_{22} + \hat{q}_2)$

Durch die Symmetrie des Modells müssen in Land drei die gleichen Märkte und Restriktionen einbezogen werden wie in Land eins.

(5.38) $dM_3 = -q_3(dB_{33})$, $M_3\hat{M}_3 = -q_3 B_{33}\hat{B}_{33}$

(5.39) $\hat{M}_3 = \mu(q_3)_3\hat{q}_3 + \mu(q_2)_3\hat{q}_2 + \hat{W}_3$

(5.40) $\hat{q}_3 + \hat{B}_{33} = \beta(q_3)_{33}\hat{q}_3 + \beta(q_2)_{33}\hat{q}_2 + \hat{W}_3$

(5.41) $\hat{W}_3 = m_3\hat{M}_3 + b_{33}(\hat{B}_{33} + \hat{q}_3) + b_{32}(\hat{e}_{32} + \hat{q}_2)$

Zuletzt wird die Kreuzkursanpassung des dritten Wechselkurses bestimmt.

(5.42) $\hat{e}_{13} = \hat{e}_{12} - \hat{e}_{32}$

Dieses System von zwölf Gleichungen läßt sich für die genannten zwölf endogenen Variablen lösen. Als exogene Anstöße betrachten wir jeweils Geldmengenveränderungen ($\hat{M}_1, \hat{M}_2, \hat{M}_3$), die von den Zentralbanken aller drei Länder mittels der Offen-Markt-Operation durchgeführt werden, die wir aber explizit zunächst nur für Land zwei diskutieren.

Auch dieses System können wir rekursiv lösen, so daß die Anpassungen leicht zu ermitteln sind.

Ausgangspunkt der Offen-Markt-Operation ist die zusätzliche Nachfrage der Zentralbank des zweiten Landes nach den Bonds dieses Landes. Die hierdurch entstehende Überschußnachfrage auf diesem Markt treibt den Bondpreis q_2 in die Höhe und drückt so die erwartete Rendite dieser Anlage. Hierdurch wird die optimale Portfoliohaltungsstruktur der Investoren gestört. Die Anleger schichten ihre Aktivanachfrage zugunsten der Geldhaltung um. Auf dem Geldmarkt des Landes zwei entsteht ein Nachfrageüberschuß, der auf das gleichzeitig angestiegene Geldangebot der Zentralbank trifft. Die Zunahme der Geldhaltung entspricht abermals dem Wert der Bonds, die die Zentralbank mit dem zusätzlichen Geld von den Investoren des Landes zwei ankauft. Es entsteht damit für Land zwei aus der eigenen Offen-Markt-Operation erneut direkt kein Vermögensniveaueffekt[2].

$$M_2 \hat{M_2} = - q_2 B_{22} \hat{B}_{22}$$

(5.43) $\hat{W_2} = m_2 \hat{M_2} + b_{22}(\hat{B}_{22} + \hat{q_2}) = b_{22}\hat{q_2}$

Die in Land zwei erfolgte Veränderung der Angebotsstruktur bewirkt über den Preismechanismus die notwendigen Nachfrageumschichtungen. Das neue Gleichgewicht zeichnet sich erwartungsgemäß durch ein Ansteigen des Bondpreises aus.[3]

(5.44a) $v(M_1)_2 = \hat{q_2}/\hat{M_1} = 0$

(5.44b) $v(M_2)_2 = \hat{q_2}/\hat{M_2} = (1/(\mu(q_2)_2 + b_{22})) > 0$ [4]

(5.44c) $v(M_3)_2 = \hat{q_2}/\hat{M_3} = 0$

Die Preisänderung in Land zwei überträgt sich auch auf das erste Land: Auch im ersten Land verursacht der Anstieg des Bondpreises q_2 eine Revision der optimalen Vermögenshaltungsstruktur. Die Anleger in diesem Land möchten mehr Geld und einen höheren Wert in heimischen Bonds halten. Die Folge ist ein Nachfrageüberschuß auf dem Geld- und Bondmarkt des Landes eins mit dem Ergebnis einer Preissteigerung auch des Bondpreiseses q_1. Der Preis q_1 wird letztlich solange ansteigen, bis die

---

2) Vgl. die Diskussion inerhalb des Zwei-Länder-Systems.
3) Da wir die Ergebnisse der Offen-Markt-Operationen in den Ländern eins und drei später benötigen werden, werden diese bereits an dieser Stelle mit bestimmt.
4) Diese Gleichung entsteht durch Kombination des Geldmarktgleichgewichts mit der Vermögensrestriktion und der Definition der Offen-Markt-Operation für Land zwei.

gewünschte Werthaltung durch die Neubewertung des Bestands gleich dem Wert des Bondangebotes ist. Formal ergeben sich folgende Reaktionen[5]:

(5.45a) $v(M_1)_1 = \hat{q}_1/\hat{M}_1 = \dfrac{1 + m_1/b_{11}}{\underset{+}{\mu(q_1)_1} - \underset{-}{\beta(q_1)_{11}} + 1} > 0$

(5.45b) $v(M_2)_1 = \hat{q}_1/\hat{M}_2 = \dfrac{-(\overset{+}{\mu(q_2)_1} - \overset{+}{\beta(q_2)_{11}})}{(\underset{+}{\mu(q_1)_1} - \underset{-}{\beta(q_1)_{11}} + 1)(\underset{+}{\mu(q_2)_2} + b_{22})} > 0$

(5.45c) $v(M_3)_1 = \hat{q}_1/\hat{M}_3 = 0$

Da die Argumentation für Land drei symmetrisch zu derjenigen von Land eins ist, soll es genügen, die entstehende Reaktion lediglich darzustellen[6].

(5.46a) $v(M_1)_3 = \hat{q}_3/\hat{M}_1 = 0$

(5.46b) $v(M_2)_3 = \hat{q}_3/\hat{M}_2 = \dfrac{-(\overset{+}{\mu(q_2)_3} - \overset{+}{\beta(q_2)_{33}})}{(\underset{+}{\mu(q_3)_3} - \underset{-}{\beta(q_3)_{33}} + 1)(\underset{+}{\mu(q_2)_2} + b_{22})} > 0$

(5.46c) $v(M_3)_3 = \hat{q}_3/\hat{M}_3 = \dfrac{1 + m_3/b_{33}}{\underset{+}{\mu(q_3)_3} - \underset{-}{\beta(q_3)_{33}} + 1} > 0$

Mit Hilfe der bereits gewonnenen Ergebnisse lassen sich auch die Wechselkursbewegungen ableiten. Die Geldmengenexpansion des Landes zwei führt auch in Land eins zu einer Erhöhung des Bondpreises q_2 und verursacht so eine

---

[5] Die Herleitung dieser Reaktionen erfolgt in Anhang 3A
[6] Die Herleitung dieser Reaktionen erfolgt in Anhang 3A

Umschichtung in Richtung auf die Inlandsbonds des Landes eins. Dieser Rückgang der Auslandsbondnachfrage verursacht einen Abwertungsdruck auf die Währung des zweiten Landes und führt auf diese Weise zu einer Wertminderung des in Inlandswährung bewerteten Auslandsbonds. Erst wenn die im Inland gehaltenen Bondbestandswerte durch bondpreis- und wechselkursbedingte Umbewertungen der gewünschten Bestandsstruktur entsprechen, ist der Anpassungsprozeß abgeschlossen. Land eins wertet also bei Geldmengenexpansion in Land zwei auf, und Land zwei wertet dem entsprechend ab $(w(M_2)_{12} < 0)^7$.

$$(5.47a) \quad w(M_1)_{12} = \hat{e}_{12}/\hat{M}_1 = \frac{-[\mu(q_1)_1(m_1/b_{11}) + \beta(q_1)_{11} - b_{12}]}{(\mu(q_1)_1 - \beta(q_1)_{11} + 1)b_{12}} > 0$$

with signs: numerator $+$, $-$; denominator $+$, $-$.

$$(5.47b) \quad w(M_2)_{12} = \hat{e}_{12}/\hat{M}_2$$

$$= -[(\mu(q_1)_1 + b_{11})v(M_2)_1$$

$$+ (\mu(q_2)_1 + b_{12})v(M_2)_2]/b_{12} < 0$$

$$(5.47c) \quad w(M_3)_{12} = \hat{e}_{12}/\hat{M}_3 = 0$$

Angesichts der Symmetrie der Länder eins und drei und der daraus resultierenden symmetrischen Reaktionen des bilateralen Wechselkurses gegenüber der Währung des Landes zwei erscheint eine erneute Diskussion der Änderungs-

---

7) Da die Herleitungsschritte für die Bestimmung der bilateralen Wechselkursreaktionen den bekannten Rechenschritten aus dem zwei Länder Modell entspricht, wollen wir diese nicht erneut explizit beschreiben. Wir können jedoch darauf hinweisen, daß die Bondnachfragereaktion gegenüber der Geldnachfragereaktion und den Umbewertungseffekten wieder hinreichend stark ist.

richtung für e_{32} nicht erforderlich. Es soll ausreichen, diese lediglich anzugeben.

(5.48a) $\quad w(M_1)_{32} = \hat{e}_{32}/\hat{M}_1 = 0$

(5.48b) $\quad w(M_2)_{32} = \hat{e}_{32}/\hat{M}_2$

$$= - \,[(\overset{+}{\mu(q_3)_3} + \overset{+}{b_{33}})v(M_2)_3$$

$$+ \,(\overset{+}{\mu(q_2)_3} + \overset{+}{b_{32}})v(M_2)_2]/b_{32} < 0$$

(5.48c) $\quad w(M_3)_{32} = \hat{e}_{32}/\hat{M}_3 \;\dfrac{- \,[\overset{+}{\mu(q_3)_3}(m_3/b_{33}) + \overset{-}{\beta(q_3)_{33}} - b_{32}]}{(\underset{+}{\mu(q_3)_3} - \underset{-}{\beta(q_3)_{33}} + 1)b_{32}} > 0$

Nachdem die vorangegangene Analyse gezeigt hat, daß das geldpolitisch expansive Land zwei gegenüber beiden anderen Ländern erwartungsgemäß abwertet, gilt es nun die Reaktion des Kreuzkurses zwischen den beiden gleichzeitig abwertenden Ländern ($\hat{e}_{13}$) zu analysieren. Es läßt sich vermuten, daß die Kreuzkursreaktion von der relativen Stärke der Bondpreisreaktionen entscheidend beeinflußt wird. Formal entstehen aus der Kreuzkursarbitragebedingung folgende Effekte:

(5.49a) $\quad w(M_1)_{13} = \hat{e}_{13}/\hat{M}_1 = \overset{+}{w(M_1)_{12}} - \overset{0}{w(M_1)_{32}} = w(M_1)_{12} > 0$

(5.49b) $\quad w(M_2)_{13} = \hat{e}_{13}/\hat{M}_2 = \overset{-}{w(M_2)_{12}} - \overset{-}{w(M_2)_{32}} \gtreqless 0$

(5.49c) $\quad w(M_3)_{13} = \hat{e}_{13}/\hat{M}_3 = \overset{0}{w(M_3)_{12}} - \overset{+}{w(M_3)_{32}} = -w(M_3)_{32} < 0$

Die Reaktionen der Offen-Markt-Operationen in Land eins bzw. drei sind eindeutig. Da die geldpolitische Maßnahme jeweils nur den inländischen Bondpreis beeinflußt und diese Störung durch die Annahme der Nicht-Handelbarkeit ihrer Wertpapiere nicht auf die anderen Länder übertragen wird, wird originär nur eine bilaterale Wechselkursreaktion entstehen. Die Kreuzkursreaktion wird also auch nur von einer Wechselkursbewegung beeinflußt und weist damit eine eindeutige Änderungsrichtung auf. Völlig anders dagegen ist die Situation bei einer Geldpolitik in Land zwei. Eine Offen-Markt-Operation in Land zwei stößt beide bilateralen Wechselkurse zwischen den Währungen eins und zwei und den Währungen drei und zwei an. Beide bilateralen Kurse bewegen sich in die gleiche Richtung, so daß die Kreuzkursanpassung vorerst ungewiß ist. Sie wird von der relativen Stärke der Abwertungen e_{12} und e_{32} determiniert. Die Höhe der Wechselkursreaktionen sind aber vom Ausmaß der Finanzmarktreaktionen abhängig. Während wir also keine generellen Aussagen über die Kreuzkursreaktionen treffen können, wollen wir dennoch herausarbeiten, welche Wirkungen die relativen Unterschiede der Finanzmarktanpassungen auf die Kreuzkursentwicklungen ausüben. Hierzu müssen wir auf die obige Bedingung der Kreuzkursreaktion detailliert eingehen und die einzelnen Effekte isoliert und seperat diskutieren. Für eine Abwertung des Landes eins gegenüber Land drei muß gelten[8]:

$$\overline{w(M_2)}_{12} > \overline{w(M_2)}_{32}$$

---

8) Die Herleitung dieser Bedigung erfolgt in Anhang 3B

(5.50) $\left[\left(\dfrac{\mu(q_1)_1 + b_{11}}{\mu(q_2)_1 + b_{12}}\right)(v(M_2)_1/v(M_2)_2) + 1\right]\left[\dfrac{\mu(q_2)_1}{b_{12}} + 1\right] <$

$\left[\left(\dfrac{\mu(q_3)_3 + b_{33}}{\mu(q_2)_3 + b_{32}}\right)(v(M_2)_3/v(M_2)_2) + 1\right]\left[\left(\dfrac{\mu(q_2)_3}{b_{32}} + 1\right)\right]$

$v(M_2)_1/v(M_2)_2 = -\,(\mu(q_2)_1 - \beta(q_2)_{11})/(\mu(q_1)_1 - \beta(q_1)_{11}+1)$

$v(M_2)_3/v(M_2)_2 = -\,(\mu(q_2)_1 - \beta(q_2)_{33})/(\mu(q_3)_3 - \beta(q_3)_{33}+1)$

1) Betrachten wir die Terme $[\mu(q_1)_1 + b_{11}]/[\mu(q_2)_1 + b_{12}]$ und $[\mu(q_3)_3 + b_{33}]/[\mu(q_2)_3 + b_{32}]$. Jeder dieser Terme beschreibt das Verhältnis der Geldnachfrage- und Umbewertungsreaktionen bei Änderungen des inländischen Bondpreises zu den Reaktionen bei Änderungen des internationalen Bondpreises. Diese Relation wird umso größer, je bedeutender das inländische Aktivum als Vermögensbestandteil ist und je stärker dessen Substitutionsbeziehung zum inländischen Geld ist. Sie wird umso kleiner, je bedeutender das ausländische Aktivum als Vermögensbestandteil und je stärker dessen Substitutionsbeziehung zum inländischen Geld ist.

Ein Vergleich dieser beiden Relationen ist also ein Vergleich der komperativen Bedeutung des ausländischen Aktivums als Geldsubstitut und Vermögensbestandteil in den beiden anderen Ländern. Je bedeutender der Auslandsbond in Land eins gegenüber Land drei ist, desto eher wird nach der Geldexpansion in Land zwei der bilaterale Kurs e_{12} stärker absinken (Land eins also stärker aufwerten) als der Kurs e_{32}; desto eher ist also mit einer Aufwertung der Währung eins gegenüber der Währung drei zu rechnen ($e_{13} < 0$).

2) Die zweite Möglichkeit eines partiellen Reaktionsvergleiches ergibt sich aus $v(M_2)_1/v(M_2)_2$ und $v(M_2)_3/v(M_2)_2$. Diese Terme beschreiben die relative Anpassungsreaktion des jeweiligen heimischen Bondpreises zum internationalen Bondpreis. Diese Relativpreisreaktion kann in zwei Komponenten aufgeteilt werden. Erstens, sie ist umso gößer, je stärker die ausländischen Bonds für die heimischen Bonds Substitute sind und je geringer die Substitutionsbeziehungen des ausländischen Bonds zum Geld ist; zweitens, sie ist umso größer, je geringer die Nachfrageelastizität der Geld- und Inlandsbondhaltung bei Änderungen des inländischen Bondpreises ist. Dann nämlich führt eine Senkung des Auslandsbondpreises zu starken Umschichtungen in Richtung auf den heimischen Bond und verursacht ceteris paribus eine starke Preisreaktion bei diesem Aktivum. Bei geringer Preiselastizität der Aktivanachfrage muß nun diese Preisreaktion umso größer sein, damit ein neues Portfoliogleichgewicht erreicht wird. Hinsichtlich der Kreuzkursreaktion läßt sich damit argumentieren: Je relativ stärker die Substitution zwischen Inlands- und Auslandsbond und je relativ preisunelastischer die Aktivanachfragen auf Änderungen des inländischen Bondpreises in Land eins verglichen mit Land drei sind, desto eher kann in Land eins mit einer relativ starken bilateralen Wechselkursreaktion gegenüber Land zwei gerechnet werden $|e_{12}| > |e_{32}|$; desto eher wertet die Währung von Land eins bei einer expansiven Offen-Markt-Operation in Land zwei gegenüber Land drei auf.

3) Abschließend können wir noch eine komparative Aussage über die Relation von Substitutions- und Vermögensumbewertungseffekt anführen $[\mu(q_2)_1/b_{12}]$ und $[\mu(q_2)_3/b_{32}]$. Je relativ bedeutsamer der Substitutionseffekt der Geldhaltung auf eine Preisänderung des aus-

ländischen Bonds in Land eins gegenüber Land drei ist, desto eher wird Land eins gegenüber Land drei aufwerten.

Obwohl also über die Reaktionsrichtung theoretisch nur komparative Tendenzaussagen möglich sind, bleibt eine konkrete Schlußfolgerung bestehen: Die Kreuzkursreaktion wird entweder zufällig oder genau dann Null, wenn die Nachfragereaktionen beider Länder auf den Finanzmärkten identisch sind. Sind die Nachfragereaktionen beider Länder nicht identisch, ist die Kreuzkursanpassung von der spezifischen Parameterkonstellation abhängig und damit grundsätzlich völlig offen.

Diese Ausführungen über die Kreuzkursentwicklung haben gezeigt, daß wir aus allgemein theoretischen Überlegungen keine Reaktionsrichtung als mehr oder weniger wahrscheinlich ansehen dürfen. Aus diesem Grund werden wir eine Reaktionsrichtung vorgeben, um damit die weitere Argumentation konsistent fortsetzen zu können. Wir gehen von nun an davon aus, daß nach einer Offen-Markt-Operation im zweiten Land, Land eins gegen Land drei abwertet ($e_{13} > 0$).

Da in Zwei-Länder-Modellen nur ein einziger Wechselkurs existiert, nämlich derjenige des Inlandes gegenüber einem aggregierten Ausland, muß in diesen Modellen implizit ein Aggregationsschritt vorgenommen worden sein. Diese Aggregation ist nicht trivial, da sie entgegengesezte Reaktionen enthalten kann.

In einer Mehr-Länder-Welt existieren innerhalb des sonst aggregierten Landes Einzelreaktionen, die in einem traditionellen Zwei-Länder-System nicht sichtbar werden, aber für die einzelnen Länder von erheblicher Bedeutung sein können. Als Beispiel wollen wir einmal die effektiven

Wechselkurse für alle drei Länder beschreiben. Bei der Definition von effektiven Wechselkursen stellt sich zu allererst die Frage des Gewichtungsproblems. Welche Gewichtungen der einzelnen bilateralen Kurse sollen eingeführt werden[9]? Da wir jedoch an dieser Stelle nicht die Vor- und Nachteile der vielen möglichen Gewichtungskonzepte diskutieren wollen, definieren wir den Gewichtungsvektor (w_J) als Vektor der für die entsprechende Fragestellung "optimalen" Gewichtungen. Die effektiven Wechselkurse der Länder eins, zwei und drei ergeben sich dann als:

(5.51a) $e_1 = w_{12} e_{12} + w_{13} e_{13}$

(5.51b) $e_2 = w_{21} e_{21} + w_{23} e_{23}$

(5.51c) $e_3 = w_{31} e_{31} + w_{32} e_{32}$

Erhalten wir nun als Ergebnis einer Offen-Markt-Operation in Land zwei die beschriebene Wechselkursreaktion, ergibt sich als Änderung der effektiven Wechselkurse der einzelnen Länder[10]:

(5.52a) $de_1 = w_{12} \overset{-}{e}_{12} + w_{13} \overset{+}{e}_{13} \gtreqless 0$

(5.52b) $de_2 = w_{21} \overset{+}{e}_{21} + w_{23} \overset{+}{e}_{23} > 0$

(5.52c) $de_3 = w_{31} \overset{-}{e}_{31} + w_{32} \overset{-}{e}_{32} < 0$

---

9) Eine ganze Reihe verschiedener Gewichtungskonzepte werden von Rhomberg (1976) vorgestellt.
10) Die Ausgangskurse wurden erneut auf eins normiert. Die Reaktion von e_{13} ist entsprechend unserer Arbeitshypothese positiv.

Während Land zwei und Land drei entsprechend dem Vorzeichenmuster eines Zwei-Länder-Systems reagieren, gilt dies für Land eins keineswegs. Die zusätzliche Berücksichtigung des bilateralen Kurses gegenüber Land drei kann dazu führen, daß der effektive Wechselkurs des Landes eins im Drei-Länder-Systems entgegengesetzt zum Vorzeichenmuster des Zwei-Länder-Modells reagieren kann. Der effektive Wechselkurs reagiert in jedem Land nur dann garantiert in die Richtung, die vom Zwei-Länder-Modell vorgeschlagen wird, wenn die Kreuzkursreaktion Null wird. Ist diese nicht Null, wird die Kreuzkursanpassung (e_{13}) stets in einem Land den bilateralen Anpassungen (e_{12}) oder (e_{32}) entgegenwirken. Um somit das Muster des Zwei-Länder-Modells als repräsentativ für jedes beliebige Land gelten zu lassen, müssen entweder die Kreuzkursreaktionen oder die Gewichte der Kreuzkurse als hinreichend klein angenommen werden.

Da wir im weiteren nicht mit der Vereinfachung eines aggregierten effektiven Wechselkurses arbeiten werden, sondern explizit der Struktur der Wechselkurseffekte und deren Wirkungen nachgehen werden, verlassen wir nun diese kurze Diskussion von Effektivkursen und fahren mit unserer Modelluntersuchung fort.

Die Ergebnisse für die gleichgewichtigen Anpassungen der wichtigsten endogenen Variablen des Finanzmarktsystems sollen nun noch einmal zur besseren Übersicht in einer Tabelle zusammengefaßt dargestellt werden.:

Tabelle 5.1: Ergebnistabelle der Wirkungen von Offen-Markt-Operationen auf die Finanzmärkte (Drei-Länder-Modell)

Exogen / Endogen	$\hat{M}_1$ [OMO]	$\hat{M}_2$ [OMO]	$\hat{M}_3$ [OMO]
$\hat{q}_1$	(+) $v(M_1)_1$	(+) $v(M_2)_1$	(0) $v(M_3)_1$
$\hat{q}_2$	(0) $v(M_1)_2$	(+) $v(M_2)_2$	(0) $v(M_3)_2$
$\hat{q}_3$	(0) $v(M_1)_3$	(+) $v(M_2)_3$	(+) $v(M_3)_3$
$\hat{e}_{12}$	(+) $w(M_1)_{12}$	(−) $w(M_2)_{12}$	(0) $w(M_3)_{12}$
$\hat{e}_{32}$	(0) $w(M_1)_{32}$	(−) $w(M_2)_{32}$	(+) $w(M_3)_{32}$
$\hat{e}_{13}$	(+) $w(M_1)_{13}$	(+)(−) $w(M_2)_{13}$	(−) $w(M_3)_{13}$

5.2.2 Reaktionen der Gütermärkte

Nachdem im vorangegangenen Abschnitt die Änderungen des Finanzmarktgleichgewichtes, verursacht durch eine Geldmengenerhöhung in Land zwei, untersucht wurden, müssen wir nun deren Wirkungen auf die Gütermärkte und damit die interessierenden realwirtschaftlichen Effekte analysieren. Die Veränderungen des Preisvektors ($\hat{q}_1,\hat{q}_2,\hat{q}_3,\hat{e}_{12},\hat{e}_{32},\hat{e}_{13}$) definieren wie im Zwei-Länderdell die exogenen Anstöße auf den Gütermärkten. Bevor wir jedoch die Gütermarktmultiplikatoren berechnen, wollen wir auf die durch das dritte Land ausgeweiteten "Transmissionsriemen" zwischen Finanz- und Gütermärkten eingehen.

Die partiellen Bondpreis- und Wechselkurskoeffizienten $(n(q_j)_j;\ n(e_{1j})_j)$, die die Absorptionsanstöße bilden, können mit Hilfe der einzelnen marginalen Absorpionskoeffizienten definiert werden. Auch hier wird wie in Abschnitt 4.2.2 angenommen, daß die Mengenreaktionen als Summe die Umbewertungs- und Niveaureaktionen einschließlich der Vermögenseffekte überkompensieren. Wir bestimmen damit eine erweiterte Marshall-Lerner-Bedingung für eine Normalreaktion der Leistungsbilanz. Die Absorptionskoeffizienten, die den Markt eins berühren, können wir also beschreiben als[11]:

$$(5.53a)\quad n(q_1)_1 = [\overset{+}{a(q_1)_{11}} + \overset{+}{a(q_1)_{21}} + \overset{+}{a(q_1)_{31}}]q_1 > 0$$

$$(5.53b)\quad n(q_2)_1 = [\overset{+}{a(q_2)_{11}} + \overset{+}{a(q_2)_{21}} + \overset{+}{a(q_1)_{31}}]q_2 > 0$$

$$(5.53c)\quad n(q_3)_1 = [\overset{+}{a(q_3)_{11}} + \overset{+}{a(q_3)_{31}} + \overset{+}{a(q_1)_{31}}]q_3 > 0$$

$$(5.53d)\quad n(e_{12})_1 = [a(e_{12})_{11} + a(e_{12})_{21} + A_{21}] > 0$$

$$(5.53e)\quad n(e_{13})_1 = [a(e_{13})_{11} + a(e_{13})_{31} + A_{31}] > 0$$

Die einzelnen Koeffizienten der Finanzmarktanstöße für den Markt zwei lassen sich aufgliedern zu:

---

[11] Vgl. zu diesen Definitionen der marginalen Koeffizienten auch Abschnitt 3.1.5.

$$\text{(5.54a)} \quad n(q_1)_2 = [\overset{+}{a(q_1)_{22}} + \overset{+}{a(q_1)_{12}} + \overset{+}{a(q_1)_{32}}]q_1 > 0$$

$$\text{(5.54b)} \quad n(q_2)_2 = [\overset{+}{a(q_2)_{22}} + \overset{+}{a(q_2)_{12}} + \overset{+}{a(q_1)_{32}}]q_2 > 0$$

$$\text{(5.54c)} \quad n(q_3)_2 = [\overset{+}{a(q_3)_{22}} + \overset{+}{a(q_3)_{12}} + \overset{+}{a(q_1)_{32}}]q_3 > 0$$

$$\text{(5.54d)} \quad n(e_{12})_2 = a(e_{12})_{22} + a(e_{12})_{12} - A_{12} < 0$$

$$\text{(5.54e)} \quad n(e_{32})_2 = a(e_{32})_{22} + a(e_{32})_{32} - A_{32} < 0$$

Der Markt drei wird durch die folgenden Koeffizienten betroffen:

$$\text{(5.55a)} \quad n(q_1)_3 = [\overset{+}{a(q_1)_{33}} + \overset{+}{a(q_1)_{13}} + \overset{+}{a(q_1)_{23}}]q_1 > 0$$

$$\text{(5.55b)} \quad n(q_2)_3 = [\overset{+}{a(q_2)_{33}} + \overset{+}{a(q_2)_{13}} + \overset{+}{a(q_1)_{23}}]q_2 > 0$$

$$\text{(5.55c)} \quad n(q_3)_3 = [\overset{+}{a(q_3)_{33}} + \overset{+}{a(q_3)_{13}} + \overset{+}{a(q_1)_{23}}]q_3 > 0$$

$$\text{(5.55d)} \quad n(e_{13})_3 = a(e_{13})_{33} + a(e_{13})_{13} - A_{13} < 0$$

$$\text{(5.55e)} \quad n(e_{32})_3 = a(e_{32})_{33} + a(e_{32})_{23} + A_{23} > 0$$

Die Finanz- und Gütermarkttransmissionsmechanismen lassen sich erneut zweiteilen.:

Erstens beeinflussen die Bondpreisveränderungen und damit die veränderten Renditeerwartungen nun auch das Absorptionsverhalten des Landes drei. Über dessen renditebedingte Verhaltensänderungen werden zusätzliche Impulse von den Finanzmärkten auf alle Gütermärkte übertragen.

Der zweite Weg der Transmission führt über die Veränderungen des Wechselkursvektors, insbesondere der Wechselkursstruktur. Die Einführung des dritten Landes erfordert die Betrachtung zweier zusätzlicher bilateraler Kurse (e_{13}, e_{32}). Durch ihre Terms of Trade Wirkungen beeinflussen sie entscheidend die Aufteilung der Absorption auf die verschiedenen Güter. Die Struktur des Absorptionsverhaltens wird wesentlich von diesen zusätzlichen Terms of Trade Effekten mit geprägt.

Der Gesamtanstoßeffekt für den Markt des Gutes eins ergibt sich für eine Geldmengenexpansion (M_k) als[12]:

(5.56) $\quad n(M_k)_1 = dN_1/\hat{M}_k$

$$= \sum_{j=1}^{3} n(q_j)_1 v(M_k)_j + n(e_{12})_1 w(M_k)_{12} + n(e_{13})_1 w(M_k)_{13}$$

(5.57) $\quad dN_1 = \sum_{k=1}^{3} n(M_k)_1 \hat{M}_k$

Der Gesamtanstoßeffekt für den Markt des Gutes zwei ergibt sich als:

(5.58) $\quad n(M_k)_2 = dN_2/\hat{M}_k$

$$= \sum_{j=1}^{3} n(q_j)_2 v(M_k)_j + n(e_{12})_2 w(M_k)_{12} + n(e_{32})_2 w(M_k)_{32}$$

(5.59) $\quad dN_2 = \sum_{k=1}^{3} n(M_k)_2 \hat{M}_k$

---

12) Bei der Ableitung dieser Effekte greifen wir auf die Gütermarktgleichungen zurück und bestimmen für jeden dieser Märkte die exogenen Anstöße.

Der Gesamtanstoßeffekt für den Markt des Gutes drei ergibt sich als:

(5.60) $n(M_k)_3 = dN_3/\hat{M}_k$

$$= \sum_{j=1}^{3} n(q_j)_3 v(M_k)_j + n(e_{13})_3 w(M_k)_{13} + n(e_{32})_3 w(M_k)_{32}$$

(5.61) $dN_3 = \sum_{k=1}^{3} n(M_k)_3 \hat{M}_k$

Für diese Anstöße können wir die gleichgewichtigen Gütermarktanpassungen beschreiben:

(5.62) $dY_1 = a(Y_1)_{11} dY_1 + e_{12} a(Y_2)_{21} dY_2$

$\qquad + e_{13} a(Y_3)_{31} dY_3 + dN_1$

(5.63) $dY_2 = (1/e_{12}) a(Y_1)_{12} dY_1 + a(Y_2)_{22} dY_2$

$\qquad + (1/e_{32}) a(Y_3)_{32} dY_3 + dN_2$

(5.64) $dY_3 = (1/e_{13}) a(Y_1)_{13} dY_1 + e_{32} a(Y_2)_{23} dY_2$

$\qquad + a(Y_3)_{33} dY_3 + dN_3$

Dieses Gleichungssystem entspricht den von Metzler (1950) und Heidorn (1984) vorgestellten reinen Mehr-Länder-Gütermarkt-Modellen. Die Anstoßeffekte sind hier jedoch nicht originär exogen. Sie werden von den Finanzmarktanpassungen und den daraus resultierenden Veränderung des Preisvektors ($\hat{q}_1, \hat{q}_3, \hat{q}_3, \hat{e}_{12}, \hat{e}_{32}, \hat{e}_{13}$) verursacht. Diese

Finanzmarkteffekte werden auf den realen Sektor mittels der beschriebenen Rendite- und Wechselkurstransmissionen übertragen. An dieser Stelle kann nocheinmal darauf hingewiesen werden, daß auch mit komplexeren Mehr-Länder-Gütermarktsystemen gearbeitet werden könnte, bei denen sowohl Preisniveau als auch Relativpreiseffekte berücksichtigt werden könnten. So könnte dieses einfache Einkommensmultiplikationsmodell etwa durch das Mehr-Länder-Preismultiplikatormodell (Gries (1985)) direkt ersetzt werden. Aus den bereits angesprochenen Gründen wird hierauf jedoch verzichtet. Nach Normierung der Ausgangswechselkurse können wir das Gütermarktmodell in Matrixform in folgender Weise darstellen:

$$(5.65) \begin{bmatrix} 1-a(Y_1)_{11} & -a(Y_2)_{21} & -a(Y_3)_{31} \\ -a(Y_1)_{12} & 1-a(Y_2)_{22} & -a(Y_3)_{32} \\ -a(Y_1)_{13} & -a(Y_2)_{23} & 1-a(Y_3)_{33} \end{bmatrix} \begin{bmatrix} dY_1 \\ dY_2 \\ dY_3 \end{bmatrix} = \begin{bmatrix} dN_1 \\ dN_2 \\ dN_3 \end{bmatrix}$$

$$A \quad dY = dN$$

Die bekannten "Standard-Einkommensmultiplikatoren" sind die Lösung dieses Modells. Da die Eigenschaften dieser Multiplikatoren bereits ausführlich untersucht wurden (Heidorn (1984)), können wir an dieser Stelle auf eine nähere Betrachtung der Multiplikatoreigenschaften verzichten. Die Matrix A besitzt eine positive dominante Diagonale und die Nicht-Diagonalelemente sind nicht positiv. Damit ist die Inverse A^{-1} positiv (Kemp und Kimura (1978, Theorem 7, S.9)). Die partiellen Einkommensmultiplikatoren (x_{jj}, x_{jk}) sind sämtlich positiv:

(5.66) $x_{jk} = \partial Y_j / \partial N_k > 0$

Ein Größenvergleich dieser Einkommensmultiplikatoren ist nur schwer möglich. Wir wollen auch hier festlegen, daß bei gleichen Anstößen Primärmultiplikatoren (x_{jj}) größer als Sekundärmultiplikatoren (x_{jk}) sind[13]. Die Gleichgewichtseinkommen der drei Länder lassen sich damit für die exogenen Anstöße dN_1, dN_2, und dN_3 bestimmen:

(5.67) $dY_1 = x_{11} dN_1 + x_{12} dN_2 + x_{13} dN_3$

(5.68) $dY_2 = x_{21} dN_1 + x_{22} dN_2 + x_{23} dN_3$

(5.69) $dY_3 = x_{31} dN_1 + x_{32} dN_2 + x_{33} dN_3$

Um die einzelnen Effekte diskutieren und gegeneinander abwägen zu können, wollen wir die Einkommensmultiplikatoren vollständig in ihre Komponenten aufschlüsseln. Als Einkommensreaktion für Land eins nach einer expansiven Offen-Markt-Operation in Land zwei erhalten wir.

$$dY_1 = [x_{11} n(M_2)_1 + x_{12} n(M_2)_2 + x_{13} n(M_2)_3] \hat{M}_2$$

(5.70) $\Omega_1(M_2) = dY_1 / \hat{M}_2$

$$= [x_{11} \overset{+}{n}(q_1)_1 + x_{12} \overset{+}{n}(q_1)_2 + x_{13} \overset{+}{n}(q_1)_3] \overset{+}{v}(M_2)_1$$

$$+ [x_{11} \overset{+}{n}(q_2)_1 + x_{12} \overset{+}{n}(q_2)_2 + x_{13} \overset{+}{n}(q_2)_3] v(M_2)_2$$

---

13) Primärmultiplikatoren (x_{jj}) sind Multiplikatoren, die eine Marktreaktion beschreiben, die durch den direkten Anstoß auf diesem Markt ausgelöst wurde. Sekundärmultiplikatoren (x_{jk}) sind solche Multiplikatoren, die Marktreaktionen beschreiben, die originär auf Anstöße in anderen Märkten zurückzuführen sind, und die erst durch die Interdependenz des Systems mittelbar auf den betrachteten Markt wirken.

$$+ [\overset{+}{x_{11}}n(q_3)_1 + \overset{+}{x_{12}}n(q_3)_2 + \overset{+}{x_{13}}n(q_3)_3]v(M_2)_3$$

$$+ (\overset{+}{x_{11}}n(e_{12})_1 + \overset{-}{x_{12}}n(e_{12})_2)w(M_2)_{12}$$

$$+ (\overset{+}{x_{11}}n(e_{13})_1 + \overset{-}{x_{13}}n(e_{13})_3)w(M_2)_{13}$$

$$+ (\overset{-}{x_{12}}n(e_{32})_2 + \overset{+}{x_{13}}n(e_{32})_3)w(M_2)_{32} \gtreqless 0$$

Betrachten wir wieder die gleichgerichteten Zinseffekte als eine zusammenfaßbare Komponente, lassen sich vier Teilreaktionen des Einkommens von Land eins unterscheiden.

1. Die auf alle Länder überfließenden Senkungen der Renditeerwartungen wirken auch hier auf alle Einkommen expansiv. Allgemein lassen sich diese Effekte ähnlich beschreiben wie bereits im Zwei-Länder-Fall. Mit einer Senkung der Renditeerwartungen in allen Ländern wird die Vermögensaufbauentscheidung überall revidiert. Ein gesunkener Vermögensaufbau- und gestiegender Absorptionswunsch verursacht weltweit expansive Nachfrageeffekte, die durch die unterstellten einfachen Einkommensmultiplikatorreaktionen expansiv auf die Einkommensentwicklungen aller Länder wirken. In dieser Beziehung tritt also durch die Berücksichtigung eines dritten Landes qualitativ kein zusätzlicher Aspekt in Erscheinung.

2. Auch für die bilaterale Wechselkursreaktion zwischen den Ländern eins und zwei läßt sich eine ähnliche Argumentation wie für den Zwei-Länder-Fall durchführen. Die Aufwertung des Landes eins verursacht zwei entgegengesetzte Reaktionen. Zum einen wird zwischen eins und zwei

eine Nachfrageumschichtung in Richtung auf Gut zwei induziert, die einen kontraktiven Prozeß in Land eins auslöst. Andererseits verursacht genau diese Umschichtung einen positiven Multiplikatorprozeß in Land zwei, der auch auf die Importnachfrage nach Gut eins expansiv wirkt.

Nehmen wir jedoch wieder an, daß der Primärmultiplikatoreffekt größer ist als der Sekundärmultiplikatoreffekt, so können wir von einem negativen Gesamteffekt der bilateralen Aufwertung gegenüber Land zwei für dessen Einkommen ausgehen.

3. Die als Abwertung angenommene Wechselkursreaktion von Land eins gegenüber Land drei erzeugt generell ähnliche, allerdings entgegengesetzte Primär- und Sekundärmultiplikatorprozesse in diesen beiden Ländern. Wir können daher einen positiven Einkommenseffekt dieser bilateralen Abwertung unterstellen.

4. Etwas problematischer erweist sich die Bestimmung des Einflusses, der von der Abwertung des Landes zwei gegenüber Land drei ausgeht. Diese Abwertung wirkt über einen positiven Multiplikator in Land zwei auf die Nachfrage nach Gut eins expansiv. Andererseits entsteht durch die Aufwertung des Landes drei dort ein negativer Multiplikator mit kontraktiver Einkommenswirkung auch auf das Einkommen des ersten Landes. Da es sich um zwei Sekundäreffekte handelt, können wir keinen als dominierend betrachten. Die Wirkung der Reaktion ($e_{32} < 0$) auf das Einkommen des Landes eins ist ungewiß.

Bestehen keine sehr grossen Unterschiede zwischen den Ländern zwei und drei, könnten sich die beiden Effekte gegenseitig weitgehend neutralisieren, so daß der Gesamteffekt relativ unbedeutend wird.

Die Gesamtreaktion des Einkommens des Landes eins auf eine expansive Geldpolitik in Land zwei ist damit grundsätzlich offen. Zwei expansiv wirkenden Effekten in Form der gesunkenen Renditeerwartungen und der Abwertung gegenüber Land drei steht ein kontraktiv wirkender Effekt in Form der Aufwertung gegenüber Land zwei gegenüber. Hinzu kommt der Abwertungseffekt des Landes zwei gegenüber Land drei, dessen Bedeutung für die Einkommensentwicklung in Land eins ungewiß ist. Ein positiver wie negativer Einkommenseffekt ist in gleicher Weise denkbar.

Ein positiver Effekt wird jedoch um so wahrscheinlicher, je bedeutender die Zinseffekte sind und je größer die Bedeutung von Land drei als Handelspartner ist, da die Abwertung gegen Land drei die positiv wirkenden Zinseffekte zusätzlich unterstützt.

Ein negativer Einkommenseffekt wird umso wahrscheinlicher, je stärker die Wirkung der bilateralen Aufwertung gegenüber Land zwei ist.

Dieses Ergebnis unterscheidet sich wesentlich von den Ergebnissen, die mit einem Zwei-Länder-Modell erzielt worden sind. Das Zwei-Länder-Modell hat bei gleicher Politik in Land zwei zu folgender Einkommensreaktion in Land eins geführt (Vgl. Abschnitt 4.2):

$$dY_1 = [x_{11}\overset{+}{n(q_1)_1} + x_{12}\overset{+}{n(q_1)_2}]\overset{+}{v(M_2)_1}$$

$$+ [x_{11}\overset{+}{n(q_2)_1} + x_{12}\overset{+}{n(q_2)_2}]\overset{+}{v(M_2)_2}$$

$$+ [x_{11}n(e_{12})_1 \overset{+}{+} x_{12}n(e_{12})_2] \overset{-}{w(M_2)_{12}}$$

Dieses Ergebnis ist mit den beiden ersten und der vierten Zeile der "Drei-Länder-Lösung" zu vergleichen. Unter der Annahme dominanter Primäreffekte würde das Zwei-Länder-Modell die Wechselkurseffekte für das Einkommen von Land eins als eindeutig negativ identifizieren, so daß lediglich positive Zinseffekte diesen entgegenstehen würden. Die Einkommensreaktion würde ausschließlich von der relativen Stärke der Wirkungen des Zinsvektors- im Gegenspiel zu den Wechselkurseffekten abhängig gemacht. Die zusätzliche Wirkung des bilateralen Wechselkurses e_{13} bleibt unberücksichtigt, auch wenn diese das Ergebnis qualitativ beeinflussen wird. Daß dieser Unterschied auch für die Realität nicht irrelevant ist, läßt sich an folgendem Beispiel erläutern: Wollte man etwa die Wirkungen einer Geldmengenexpansion in den USA mit Hilfe eines Zwei-Länder-Modells Deutschland - Vereinigte Staaten analysieren, wäre das Ergebnis, daß durch die Wechselkursreaktion eine kontraktive Anstoßwirkung auf die Bundesrepublik entsteht. Der damit gleichzeitig entstehende Kreuzkurseffekt etwa zwischen Deutschland und Frankreich bliebe unberücksichtigt. Da die FF-DM Reaktion aufgrund der Bedeutung Frankreichs als direkter Handelspartner jedoch wahrscheinlich bedeutsamer ist als der Dollar-DM Effekt, kann sich das Ergebnis der Zwei-Länder-Analyse gegenüber der Drei-Länder-Untersuchung leicht umkehren.

Für den Einkommenseffekt in Land zwei erhalten wir:

$$dY_2 = [x_{21}n(M_2)_1 + x_{22}n(M_2)_2 + x_{23}n(M_2)_3]\hat{M_2}$$

(5.71) $\quad \Omega_2(M_2) = dY_2/\hat{M}_2$

$$= [\overset{+}{x_{22}}n(q_1)_2 + \overset{+}{x_{21}}n(q_1)_1 + \overset{+}{x_{23}}n(q_1)_3]\overset{+}{v(M_2)_1}$$

$$+ [\overset{+}{x_{22}}n(q_2)_2 + \overset{+}{x_{21}}n(q_2)_1 + \overset{+}{x_{23}}n(q_2)_3]\overset{+}{v(M_2)_2}$$

$$+ [\overset{+}{x_{22}}n(q_3)_2 + \overset{+}{x_{21}}n(q_3)_1 + \overset{+}{x_{23}}n(q_3)_3]\overset{+}{v(M_2)_3}$$

$$+ (\overset{-}{x_{22}}n(e_{12})_2 + \overset{+}{x_{21}}n(e_{12})_1)\overset{-}{w(M_2)_{12}}$$

$$+ (\overset{+}{x_{21}}n(e_{13})_1 + \overset{-}{x_{23}}n(e_{13})_3)\overset{+}{w(M_2)_{13}}$$

$$+ (\overset{-}{x_{22}}n(e_{32})_2 + \overset{+}{x_{23}}n(e_{32})_3)\overset{-}{w(M_2)_{32}} > 0$$

Da Land zwei sowohl gegen eins als auch gegen drei abwertet, ist bei dominanten Primärmultiplikatoren eine Einkommensverbesserung zu erwarten. Ein restriktiver Effekt kann nur durch die Aufwertung von drei gegen eins über einen kontraktiven sekundären Einkommensmultiplikator in Land drei entstehen. Daß dieser Einzeleffekt jedoch die Gesamtrichtung der Reaktion umkehrt, erscheint unwahrscheinlich, zumal auch sämtliche Zinseffekte positv sind. Es ist also allgemein mit einer Einkommensverbesserung in Land zwei zu rechnen.

Anders jedoch die Entwicklung in Land drei. Da Land drei gleichzeitig gegenüber allen Ländern aufwertet, entstehen neben den positv wirkenden Zinseffekten ausschließlich kontraktive Aufwertungseffekte, sieht man von der Einzelwirkung des entgegengerichteten Sekundärmultiplikator ab. Auch für Land drei ist also die Einkommensreaktion ungewiß. Je nach relativer Stärke der Zins- gegenüber den

Aufwertungseffekten wird die Einkommensreaktion positiv oder negativ. Dominieren die Wirkungen der Zinseffekte auf die Einkommensmultiplikatoren, ist mit einer expansiven Einkommensreaktion zu rechnen, sind die Wirkungen der Wechselkursreaktionen stärker, werden die beiden bilateralen Aufwertungen eine kontraktive Reaktion auslösen.

$$dY_3 = [x_{31}n(M_2)_1 + x_{32}n(M_2)_2 + x_{33}n(M_2)_3]\hat{M_2}$$

(5.72) $\Omega_3(M_2) = dY_3/\hat{M_2}$

$$= [\overset{+}{x_{33}n(q_1)_3} + \overset{+}{x_{32}n(q_1)_2} + \overset{+}{x_{31}n(q_1)_1}]\overset{+}{v(M_2)_1}$$

$$+ [\overset{+}{x_{33}n(q_2)_3} + \overset{+}{x_{32}n(q_2)_2} + \overset{+}{x_{31}n(q_2)_1}]\overset{+}{v(M_2)_2}$$

$$+ [\overset{+}{x_{33}n(q_3)_3} + \overset{+}{x_{32}n(q_3)_2} + \overset{+}{x_{31}n(q_3)_1}]\overset{+}{v(M_2)_3}$$

$$+ (\overset{+}{x_{31}n(e_{12})_1} + \overset{-}{x_{32}n(e_{12})_2})\overset{-}{w(M_2)_{12}}$$

$$+ (\overset{-}{x_{33}n(e_{13})_3} + \overset{+}{x_{31}n(e_{13})_1})\overset{+}{w(M_2)_{13}}$$

$$+ (\overset{-}{x_{32}n(e_{32})_2} + \overset{+}{x_{33}n(e_{32})_3})\overset{-}{w(M_2)_{32}} \gtreqless 0$$

Damit läßt sich zusammenfassend feststellen: Durch die Formulierung des Drei-Länder-Modells werden zusätzlich auch entgegengerichtete Effekte berücksichtigt. Diese entstehen durch zusätzliche Wechselkursreaktionen. Dadurch können in einzelnen Ländern Einkommensreaktionen hervorgerufen werden, die in einem Zwei-Länder-Rahmen nicht sichtbar werden. Die Richtung der Reaktionen wird letztlich von der relativen Stärke der Zins- gegenüber

den Wechselkursreaktionen und von der relativen Bedeutung
der bilateralen Auf- oder Abwertungen bestimmt.

Abschließend sollen nun nocheinmal alle Reaktionen der
endogenen Variablen auf unterschiedliche geldpolitische
Störungen tabellarisch aufgelistet werden, um einen Überblick über das gesamte Reaktionsmuster zu geben. Diese
Auflistung umfaßt nicht nur die Reaktionen auf geldpolitische Maßnahmen in Land zwei, sondern berücksichtigt
auch die hier nicht explizit diskutierten Einkommensreaktionen bei Geldpolitik der übrigen Länder. Dies geschieht, um später auf diese Ergebnisse zurückgreifen zu
können. Eine algebraische Ableitung auch der anderen
Reaktionsmuster wird in Anhang 3C vorgenommen. Unter den
vielfältigen unterschiedlichen, parameterabhängigen Reaktionsmöglichkeiten wollen wir exemplarisch zwei Szenarien
herausstellen.

Das erste Szenarium ist dadurch gekennzeichnet, daß
grundsätzlich die Einkommenswirkungen der Zinseffekte
stärker sind als die Wirkungen der Wechselkurseffekte.
Unter dieser Bedingung wird die Gesamtreaktion des
Systems durch Tabelle 5.2 dargestellt. Es entsteht eine
generelle Einkommensexpansion in allen Ländern.

Tabelle 5.2: Ergebnistabelle der Wirkungen von Offen-Markt-Operationen auf die Finanz- und Gütermärkte im Fall dominierender Zinseffekte (Drei-Länder-Modell)

Exogen / Endogen	$\hat{M}_1$ [OMO]	$\hat{M}_2$ [OMO]	$\hat{M}_3$ [OMO]
$\hat{q}_1$	(+) $v(M_1)_1$	(+) $v(M_2)_1$	(0) $v(M_3)_1$
$\hat{q}_2$	(0) $v(M_1)_2$	(+) $v(M_2)_2$	(0) $v(M_3)_2$
$\hat{q}_3$	(0) $v(M_1)_3$	(+) $v(M_2)_3$	(+) $v(M_3)_3$
$\hat{e}_{12}$	(+) $w(M_1)_{12}$	(−) $w(M_2)_{12}$	(0) $w(M_3)_{12}$
$\hat{e}_{32}$	(0) $w(M_1)_{32}$	(−) $w(M_2)_{32}$	(+) $w(M_3)_{32}$
$\hat{e}_{13}$	(+) $w(M_1)_{13}$	(+) (−) $w(M_2)_{13}$	(−) $w(M_3)_{13}$
dY_1	(+) $\Omega_1(M_1)$	(+) $\Omega_1(M_2)$	(+) $\Omega_1(M_3)$
dY_2	(+) $\Omega_2(M_1)$	(+) $\Omega_2(M_2)$	(+) $\Omega_2(M_3)$
dY_3	(+) $\Omega_3(M_1)$	(+) $\Omega_3(M_2)$	(+) $\Omega_3(M_3)$

Das zweite Szenarium ist dadurch gekennzeichnet, daß die Wechselkurseffekte generell für die Einkommensreaktion als bedeutender erachtet werden als die Zinseffekte.

Innerhalb dieses zweiten Szenariums können wir wiederum zwei Fälle unterscheiden: Im ersten Fall (Fall a) sollen die Wirkungen der bilateralen Abwertung von Land eins gegenüber Land drei relativ zu dessen Aufwertung gegenüber Land zwei so unbedeutend sein, daß diese bilaterale Aufwertung die Abwerungs- und Zinswirkungen überkompensieren kann und damit die Einkommensreaktion kontraktiv wird. Im zweiten Fall (Fall b) soll genau diese Aufwertung relativ zur Abwertung gegenüber Land drei und den expansiven Zinseffekten unbedeutender sein, so daß ein expansiver Einkommenseffekt entstehen kann. Als zusammenfassende Tabelle erhalten wir:

Tabelle 5.3: Ergebnistabelle der Wirkungen von Offen-Markt-Operationen auf die Finanz- und Gütermärkte im Fall dominierender Wechselkurseffekte (Drei-Länder-Modell)

	$\hat{M}_1$ [OMO]	$\hat{M}_2$ [OMO]	$\hat{M}_3$ [OMO]
$\hat{q}_1$	(+) $v(M_1)_1$	(+) $v(M_2)_1$	(0) $v(M_3)_1$
$\hat{q}_2$	(0) $v(M_1)_2$	(+) $v(M_2)_2$	(0) $v(M_3)_2$
$\hat{q}_3$	(0) $v(M_1)_3$	(+) $v(M_2)_3$	(+) $v(M_3)_3$
$\hat{e}_{12}$	(+) $w(M_1)_{12}$	(−) $w(M_2)_{12}$	(0) $w(M_3)_{12}$
$\hat{e}_{32}$	(0) $w(M_1)_{32}$	(−) $w(M_2)_{32}$	(+) $w(M_3)_{32}$
$\hat{e}_{13}$	(+) $w(M_1)_{13}$	(−)(−) $w(M_2)_{13}$	(−) $w(M_3)_{13}$
dY_1	(+) $\Omega_1(M_1)$	a:(−)/b:(+) $\Omega_1(M_2)$	(−) $\Omega_1(M_3)$
dY_2	(−) $\Omega_2(M_1)$	(+) $\Omega_2(M_2)$	(−) $\Omega_2(M_3)$
dY_3	(−) $\Omega_3(M_1)$	(−) $\Omega_3(M_2)$	(+) $\Omega_3(M_3)$

6. Probleme außenwirtschaftlicher Abschirmungspolitik

In diesem Abschnitt wollen wir uns auf der Basis der vorangegangenen Erörterungen der Interdependenzen mit den Möglichkeiten einer kurzfristigen außenwirtschaftlichen Abschirmungspolitik beschäftigen. Im Mittelpunkt unserer Überlegungen steht eine exogene Störung in Land zwei. Für einen solchen exogenen Anstoß sollen vier Fragestellungen diskutiert werden:

Erstens, ermöglichen "isolierte" wirtschaftspolitische Gegenmaßnahmen der beiden anderen, ursprünglich passiven Länder für jedes Land einzeln eine Abschirmung vor destabilisierenden Einkommenseffekten?

Zweitens, kann eine Kooperation der beiden Länder eins und drei die Chancen einer wirksamen Abschirmung jedes einzelnen Landes vor destabilisiernden Effekten aus Land zwei verbessern?

Drittens, welche Art der Kooperation ist für eine erfolgreiche Abschirmung erforderlich?

Viertens, wie sind bilaterale Wechselkursfixierungen [Wechselkurszielzonen oder begrenzte Währungszonen] als Instrument der Abschirmung vor destabilisierenden außenwirtschaftlichen Übertragungseffekten zu bewerten?

Unsere Überlegungen zu dieser Problemstellung sollen folgenden Prämissen unterliegen:

(A62) Die Wirtschaftspolitik des Landes zwei ist gegeben und bleibt unberührt von wirtschaftspolitischen Reaktionen der anderen Länder.

Mit dieser Annahme beschreiben wir eine Situation, in der Land zwei völlig autonom wirtschaftspolitische Entscheidungen trifft. Seine Einbindung in das weltwirtschaftliche Gefüge und die Interdependenzen der eigenen Politik mit den wirtschaftspolitischen Reaktionen der übrigen Teilnehmer der Weltwirtschaft werden bei der eigenen wirtschaftspolitischen Entscheidung ignoriert.

(A63) Das wirtschaftspolitische Ziel der Regierungen der Länder eins und drei besteht in einer kurzfristigen Einkommensstabilisierung.

Werden Gleichgewichtsstörungen, die ihren Ursprung außerhalb der Länder eins und drei haben, auf das jeweilige Land übertragen, versuchen deren Regierungen ihr eigenes Einkommen von diesen Störungen abzuschirmen. Die wirtschaftspolitische Zielsetzung richtet sich also eindeutig auf eine Neutralisierung des externen Einflusses. Auch wenn über die außenwirtschaftlichen Übertragungsmechanismen positive Einkommenseffekte induziert werden und damit eigentlich die wünschenswerte Wirkung einer Verringerung der in unserem Modell bestehenden keynesianischen Unterbeschäftigung eintritt, wird dies als destabilisierend und damit als stabilitätspolitischer Mißerfolg bewertet. Unsere Frage lautet also nicht, wie kann die Unterbeschäftigung abgebaut werden, sondern, wie kann sich ein Land gegen außenwirschaftliche, destabilisierende Störungen schützen, um eine der eigenen Situation angemessene autonome Politik betreiben zu können. Mögliche Trade Off Beziehungen kurz- und langfristiger Stabilisierung werden vernachlässigt[1].

---

1) vgl. hierzu auch die Anmerkungen in Abschnitt

(A64)   Die Regierungen verhalten sich bei ihren
        wirtschaftspolitischen Entscheidungen im Rahmen
        des Modells rational.

Dies bedeutet, daß auf der Basis der Reaktionen, die aus
dem vorangegangenen Modell nach exogenen Anstößen zu erwarten sind, eine wirtschaftspolitische Entscheidung
getroffen wird, die dem Abschirmungsziel möglichst nahe
kommt.

(A65)   Als wirtschaftspolitisches Instrument wird
        ausschließlich eine Offen-Markt-Operation
        eingesetzt[2].

6.1 Erfolgschancen "isolierter" Abschirmungspolitik

Beginnen wir mit der Diskussion der Erfolgschancen
"isolierten" Abschirmungspolitik.

(A66)   Absprachen zwischen Land eins und Land zwei finden
        nicht statt.

(A67)   Die Erwartungen hinsichtlich der wirtschafts-
        politischen Maßnahmen des jeweils anderen Landes
        sind statisch.

Diese zwei Annahmen umschreiben die Enscheidungsprämissse, daß eigene wirtschaftspolitische Maßnahmen isoliert, also ohne Berücksichtigung von Aktionen anderer,

---

2) Das Assignment Problem, das den komparativen Vorteil
verschiedener wirtschaftspolitischer Maßnahmen hinsichtlich verschiedener Zielsetzungen diskutiert, betrachten
wir also als gelöst.

erfolgreich geplant und durchgeführt werden können. Sie definiert, daß die einzelne Regierung an eine statische Situation glaubt, in der sie allein agiert und das Ergebnis des Gesamtprozeßes für das eigene Land allein determinieren kann.

Die Möglichkeit einzelne isolierte Politikmaßnahmen untersuchen zu können, wurde bisher nicht problematisiert. So haben wir im vorangegangenen Abschnitt gefragt, wie sich eine einzelne geldpolitische Störungen in Land zwei auf die anderen an der Drei-Länder-Weltwirtschaft beteiligten Länder überträgt, wenn keinerlei wirtschaftspolitische Gegenmaßnahmen irgendeines anderen Landes getroffen werden.

In diesem Abschnitt wollen wir zusätzlich die Einkommensreaktionen betrachten, die bei simultaner wirtschaftspolitischer Gegenreaktion eines der beiden anderen oder beider anderen Länder zu erwarten ist. Wir erweitern damit den Interdependenzbegriff auch auf eine Interdependenz der politischen Entscheidungen[3]. Die wirtschaftspolitischen Gegenmaßnahmen sollen jedoch unter den Ländern eins und drei zunächst nicht aufeinander abgestimmt sein. Sie stellen Einzelreaktionen auf die Störung des Landes zwei dar. Mit anderen Worten, wir gehen weiterhin davon aus, daß jede Regierungen an die gewünschte Wirkung ihrer isoliert konzipierten Aktion glaubt und nicht mit Aktionen des anderen Landes rechnet, daß aber die simultanen Entscheidungen aller zu einem simultanen Gesamteffekt führen. Für unser konkretes Ereignis einer autonomen OffenMarkt-Operation in Land zwei sollen folgende Reaktionsabläufe in den Ländern eins und drei gelten.

---

3) Vgl. zum Interdependenzbegriff Abschnitt 1.

Jede der Regierungen in Land eins oder drei beobachtet die Geldmengenexpansion des Landes zwei und antipiziert einen destabilisierenden Einfluß dieser Maßnahme auf das Einkommen des eigenen Landes. Damit muß jedes der beiden indirekt betroffenen Länder die Entscheidung treffen, eine kurzfristige, diskretionäre, wirtschaftspolitische Gegenmaßnahme durchzuführen, um den destabilisierenden Einkommenseffekt abzuschwächen bzw. möglichst gänzlich zu neutralisieren, oder eine wirtschaftspolitische Reaktion zu unterlassen. Diese Maßnahmen der einzelnen Regierungen beeinflußen aber nicht nur die Variablen des eigenen Landes, sondern übertragen sich auch auf die beiden anderen Länder. Da wir unterstellt haben, daß die Regierung des Landes zwei eine völlig autonome, von Gegenreaktionen der übrigen Länder unbeeinflußte Politik betreibt und damit nicht als endogen reagierend berücksichtigt werden muß, ist die so entstehende Konstellation als ein Zwei-Personen-Spiel mit einem exogenen dritten Akteur (Land zwei) interpretierbar, bei dem beide Spieler auf eine Störung eines exogenen dritten Spielers, der jedoch in struktureller Interdependenzbeziehung mit beiden steht, reagieren müssen. Beide Länder werden durch die autonome Handlung des Landes zwei aus ihrem bisherigen Gleichgewicht gebracht und stehen damit einem unerwünschten Ergebnis dieser Störung gegenüber. Da alle Maßnahmen auch das jeweils andere Land betreffen, wird das Resultat dieses Spiels von den simultanen Handlungen und gegenseitigen Effekten beider Akteure bestimmt.

Jedes Land wird also zunächst unter Vernachlässigung des anderen eine kurzfristige Geldpolitik bestimmen, die den externen Anstoß zu neutralisieren scheint. Diese Formulierung impliziert aber bereits die Frage, ob sich der gewünschte Abschirmungserfolg bei einer solchen Konstellation auch tatsächlich einstellt.

Um eine Antwort auf diese Frage zu erhalten, wollen wir
beispielhaft zwei mögliche Szenarien auswählen und diskutieren. Wir wählen deshalb nur zwei Beispiele, weil die
Möglichkeiten der Einkommensreaktionen vielfältig sind
und von der Parameterkonstellation direkt bestimmt werden
(vgl. Tabelle 5.2 und 5.3 in Abschnitt 5.2.2).

Wesentlich für die Einkommensreaktionen sind die Wirkungen der Zinseffekte gegenüber den Wechselkurseffekten und
die zum Teil gegeneinander wirkenden bilateralen Wechselkurseffekte.

In den beiden Szenarien, die wir betrachten wollen,
sollen die Zinseffekte vergleichsweise unbedeutend sein,
so daß wir uns auf die Wirkungen unterschiedlicher bilateraler Wechselkurseffekte konzentrieren können (Vgl.
Tabelle 5.3). Wie wir aus vorangegangenen Überlegungen
wissen, werden als Reaktion auf die Geldmengenexpansion
in Land zwei das erste Land und das dritte Land gegenüber
Land zwei aufwerten. Gleichzeitig kann aber Land eins
gegenüber Land drei abwerten. Damit wird die relative
Bedeutung der Wechselkursreaktion der Währung eins gegenüber den Währungen zwei und drei für die Gesamtreaktion
des Einkommens des Landes eins außerordentlich wichtig.
Die relative Stärke der Ab- bzw. Aufwertung ist für eine
Positiv- oder Negativreaktion des Einkommens des ersten
Landes verantwortlich. Ist für Land eins die unterstellte Abwertung gegenüber Land drei wesentlich bedeutender als die Aufwertung gegenüber Land zwei, sind
positive Einkommensreaktionen zu erwarten. Ist dagegen
die Aufwertung des Landes eins gegenüber Land zwei wesentlich bedeutender als die Abwertung gegenüber Land
drei, sind negative Einkommenseffekte in Land eins die

Folge[4]. Für diese beiden Möglichkeiten wollen wir die Wirksamkeit einer rationalen "isolierten" Politik erörtern.

Betrachten wir als erstes ein Szenarium, bei dem die Abwertung ($e_{13} > 0$) keine dominierende Rolle spielt, so daß durch die Aufwertung ($e_{12} < 0$) ein negativer Einkommenseffekt in Land eins entstanden ist (Fall a. in Tabelle 5.3). Unter dieser Bedingung ist zunächst die "optimale isolierte" Politik der Länder eins und drei zu determinieren. Wir wollen diese mit (*) kennzeichnen.

Land eins hat sein Stabilisierungsziel einer Neutralisierung der externen Störung aus Land zwei erreicht, wenn kein Anstoß auf das eigene Einkommen mehr erfolgt. Da es sich als isolierter Akteur betrachtet, wird lediglich auf den Anstoß des Landes zwei reagiert.

(6.1) $\quad 0 = d\hat{Y}_1 = \overset{+}{\Omega_1 (M_1)} \hat{M}_1 + \overset{-}{\Omega_1 (M_2)} \hat{M}_2$

Die "optimale isolierte" geldpolitische Gegenmaßnahme für das Land eins ergibt sich damit als:

(6.2) $\quad \hat{M}_1^* = -[\overset{-}{\Omega_1 (M_2)}/\overset{+}{\Omega_1 (M_1)}]\hat{M}_2$

(6.3) $\quad \Phi(\hat{M}_1^*, \hat{M}_2) = \hat{M}_1^*/\hat{M}_2 = -\overset{-}{\Omega_1 (M_2)}/\overset{+}{\Omega_1 (M_1)} > 0$

Land drei bestimmt auf der Basis ähnlicher Überlegungen die für dieses Land "optimale isolierte" Politik. Auch hier wird lediglich versucht den Anstoß aus Land zwei zu neutralisieren, ohne Land drei zu berücksichtigen.

---

4) Vgl. hierzu Abschnitt Tabelle 5.3 in Abschnitt 5.2.2.

(6.3) $\quad dY_3 = 0 = \Omega_3(\overset{+}{M_3})\hat{M_3} + \Omega_3(\overset{-}{M_2})\hat{M_2}$

Als "optimale isolierte" Geldpolitik erhalten wir für das dritte Land:

(6.4) $\quad \hat{M_3^*} = -[\Omega_3(\overset{-}{M_2})/\Omega_3(\overset{+}{M_3})]\hat{M_2}$

(6.5) $\quad \Phi(\hat{M_3^*},M_2) = \hat{M_3^*}/\hat{M_2} = -\Omega_3(\overset{-}{M_2})/\Omega_3(\overset{+}{M_3}) > 0$

Welches sind aber die tatsächlichen Ergebnisse solcher simultaner wirtschaftspolitischer Maßnahmen? Nach der Bestimmung der wirtschaftspolitischen Reaktionen können wir nun deren simultane Wirkungen auf die Einkommen der beiden Länder für insgesamt vier Konstellationen wirtschaftspolitischer Reaktionen beschreiben.

Situation I beschreibt die simultanen Einkommensreaktionen in beiden Ländern für den Fall, daß weder Land eins noch Land drei mit einer wirtschaftspolitischen Gegenmaßnahme auf die Störung aus Landes zwei reagiert. Die Regierungen eins und drei verhalten sich völlig passiv, was der traditionellen Analyse entspricht. Das Ergebnis dieses Verhaltens wurde bereits im vorangegangenen Abschnitt 5.2.2 präsentiert und braucht daher nicht nocheinmal erörtert werden.

Situation II stellt die simultane Einkommensreaktion für eine Konstellation dar, in der Land drei weiterhin tatsächlich eine Passivstrategie verfolgt, also keine wirtschaftspolitischen Maßnahmen ergreift, Land eins jedoch wirtschaftspolitisch auf die Störung aus Land zwei reagiert. Die daraus resultierende Konstellation der simultanen Einkommenseffekte für beide Länder ergibt sich als:

(6.6) $\quad \Omega_1 (M_1^*, M_2) = dY_1 (M_1^*, M_2)/\hat{M}_2$

$$= \overset{+}{\Omega_1 (M_1)} \overset{+}{\Phi (M_1^*, M_2)} + \overset{-}{\Omega_1 (M_2)} = 0$$

(6.7) $\quad \Omega_3 (M_1^*, M_2) = dY_3 (M_1^*, M_2)/\hat{M}_2$

$$= \overset{-}{\Omega_3 (M_1)} \overset{+}{\Phi (M_1^*, M_2)} + \overset{-}{\Omega_3 (M_2)} < 0$$

Anzumerken ist, daß unter dieser Politikkonstellation die Einkommensreaktion des Landes drei zu einer stärkeren Abweichung vom Stabilisierungsziel des Landes drei führt als in Situation I.

(6.8) $\quad |\Omega_3 (M_1^*, M_2)| > |\Omega_3 (M_2)|$

Situation III ist symmetrisch zu Situation II. Allerdings handelt nun Land drei, und Land eins verfolgt die Passivstrategie. Wie im vorherigen Fall ist auch hier die kontraktive Einkommensreaktion des Landes eins stärker als in Situation I, in der kein Land eine Gegenmaßnahme ergriffen hatte. Die Zielabweichung des Landes eins nimmt zu.

(6.9) $\quad \Omega_3 (M_3^*, M_2) = dY_3 (M_3^*, M_2)/\hat{M}_2$

$$= \overset{+}{\Omega_3 (M_3)} \overset{+}{\Phi (M_3^*, M_2)} + \overset{-}{\Omega_3 (M_2)} = 0$$

(6.10) $\quad \Omega_1(M_3^*, M_2) = dY_1(M_3^*, M_2)/\hat{M}_3$

$$= \overset{-}{\Omega_1(M_3)}\overset{+}{\Phi(M_3^*, M_2)} + \overset{-}{\Omega_1(M_2)} < 0$$

(6.11) $\quad |\Omega_1(M_3^*, M_2)| > |\Omega_1(M_2)|$

Situation IV umschreibt eine Konstellation, in der beide Länder eine aktive "optimale isolierte" Politik betreiben. Beide Länder bestimmen also simultan eine Politik, die aus isolierter Sicht das eigene Einkommen gegen die außenwirtschaftlichen Störungen aus Land zwei abzuschirmen versucht. Durch die Simultanität der nicht abgestimmten Handlungen wird das gewünschte Ergebnis jedoch nicht erzielt. Die nun entstehenden Einkommensanpassungen sind:

(6.12) $\quad \Omega_1(M_1^*, M_2, M_3^*) = dY_1(M_1^*, M_2, M_3^*)/\hat{M}_2$

$$= \overset{+}{\Omega_1(M_1)}\overset{+}{\Phi(M_1^*, M_2)} + \overset{-}{\Omega_1(M_2)} + \overset{-}{\Omega_1(M_3)}\overset{+}{\Phi(M_3^*, M_2)}$$

$$= 0 - \overset{-}{\Omega_1(M_3)}\overset{-}{\Omega_3(M_2)}/\overset{+}{\Omega_3(M_3)} < 0$$

(6.13) $\quad \Omega_3(M_1^*, M_2, M_3^*) = dY_3(M_1^*, M_2, M_3^*)/\hat{M}_2$

$$= \overset{+}{\Omega_3(M_3)}\overset{+}{\Phi(M_3^*, M_2)} + \overset{-}{\Omega_3(M_2)} + \overset{-}{\Omega_3(M_1)}\overset{+}{\Phi(M_1^*, M_2)}$$

$$= 0 - \overset{-}{\Omega_3(M_1)}\overset{-}{\Omega_1(M_2)}/\overset{+}{\Omega_1(M_1)} < 0$$

Die in dieser Situation ermittelten Reaktionen fallen geringer aus als unter Anwendung der Passivstrategie in den Fällen II und III.

(6.14) $\quad | \Omega_1(\hat{M_3},M_2) | \geq | \Omega_1(\hat{M_1},M_2,\hat{M_3}) |$

(6.15) $\quad | \Omega_3(\hat{M_1},M_2) | \geq | \Omega_3(\hat{M_1},M_2,\hat{M_3}) |$

Damit können wir eine Einkommensreaktionstabelle beschreiben, die als Zielabweichungsmatrix interpretiert werden kann. Jede Abweichung von der "Nullreaktion" (vollständige Abschirmung) kann als stabilitätspolitischer Mißerfolg, also "Verlust" interpretiert werden. Der "Verlust" ist umso größer, je stärker diese Abweichungen sind. In der Tabelle 6.1 wird die Reaktion für Land eins stets zuerst angegeben.

Tabelle 6.1: Zielabweichungen für unterschiedliche Politikkonstellationen, Fall a).

	$\hat{M_3}=0$		$\hat{M_3}=\hat{M_3^*}$	
	Land 1	Land 3	Land 1	Land 3
$\hat{M_1}=0$	I $\quad |\Omega_1(M_2)|>0$	$|\Omega_3(M_2)|>0$	III $\quad |\Omega_1(M_2)| \leq |\Omega_1(M_3^*,M_2)|$	0
$\hat{M_1}=\hat{M_1^*}$	0	II $\quad |\Omega_3(M_2)| \leq |\Omega_3(M_1^*,M_2)|$	$|\Omega_1(M_3^a,M_2)| \geq |\Omega_1(M_1^*,M_2,M_3^a)|$	IV $\quad |\Omega_3(M_1^*,M_2)| \geq |\Omega_3(M_1^*,M_2,M_3^a)|$

Mit Hilfe dieser Zielabweichungsmatrix können wir diskutieren, ob die Regierungen der Länder eins und drei unter der Zielsetzung kurzfristiger Stabilisierung eher dazu neigen, eine passive wirtschaftspolitische Strategie zu wählen, oder diskretionär aktiv zu werden. Wir können diese Überlegungen als Endogenisierung der Politikentscheidung interpretieren.

Die Neigung zu wirtschaftspolitischer Aktivität der Regierung eins wird leicht erkennbar. Unter der Bedingung, daß Land drei tatsächlich nicht reagiert (vgl. die erste Spalte der Tabelle 6.1), steht sich Land eins hinsichtlich seiner Zielsetzung immer besser, wenn es wirtschaftspolitisch aktiv wird. Unter der Bedingung, daß Land drei tatsächlich reagiert (vgl. Spalte drei der Tabelle 6.1), ist das Resultat ebenfalls eindeutig. Auch in diesem Fall ist eine eigene aktive Stabilisierungspolitik günstiger, als die passive Strategie. Unabhängig von den Entscheidungen des anderen, ist also für Land eins die Durchführung wirtschaftspolitischer Gegenmaßnahmen vorteilhaft.

Diese Überlegungen gelten für Land drei symmetrisch. Damit wird deutlich, daß eine passive Strategie in einem solchen kurzfristigen Reaktionsmodell in keinem Fall der aktiven diskretionären Gegenstrategie vorgezogen wird. Eine diskretionäre wirtschaftspolitische Reaktion wird gegenüber einer nicht diskretionären Strategie bevorzugt.

Darüber hinaus kann die wirtschaftspolitische Passivität sogar zum größten denkbaren Verlust führen, wenn das andere Land eine aktive Politik betreibt. Die Destabilisierung wird also für das Land verstärkt, das nicht an Gegenmaßnahmen gegen Land zwei teilnimmt.

Diese Argumentation verändert sich grundlegend, wenn wir die erwähnte alternative Reaktionsmöglichkeit des Einkommens von Land eins untersuchen (Fall b. der Tabelle 5.3 in Abschnitt 5.2.2)[5]. In dieser Situation verursacht die Abwertung ($e_{13} > 0$) einen solch positiven Anstoß, daß Land eins eine Einkommensverbesserung erzielt. Die optimale geldpolitische Reaktion in Land eins und ihre Wirkungen für das simultan zu bestimmende Gleichgewicht verändern sich außerordentlich. Für die optimal zu bestimmende Politik der ersten Regierung erhalten wir nun:

(6.16) $dY_1 = 0 = \overset{+}{\Omega_1}(M_1)\hat{M_1} + \overset{+}{\Omega_1}(M_2)\hat{M_2}$

(6.17) $\hat{M_1^*} = - [\overset{+}{\Omega_1}(M_2)/\overset{+}{\Omega_1}(M_1)]\hat{M_2}$

(6.18) $\Phi(\hat{M_1^*}, M_2) = \hat{M_1^*}/\hat{M_2} = -\overset{+}{\Omega_1}(M_2)/\overset{+}{\Omega_1}(M_1^*) < 0$

Die "optimale isolierte" Politik des Landes zwei bleibt unbeeinflußt.

Das Gesamtergebnis beider simultaner Politikmaßnahmen läßt sich erneut für die bekannten vier Konstellationen darstellen. Da der Rechenvorgang mit den vorangegfangenen Rechnung identisch ist und lediglich das Vorzeichen des Einkommensmultiplikators ($\Omega_1(M_2)$) und der Politikreaktion ($\Phi(M_1, M_2)$) umgekehrt wird, können wir direkt zur entstehenden Zielabweichungstabelle übergehen[6].

---

5) Vgl. erneut Abschnitt Tabelle
6) Die Größenvergleiche in dieser Tabelle gelten unter zwei Bedingungen: Die direkten Multiplikatoren ($\Omega_j(M_j)$) müssen stärkere Reaktionen aufweisen als die indirekten Mutuplikatoren ($\Omega_j(M_k)$) und die indirekten Multiplikatoren ($\Omega_j(M_k), \Omega_j(M_i)$) müssen in ihrer Reaktionsstärke hinreichend ähnlich sein.

Tabelle 6.2: Zielabweichungen für unterschiedliche Politikkonstellationen, Fall b)

	$\hat{M}_3=0$		$\hat{M}_3=\hat{M}_3^*$	
	Land 1	Land 3	Land 1	Land 3
$\hat{M}_1=0$	I $\|\Omega_1(M_2)\|>0$	$\|\Omega_3(M_2)\|>0$	III $\|\Omega_1(M_2)\|\geq$ $\|\Omega_1(M_3^*,M_2)\|$	0
$\hat{M}_1=\hat{M}_1^*$	0	II $\|\Omega_3(M_2)\|\geq$ $\|\Omega_3(M_1^*,M_2)\|$	$\|\Omega_1(M_3^*,M_2)\|\leq$ $\|\Omega_1(M_1^*,M_2,M_3^*)\|$	IV $\|\Omega_3(M_1^*,M_2)\|\leq$ $\|\Omega_3(M_1^*,M_2,M_3^*)\|$

Wie aus dieser Tabelle hervorgeht, hat allein die kleine Veränderung der relativen Bedeutung der bilateralen Abwertung von Land eins gegenüber Land drei dazu geführt, daß die Neigung jedes Landes zur eigenen wirtschaftspolitischen Aktivität verändert wird. Land eins (drei) erkennt, daß nur dann, wenn Land drei (eins) keine Maßnahmen durchführt, die beste Strategie die eigene wirtschaftspolitische Aktivität ist (Vgl. die erste (zweite) Spalte der Tabelle). Wird Land drei (eins) jedoch aktiv, profitiert Land eins (drei) ebenfalls von der Stabilisierungsmaßnahme und kann ohne eigenes Zutun als Trittbrettfahrer eine stabilitätspolitische Verbesserung erzielen. Stabilitätspolitisch steht sich Land eins (drei) besser als bei simultaner eigener Aktivität (Vgl. die dritte (vierte) Spalte der Tabelle).

Damit können wir keine einfachen Aussagen mehr über die Neigung zu einer kurzfristigen diskretionären Politik machen. Dies wäre erst wieder möglich, wenn wir z.B.

alternative Entscheidungsregeln der Regierungen einführen
würden.

Die bisherigen Überlegungen erlauben hinsichtlich unserer
eingangs gestellten Fragen einige erste Schlußfolgerungen: Die Einführung der Drei-Länder-Konstellation hat
zur Folge, daß bei Gleichgewichtsstörungen in einem der
Länder (Land zwei) eine "isolierte" Politik nicht den gewünschten Stabilisierungserfolg erwarten läßt. Die
simultane Aktivität des jeweils anderen Mitspielers beeinträchtigt die "isolierten" Stabilisierungsbemühungen.
Dies kann bei einer bestimmten Parameterkonstellation
(Fall a. der Tabelle 5.3) dazu führen, daß beide Spieler
wirtschaftspolitisch aktiv werden, ihre simultanen Maßnahmen sich aber gegenseitig abschwächen oder sogar gänzlich aufheben. Bei einer alternativen Parameterkonstellation dagegen (Fall b. der Tabelle 5.3) besteht die Möglichkeit, daß keiner der Spieler wirtschaftspolitisch
aktiv wird, sondern auf die Maßnahmen des anderen wartet,
um als Trittbrettfahrer zu profitieren. In dieser Situation überträgt sich die Störung im zweiten Land ungedämpft auf beide anderen Länder.

6.2 Kooperation als Lösung des Abschirmungsproblems?

Nach der vorangegangenen Diskussion stellt sich die
Frage, ob eine Politik existiert, die etwa durch bilaterale kooperative Absprache das gewünschte Stabilisierungsziel in beiden Ländern garantiert, und ob für die
Regierungen der beiden Länder ein hinreichender Anreiz
besteht eine kooperative Stabilisierungspolitik zu betreiben. Um diese Problematik diskutieren zu können,

müssen wir ein simultanes Maßnahmenbündel bestimmen, das gleichzeitig die Erreichung aller Stabilisierungsziele ermöglicht. Diese Politik wollen wir mit (**) kennzeichnen. Da das Stabilisierungsziel erreicht ist, wenn nach der geldpolitischen Störung in Land zwei die Einkommen der Länder eins und drei unverändert bleiben, läßt sich formal die "optimale kooperative" geldpolitische Reaktion von eins und drei aus folgendem System ableiten:

(6.19) $\quad 0 = dY_1 = \Omega_1(M_1)\hat{M}_1 + \Omega_1(M_2)\hat{M}_2 + \Omega_1(M_3)\hat{M}_3$

(6.20) $\quad 0 = dY_3 = \Omega_3(M_1)\hat{M}_1 + \Omega_3(M_2)\hat{M}_2 + \Omega_3(M_3)\hat{M}_3$

In Matrixschreibweise erhalten wir für die Bestimmung der "optimalen kooperativen" Politik bei exogenem Anstoß aus Land zwei:

(6.21) $\quad \begin{bmatrix} \Omega_1(M_1) & \Omega_1(M_3) \\ \Omega_3(M_1) & \Omega_3(M_3) \end{bmatrix} \begin{bmatrix} \hat{M}_1 \\ \hat{M}_3 \end{bmatrix} = \begin{bmatrix} -\Omega_1(M_2)M_2 \\ -\Omega_3(M_2)M_2 \end{bmatrix}$

In diesem System werden die für eine Stabilisierung notwendigen geldpolitischen Maßnahmen endogen bestimmt. Die Determinante der Matrix ist bei dominanten direkten Geldmultiplikatoren positiv[7].

(6.22) $\quad D(\Omega) = \Omega_1(M_1)\Omega_3(M_3) - \Omega_1(M_3)\Omega_3(M_1) > 0$

Als "optimale kooperative" Politik in Land eins erhalten wir:

---

7) Diese Annahme bedeutet, daß die jeweilige Geldpolitik auf das Einkommen des eigenen Landes stärker wirkt, als auf das Einkommen eines anderen Landes ($|\Omega_j(M_j)| > |\Omega_j(M_k)|$).

(6.23) $D(M_1,M_2) = [-\Omega_1(M_2)\Omega_3(M_3) + \Omega_3(M_2)\Omega_1(M_3)]\hat{M}_2$

(6.24) $\hat{M}_1^* = D(M_1,M_2)/D(\Omega)$

Die "optimale kooperative" Politik des Landes drei ergibt sich als:

(6.25) $D(M_3,M_2) = [-\Omega_1(M_1)\Omega_3(M_2) + \Omega_3(M_1)\Omega_1(M_2)]\hat{M}_2$

(6.26) $\hat{M}_3^* = D(M_3,M_2)/D(\Omega)$

Innerhalb des beschriebenen Systems existiert also ein optimaler Politikvektor für eine bestimmte Parameterkonstellation, der, - wenn er von beiden simultan beachtet wird - das kurzfristige wirtschaftspolitische Ziel in beiden Ländern vollständig erreichen läßt. Jede andere Konstellation wirtschaftspolitischer Maßnahmen ist keine optimale Lösung. Innerhalb des definierten Modellrahmens und der beschriebenen wirtschaftspolitischen Zielsetzung ist eine solche kooperative Lösung für die Länder eins und drei die einzige First-Best-Lösung. Beide Regierungen sind in der Lage, durch eine bilaterale Absprache eine Abschirmung des aus Land zwei überschwappenden Effektes auf ihre eigenen Länder zu gewährleisten. Die Störung kann in beiden Ländern vollständig neutralisiert werden. Eine (im Rahmen des Modells) rationale Politik würde unter der definierten Zielsetzung die beschriebene geldpolitische Kooperation als optimale Maßnahmen wählen.

Die "Kosten" für diesen Erfolg sind jedoch augenscheinlich. Beide Länder müssen eine genau definierte abgestimmte Geldpolitik betreiben. Beide Länder verlieren damit die Geldpolitik als national verfügbares wirtschaftspolitisches Instrument, denn diese wird bereits als Abschirmungsinstrument eingesetzt. Betrachten wir abermals die Zielabweichungstabellen der vorangegangenen Überlegungen, wird deutlich, daß nur innerhalb unserer eng modellierten wirtschaftspolitischen Zielsetzungen eine vollständige Stabilisierung mit dem Einsatz des geldpolitischen Instrumentariums tatsächlich gewählt würde.

Erweitern wir unser Blickfeld und bewerten entweder den Verlust des geldpolitischen Freiheitsgrades oder etwaige längerfristige destabilisierende Effekte kurzfristig diskretionärer Politik, wird insbesondere die Free Rider Position attraktiv, die im zweiten Fall dargestellt wurde. Würde ein Land in eine solche Position gelangen, könnte es zwar keine vollständige Stabilisierung jedoch stabilisierende Effekte genießen, ohne sein geldpolitisches Instrumentarium einsetzen zu müssen. Der Kooperationsanreiz erscheint daher in einer solchen Situation wesentlich verringert. Da demgegenüber im ersten der beschriebenen Fälle wirtschaftspolitische Aktivität einer passiven Strategie immer vorgezogen wird, ist für diese Situation eine Kooperation eher wahrscheinlich. Gefragt wird in diesem Fall nicht, ob überhaupt Aktivitäten entfaltet werden sollen, sondern lediglich welche Art der Aktivität Erfolg versprechend ist. Da sich hierfür die kooperative Lösung anbietet, kann die Kooperationsneigung als relativ hoch eingeschätzt werden.

6.3 Abschirmung durch bilaterale Wechselkursfixierung?

Abschließend wollen wir die Problematik einer Politik der bilateralen Wechselkursfixierung als Stabilisierungsinstrument erörtern. Die Frage lautet: Wie sind bilaterale Wechselkursfixierungen [Wechselkurszielzonen oder begrenzte Währungsgebiete[8]] als Abschirmungsinstrument vor destabilisierenden außenwirtschaftlichen Übertragungseffekten zu bewerten? Wie bereits erwähnt, wird eine aktive Wechselkurspolitik als Stabilisierungsinstrument zunehmend in Betracht gezogen und in der Literatur diskutiert[9]. In der hier beschriebenen Situation, in der Land zwei grundsätzlich als automon handelnder Akteur auftritt, wollen wir erörtern, ob eine bilaterale Wechselkursfixierung der Länder eins und drei die stabilitätspolitische Zielsetzung einer Neutralisierung des Anstoßes aus dem zweiten Land gewährleisten kann.

Da eine dauerhafte Kursstabilisierung nur durch eine entsprechende, den Wechselkurs fixierende Geldpolitik möglich ist, können wir diese Diskussion auf der Basis des bestehenden Modells und seiner Ergebnisse führen. Auf eine formale Stützung der Argumentation können wir verzichten, denn die Implikationen des Modells sind hinsichtlich dieser Problemstellung direkt zugänglich. Vier Punkte sollen besonders berücksichtigt werden:

1. Die Fixierung eines bilateralen Kurses (e_{13}) kann durch den Einsatz nur eines geldpolitischen Instrumentes erfolgen. Aber auch ein kombinierter Mitteleinsatz von Land eins und Land drei ist denkbar. Nach einer Gleich-

---

8) Der Begriff Währungsgebiet soll dabei lediglich eine Zone fester Wechselkurse umschreiben. Unter diesem Aspekt kann auch die Fixierung von Zielzonen als eine Art Währungszone verstanden werden.
9) Siehe hierzu die Anmerkungen in Abschnitt 1.

gewichtsstörung in Land zwei ist also durch eine wohl definierte einseitige geldpolitische Maßnahme des Landes eins oder drei, oder durch eine Kombination beider Aktivitäten die gewünschte Kursstabilisierung erzielbar.

2. Unter dieser Bedingung kann die bilaterale Kursfixierungspolitik nur durch reinen Zufall mit dem Vektor der optimalen Abschirmungspolitik identisch sein. Denn es gibt nur eine, im Sinne vollkommener Abschirmung beider Länder, optimale geldpolitische Reaktion auf eine expansive Offen-Markt-Operation in Land zwei. Diese optimale geldpolitische Reaktion berücksichtigt nicht nur den einen bilateralen Wechselkurseffekt sondern alle Kanäle außenwirtschaftlicher Interdependenzen. Zu diesen zählen die Zinsinterdependenzen, die ihrerseits Zinsmultiplikatoren erzeugen und sich mit deren Primär- und Sekundäreffekten auf alle Länder übertragen. Darüber hinaus entstehen drei Wechselkursreaktionen, die zum Teil entgegengerichtet wirken. Auch diese werden in ihrer Nettowirkung auf die Länder eins und drei mit Hilfe der "optimalen kooperativen" Politik neutralisiert. Nur diese Politik berücksichtigt also die Komplexität und die Wechselwirkungen aller internationalen Transmissionsmechanismen simultan.

Der bilaterale Wechselkurs e_{13} jedoch ist nur einer von vielen Transmissionsriemen. Eine Fixierung dieses Kurses bedeutet damit lediglich die "Schließung" eines dieser zahlreichen Übertragungskanäle. Eine generelle Stabilisierung kann also mit einer solchen bilateralen Wechselkursstabilisierung kaum erreicht werden.

3. Trotz dieser Argumentation können wir Situationen konstruieren, in denen die bilaterale Kursfixierung im Rahmen des kurzfristigen Stabilisierungsziels durchaus

als sinnvolle Second-Best-Politik betrachtet werden kann. Die Realisierung der optimalen Stabilisierungspolitik erfordert genaue Kenntnisse über das zugrundeliegende Modell, die genauen Wirkungsmechanismen und die Größe der Multiplikatoren des Systems. Darüber hinaus muß überhaupt zunächst eine Einigung auf ein gemeinsames Modell erfolgen. In realen Situationen stellt dies die Entscheidungsträger vor kaum lösbare Probleme. Real wird eine First-Best-Lösung kaum erreicht werden können. Es stellt sich damit die Frage, ob die Erfolgsaussichten einer praktikableren Second-Best-Politik, die lediglich einen Ausschnitt des komplexen Systems berücksichtigt, erfolgversprechend sein kann. Diese Frage ist unter bestimmten Umständen zu bejahen. Wenn die wesentlichen destabilisierenden Effekte in Land eins und drei von den Veränderungen ihres bilateralen Wechselkurses ausgehen, könnte eine Fixierung dieses Kurses einen wichtigen Beitrag zur Gesamtstabilisierung leisten. Voraussetzung ist jedoch, daß alle anderen Übertragungseffekte, also die übrigen bilateralen Wechselkurs- und Zinseffekte, eine hinreichend geringe Bedeutung haben. Ein weiterer Vorteil einer solchen Politik bestünde darin, daß die Kursfixierung unter Verwendung nur einer geldpolitischen Maßnahme erreichbar ist, und somit die Geldpolitik des anderen Landes als wirtschaftspolitisches Instrument verfügbar bleibt.

4. Neben diesen Überlegungen muß jedoch klar darauf hingewiesen werden, daß bei größerer Bedeutung der Zinseffekte und der Einflüsse der beiden anderen bilateralen Wechselkurse die Fixierung von e_{13} keineswegs zur Einkommensstabilisierung in diesen beiden Länder beitragen muß. Auch destabilisierende Folgen sind denkbar.

Wir können also keine zusammenfassende generelle Empfehlung für oder gegen eine bilaterale Festschreibung der Wechselkurse in einem solchen Drei-Länder-Modell aussprechen. Weder ein bilateral fester Wechselkurs innerhalb eines Regimes eines begrenzten Währungsgebietes oder einer Wechselkurszielzone noch ein völlig flexibles Wechselkurssystem können eine automatische Abschirmung vor Störungen außerhalb des Kooperationsgebietes garantieren. Erst die spezifische Parameterkonstellation gibt Auskunft über die relative Bedeutung der einzelnen Übertragungsmechanismen und damit über die Chancen einer partiell ausgerichteten Politik wie der eines begrenzten Währungsgebietes.

7 Zusammenfassung und Schlußbemerkung

Vor dem Hintergrund neuerer Entwicklungen der Wechselkurstheorie und den Erfahrungen mit dem System flexibler Wechselkurse erscheint eine Wiederbelebung der Diskussion über die makroökonomischen internationalen Transmissionswege und Interdependenzen erforderlich. Dies gilt umso mehr, als daß parallel zum Wandel in der Wechselkurstheorie auch der Interdependenzbegriff von der strukturellen Interdependenz um die Ebene der wirtschaftspolitischen Aktionsinterdependenz ausgeweitet wurde.

Beide Ebenen, die Ebene der strukturellen Interdependenz und die Ebene der Aktionsinterdependenz sind Gegenstand der in diesem Beitrag vorgenommenen Überlegungen.

Im Bereich der strukturellen Interdependenz ist die traditionelle Begrenzung der Untersuchungen auf Zwei-Länder-Modelle als bedeutende Einschränkung der Allgemeinheit der Modellergebnisse zu kritisieren. Die Analyse der zusätzlichen Effekte einer Mehr-Länder-Betrachtung bilden daher einen Schwerpunkt dieses Beitrags.

Die in dieser Hinsicht gestellte Frage lautet: Welche direkten und indirekten Transmissionswege übertragen eine exogene Störung in einem Land auf die einzelnen anderen Länder?

Diese Frage wird innerhalb eines kurzfristigen, kompletten Drei-Länder-Modells beantwortet. Dieses Modell umfaßt ein Periodenanfangs-Finanzmarktgleichgewicht sowie ein Gütermarktgleichgewicht, mit dem die realwirtschaftlichen Wirkungen der Finanzmarktreaktionen untersucht werden.

Als exogene Störung der Weltmarktgleichgewichte wird eine
expansive Offen-Markt-Operation in einem der drei Länder
(Land zwei) betrachtet. Diese expansive geldpolitische
Maßnahme löst auf den Finanzmärkten sofort Zins- und
Wechselkursreaktionen aus. Die Zinsreaktionen sind überall
gleichgerichtet. Es entsteht weltweit eine Tendenz
zur Zinssenkung. Für die Wechselkursreaktionen besteht
diese Eindeutigkeit nicht. Während das expansive Land
(Land zwei) erwartungsgemäß gegenüber beiden anderen
Ländern (Land eins und drei) abwertet, ist die Reaktion
des Kreuzkurses zwischen Land eins und drei völlig offen.
Aufgrund der Kursarbitrage wird dieser von den relativen
Aufwertungen der Länder eins und drei gegenüber Land zwei
bestimmt und ist damit allein von der Parameterkonstellation
abhängig. Eines dieser beiden Länder wird also
nicht nur gegenüber Land zwei aufwerten, sondern zusätzlich
gegenüber dem anderen Land abwerten. Damit ist z.B.
die Richtung der Effektivkursentwicklung für dieses Land
allgemein nicht festlegbar.

Diese Zins- und Wechselkurseffekte übertragen sich nun
auch auf die Gütermärkte. Während die Zinseffekte das
Absorptionsniveau beeinflussen und weltweit zu einer
Nachfrageexpansion führen, bestimmen die Wechselkurseffekte
via Terms of Trade-Reaktion die Änderungen der
weltweiten Absorptionsstruktur. Da wir aus Vereinfachungsgründen
eine simple keynesianische Gütermarktsituation
unterstellt haben, werden die Einkommen ausschließlich
von der Nachfrage determiniert.

Damit können wir eine erste konditionale Aussage treffen:
Sind die Zinseffekte generell bedeutender als die Wechselkurseffekte,
d.h. ist die Absorptionsstrukturentscheidung
gegenüber der Absorptionsniveauentscheidung relativ
unbedeutend, wird die globale Zinssenkungstendenz

weltweit und in jedem Land zu einer expansiven Einkommensentwicklung führen. Sind dagegen die Wechselkurseffekte relativ zu den Zinseffekten bedeutsamer, können in den einzelnen Ländern sehr unterschiedliche Einkommensentwicklungen entstehen.

Während im geldpolitisch expansiven Land zwei die Abwertungen gegenüber den beiden anderen Ländern die Zinseffekte unterstützen, wirken genau diese Abwertungen für die Länder eins und drei den Zinseffekten in diesen beiden Ländern entgegen. Unterstellen wir, daß die Kreuzkursreaktion zwischen Land eins und Land drei zu einer Abwertung des Landes eins geführt hat, gilt für Land eins folgender Zusammenhang: Ist die Wirkung der bilateralen Abwertung gegenüber Land drei relativ zur Aufwertung gegenüber Land zwei so unbedeutend, daß diese Aufwertung die Abwertungs- und Zinswirkungen überkompensiert, wird eine kontraktive Einkommensreaktion des Landes eins entstehen. Ist dagegen die Abwertung gegenüber Land drei hinreichend bedeutend, so daß die Zins- und Abwertungseffekte die Aufwertung gegenüber Land zwei überkompensieren, erfolgt eine expansive Einkommensentwicklung in Land eins. Die Einkommensreaktion des Landes eins ist also entscheidend von den relativen Wechselkursreaktionen und deren Wirkung abhängig. Diese Ergebnisse unterscheiden sich von den Resultaten der traditionellen Zwei-Länder-Modelle erheblich. Die Wirkung des Kreuzkurseffekts, die in Land eins zu einer expansiven Reaktion führt, bleibt dort unberücksichtigt. Da dies eine qualitative Veränderung der Effekte bewirken kann, ist diese Einschränkung der Zwei-Länder-Modelle nicht unbedeutend.

Das Bild für Land drei ist etwas einfacher zu zeichnen. Da Land drei gegenüber Land zwei und annahmegemäß auch gegenüber Land eins aufwertet, haben die Wechselkursreaktionen einen gleichgerichteten kontraktiven Effekt. Es sind also lediglich die expansiven Wirkungen der Zinseffekte den kontraktiven Wirkungen der Wechselkurseffekte gegenüberzustellen. Dominieren die Wirkungen der Wechselkursreaktionen, werden die Aufwertungen gegenüber beiden anderen Ländern eine kontraktive Einkommensentwicklung in Land drei induzieren.

Auf der Basis der beschriebenen strukturellen Interdependenzmechanismen lassen sich direkt einige Implikationen für die Aktionsinterdependenzen diskutieren. Zwei weitere Fragestellungen stehen im Vordergrund dieser Überlegungen:

1. Gibt es für ein einzelnes isoliert agierendes Land wirtschaftspolitische Möglichkeiten zur Abwehr von Störungen aus dem Ausland?

Diese Frage einer nationalen Abschirmungsmöglichkeit ist deshalb interessant, weil die Neutralisierung einer externen Störung die Erfolgschancen einer nationalen Wirtschaftspolitik, die den nationalen Spezifika und Erfordernissen angepaßt ist, verbessern könnte.

Definieren wir also ein "isoliert" agierendes Land als ein Land, das eigene wirtschaftspolitische Maßnahmen, ohne Berücksichtigung von möglichen simultanen Aktionen oder Reaktionen anderer trifft, ist eine erfolgreiche Abschirmungspolitik - auf der Basis des hier diskutierten Modellrahmens - wenig wahrscheinlich. Die Reaktionssimultanität von Maßnahmen, die unter der Prämisse einer isolierten Wirkungsmöglichkeit getroffen werden, konterkariert die gewünschte Wirkung der Politik. Dieser Befund führt uns direkt zur zweiten Frage:

Sind zwei der drei Länder durch bilaterale Kooperation in der Lage auf eine exogene Störung aus Land zwei so zu reagieren, daß jedes dieser Länder für sich von diesem Anstoß abgeschirmt wird?

Diese Frage können wir in drei Teilen zu beantworten versuchen: 1. Auf der Basis des Modells läßt sich eine bilaterale "optimale" kooperative Politik bestimmen, die in beiden kooperierenden Ländern eine vollständige Neutralisierung der von außen kommenden Störung garantiert. Dies ist die First Best Lösung des Abschirmungsproblems. Die "Kosten" dieser Problemlösung sind eine genau definierte, abgestimmte Geldpolitik in beiden Ländern und damit der Verlust der Geldpolitik als nationales wirtschaftspolitisches Instrument. Auch langfristige Wirkungen der Politikmaßnahmen bleiben innerhalb des kurzfristigen Modellrahmens unberücksichtigt.

2. Über die genannten Probleme hinaus erscheint insbesondere auch die Möglichkeit einer Free Rider Position, die bei bestimmten Parameterkonstellationen gegeben ist, die Kooperationsbereitschaft, des Trittbrettfahrers zu mindern. In einer solchen Situation wirkt die Abschirmungspolitik des einen Landes simultan auch auf das andere Land stabilisierend. Ohne das eigene geldpolitische Instrumentarium einsetzen zu müssen, kommt das wirtschaftspolitisch passive Land in den Genuß der Stabilisierungspolitik des Nachbarn. Die Ausnutzung der Free Rider Position ist damit zwar im Sinne des Ziels vollständiger Abschirmung keine First Best Lösung, aber als Second Best Lösung durchaus attraktiv, denn das geldpolitische Instrument bleibt verfügbar.

3. Auch die einfache bilaterale Kursfixierung zwischen Land eins und Land drei kann als eine erfolgversprechende Second Best Politik eingesetzt werden. Auch diese Politik hat den Vorteil, daß nicht die Geldpolitik beider Länder simultan eingesetzt werden muß. Voraussetzung für eine Stabilisierung beider Länder durch einfache bilaterale Kursfixierung ist jedoch, daß von der Vielzahl der internationalen Transmissionswege der bilaterale Wechselkurs zwischen Land eins und Land drei eine dominierende Wirkung hat, daß also alle übrigen Zins- und bilateralen Wechselkurseffekte eine hinreichend untergeordnete Rolle spielen.

Anhang

Anhang 1

Bestimmung der Aktivanachfragen auf der Basis eines Mitelwert-Varianz-Modells:

Das Optimierungsproblem des Haushaltes lautet:

(3.29a) $\max U(\bar{W}_J) + (1/2)U''\sigma(\bar{W}_J)^2$

(3.29b) $W_J = M_J + q_J B_{JJ} + e_{JK} q_K B_{JK} = (m_J + b_{JJ} + b_{JK})W_J$

Hieraus läβt sich folgende Lagrangefunktion definieren

(3.30) $L = U(\bar{W}_J) + (1/2)U''\sigma(\bar{W}_J)^2 - \lambda[(m_J+b_{JJ}+b_{JK})W_J - W_J]$

Als Bedingungen erster Ordung für ein Maximum erhalten wir:

(3.31) $\partial L/\partial m_J = U'W_J - \lambda W_J = 0$

(3.32) $\partial L/\partial b_{JJ} = U'[1+r_{JJ}]W_J + U''[b_{JJ}\sigma(\bar{q}_{JJ})^2$
$+ b_{JK}\text{cov}(\bar{q}_J,\bar{q}_K)](W_J)^2 - \lambda W_J = 0$

(3.33) $\partial L/\partial b_{JK} = U'(1+r_{JK})W_J + U''[b_{JK}[\sigma(\bar{q}_K)^2 + \sigma(\bar{e}_{JK})^2]$
$+ b_{JJ}\text{cov}(\bar{q}_J,\bar{q}_K)](W_J)^2 - \lambda W_J = 0$

(3.34) $\partial L/\partial \lambda = (m_J+b_{JJ}+b_{JK})W_J - W_J = 0$

Definieren wir den Korrelationskoeffizienten und vereinfachen die Schreibweise durch die Definition zweier weiterer Koeffizienten c_1 und c_2

(3.35) $\quad \rho(\tilde{\tilde{q}}_J,\tilde{\tilde{q}}_k) = \text{cov}(\tilde{\tilde{q}}_J,\tilde{\tilde{q}}_k)/\sigma(\tilde{\tilde{q}}_J)\sigma(\tilde{\tilde{q}}_k)$

(3.36) $\quad 0 < \rho < 1$

(3.37a) $\quad c_1 = [1 + \sigma(\tilde{\tilde{e}}_{Jk})^2/\sigma(\tilde{\tilde{q}}_k)^2]$, $\quad 1 < c_1$

(3.37b) $\quad c_2 = (1 - \dfrac{\rho(\tilde{\tilde{q}}_J,\tilde{\tilde{q}}_k)^2}{(1+\sigma(\tilde{\tilde{e}}_{Jk})^2/\sigma(\tilde{\tilde{q}}_k)^2)})$, $\quad 0 < c_2 < 1$

erhalten wir unter Berücksichtigung der Definition des Arrow-Pratt Koeffizinet

$$R_R = - W_J U''/U'$$

aus den Bedingungen erster Ordnung:

$$-r^{JJ} + R_R[b^{JJ}\sigma(\tilde{\tilde{q}}_J)^2 + b_{Jk}\text{cov}(\tilde{\tilde{q}}_J,\tilde{\tilde{q}}_k)] = 0$$

$$-r_{Jk} + R_R[b_{Jk}\sigma(\tilde{\tilde{q}}_k)^2 c_1 + b_{JJ}\text{cov}(\tilde{\tilde{q}}_J,\tilde{\tilde{q}}_k)] = 0$$

Lösen wir nach b_{JJ} und b_{Jk} auf erhalten wir:

$$b_{JJ} = [r_{JJ} - R_R b_{Jk}\text{cov}(\tilde{\tilde{q}}_J,\tilde{\tilde{q}}_k)]/R_R\sigma(\tilde{\tilde{q}}_J)^2$$

$$= r_{JJ}/R_R\sigma(\tilde{\tilde{q}}_J)^2 - b_{Jk}\text{cov}(\tilde{\tilde{q}}_J,\tilde{\tilde{q}}_k)/\sigma(\tilde{\tilde{q}}_J)^2$$

$$b_{Jk} = [r_{Jk} - R_R b_{JJ}\text{cov}(\tilde{\tilde{q}}_J,\tilde{\tilde{q}}_k)]/R_R\sigma(\tilde{\tilde{q}}_k)^2 c_1$$

$$= r_{Jk}/R_R\sigma(\tilde{\tilde{q}}_k)^2 c_1 - b_{JJ}\text{cov}(\tilde{\tilde{q}}_J,\tilde{\tilde{q}}_k)/\sigma(\tilde{\tilde{q}}_k)^2 c_1$$

Durch Substitution von b_{jk} erhalten wir für b_{jj}:

$$b_{jj} = \frac{r_{jj}}{R_R \sigma(\tilde{\tilde{q}}_j)^2} - \frac{[r_{jk} - R_R b_{jj} \text{cov}(\tilde{\tilde{q}}_j, \tilde{\tilde{q}}_k)] \text{cov}(\tilde{\tilde{q}}_j, \tilde{\tilde{q}}_k)}{R_R \sigma(\tilde{\tilde{q}}_j)^2 \sigma(\tilde{\tilde{q}}_k)^2 c_1}$$

$$b_{jj} = \frac{r_{jj}}{c_2 R_R \sigma(\tilde{\tilde{q}}_j)^2} - \frac{r_{jk} \text{cov}(\tilde{\tilde{q}}_j, \tilde{\tilde{q}}_k)}{c_2 R_R \sigma(\tilde{\tilde{q}}_j)^2 \sigma(\tilde{\tilde{q}}_k)^2 c_1}$$

(3.38) $\quad b_{jj} = \dfrac{1/q_j}{c_2 R_R \sigma(\tilde{\tilde{q}}_j)^2} - \dfrac{(1/q_k) \rho(\tilde{\tilde{q}}_j, \tilde{\tilde{q}}_k)}{c_2 R_R \sigma(\tilde{\tilde{q}}_j) \sigma(\tilde{\tilde{q}}_k) c_1}$

(3.39a) $\quad \partial b_{jj}/\partial q_j = -(1/q_j)^2/c_2 R_R \sigma(\tilde{\tilde{q}}_j)^2 < 0$

(3.39b) $\quad \partial b_{jj}/\partial q_k = \dfrac{(1/q^k)^2 \rho(\tilde{\tilde{q}}_j, \tilde{\tilde{q}}_k)}{c_2 R_R \sigma(\tilde{\tilde{q}}_j) \sigma(\tilde{\tilde{q}}_k) c_1} > 0$

(3.40) $\quad b_{jj} = b_{jj}(q_j, q_k, \sigma(\tilde{\tilde{q}}_j), \sigma(\tilde{\tilde{q}}_k), \sigma(\tilde{\tilde{e}}_{jk}), \rho(\tilde{\tilde{q}}_j, \tilde{\tilde{q}}_k), R_R)$

$\phantom{(3.43a) \quad b_{jj} = b_{jj}(}- +$

(3.43a) $\quad b_{jj} = b_{jj}(q_j, q_k)$

$\phantom{(3.46) \quad B^D_{jj} = b_{jj}(}- +$

(3.46) $\quad B^D_{jj} = b_{jj}(q_j, q_k) W_j$

Ähnlich wie bei der Bestimmung von b_{jj} können wir nun
auch b_{jk} herleiten. wir erhalten wieder durch Umformung
aus den Bedingungen erster Ordnung :

$$b_{jj} = [r_{jj} - R_R b_{jk} \text{cov}(\tilde{\tilde{q}}_j, \tilde{\tilde{q}}_k)]/R_R \sigma(\tilde{\tilde{q}}_j)^2$$

$$= r_{jj}/R_R \sigma(\tilde{\tilde{q}}_j)^2 - b_{jk} \text{cov}(\tilde{\tilde{q}}_j, \tilde{\tilde{q}}_k)/\sigma(\tilde{\tilde{q}}_j)^2$$

$$b_{jk} = [r_{jk} - R_R b_{jj} \text{cov}(\tilde{\tilde{q}}_j, \tilde{\tilde{q}}_k)]/R_R \sigma(\tilde{\tilde{q}}_k)^2 c_1$$

$$= r_{jk}/R_R \sigma(\tilde{\tilde{q}}_k)^2 c_1 - b_{jj} \text{cov}(\tilde{\tilde{q}}_j, \tilde{\tilde{q}}_k)/\sigma(\tilde{\tilde{q}}_k)^2 c_1$$

Durch Substitution von b_{jj} erhalten wir für b_{jk}:

$$b_{jk} = \frac{r_{jk}}{R_R \sigma(\tilde{\tilde{q}}_k)^2 c_1} - \frac{[r_{jj} - R_R b_{jk} \cos(\tilde{\tilde{q}}_j, \tilde{\tilde{q}}_k)] \cos(\tilde{\tilde{q}}_j, \tilde{\tilde{q}}_k)}{R_R \sigma(\tilde{\tilde{q}}_j)^2 \sigma(\tilde{\tilde{q}}_k)^2 c_1}$$

$$b_{jk} = \frac{r_{jk}}{c_2 R_R \sigma(\tilde{\tilde{q}}_k)^2 c_1} - \frac{r_{jj} \cos(\tilde{\tilde{q}}_j, \tilde{\tilde{q}}_k)}{c_2 R_R \sigma(\tilde{\tilde{q}}_j)^2 \sigma(\tilde{\tilde{q}}_k)^2 c_1}$$

(3.44) $\quad b_{jk} = \dfrac{1/q_k}{c_2 R_R \sigma(\tilde{\tilde{q}}_k)^2 c_1} - \dfrac{(1/q_j)\rho(\tilde{\tilde{q}}_j, \tilde{\tilde{q}}_k)}{c_2 R_R \sigma(\tilde{\tilde{q}}_j) \sigma(\tilde{\tilde{q}}_k) c_1}$

(3.45a) $\quad \partial b_{jk} / \partial q_k = -(1/q_k)^2 / c_2 R_R \sigma(\tilde{\tilde{q}}_j)^2 < 0$

(3.45b) $\quad \partial b_{jk} / \partial q_j = \dfrac{(1/q_j)^2 \rho(\tilde{\tilde{q}}_j, \tilde{\tilde{q}}_k)}{c_2 R_R \sigma(\tilde{\tilde{q}}_j) \sigma(\tilde{\tilde{q}}_k) c_1} > 0$

(3.46) $\quad b_{jk} = b_{jk}(q_j, q_k, \sigma(\tilde{\tilde{q}}_j), \sigma(\tilde{\tilde{q}}_k), \sigma(\tilde{e}_{jk}), \rho(\tilde{\tilde{q}}_j, \tilde{\tilde{q}}_k), R_R)$

$\phantom{(3.47) \quad b_{jk} = b_{jk}(}+-$

(3.47) $\quad b_{jk} = b_{jk}(q_j, q_k)$

$\phantom{(3.49) \quad B_{jk}^D = b_{jk}(}+-$

(3.49) $\quad B_{jk}^D = b_{jk}(q_j, q_k) W_j$

Nach der Bestimmung der optimalen Wertpapieranteile am Vermögen ergibt sich die Geldnachfrage direkt aus der Vermögensrestriktion:

$$m_j = 1 - b_{jj} - b_{jk}$$

(3.50) $\quad m_j = 1 - \dfrac{1}{c_2 R_R \sigma(\tilde{\tilde{q}}_j)^2 \sigma(\tilde{\tilde{q}}_k)^2 c_1}$

$\qquad [(1/q_k)\sigma(\tilde{\tilde{q}}_j)^2 + (1/q_j)\sigma(\tilde{\tilde{q}}_k)^2 c_1$

$\qquad - [(1/q_j) + (1/q_k)]\rho(\tilde{\tilde{q}}_j, \tilde{\tilde{q}}_k)\sigma(\tilde{\tilde{q}}_j)\sigma(\tilde{\tilde{q}}_k)]$

(3.51a) $\quad \partial m_j / \partial q_j = \dfrac{(1/q_j)^2 [\sigma(\tilde{\tilde{q}}_k)^2 c_1 - \rho(\tilde{\tilde{q}}_j, \tilde{\tilde{q}}_k)\sigma(\tilde{\tilde{q}}_j)\sigma(\tilde{\tilde{q}}_k)]}{c_2 R_R \sigma(\tilde{\tilde{q}}_j)^2 \sigma(\tilde{\tilde{q}}_k)^2 c_1}$

(3.51b) $\partial m_J/\partial q_k = \dfrac{(1/q_k)^2\,[\sigma(\tilde{\hat{q}}_J)^2 - \rho(\tilde{\hat{q}}_J,\tilde{\hat{q}}_k)\sigma(\tilde{\hat{q}}_J)\sigma(\tilde{\hat{q}}_k)]}{c_2 R_R \sigma(\tilde{\hat{q}}_J)^2 \sigma(\tilde{\hat{q}}_k)^2 c_1}$

(3.52) $m_J = m_J(q_J, q_k, \sigma(\tilde{\hat{q}}_J), \sigma(\tilde{\hat{q}}_k), \sigma(\tilde{\hat{e}}_{Jk}), \rho(\tilde{\hat{q}}_J,\tilde{\hat{q}}_k), R_R)$

$+\ \ +$
(3.53) $m_J = m_J(q_J, q_k)$

$+\ \ +$
(3.55) $M_J^D = m_J(q_J, q_k) W_J$

Als Adding Up Restriktionen erhalten wir:

(3.56a) $m_J(q_J, q_k) + b_{JJ}(q_J, q_k) + b_{Jk}(q_J, q_k) = 1$

(3.56b) $m_J \mu(q_J)_J + b_{JJ} \beta(q_J)_{JJ} + b_{Jk} \beta(q_J)_{Jk} = 0$

(3.56c) $m_J \mu(q_k)_J + b_{JJ} \beta(q_k)_{JJ} + b_{Jk} \beta(q_k)_{Jk} = 0$

Anhang 2

Anhang 2A

Bestimmung der Finanzmarktreaktionen bei einer Offen-Markt-Operation des ersten Landes:

Die Bestimmung der Wirkung einer Offen-Markt-Operation des ersten Landes, kann nach dem gleichen Muster erfolgen wie bei der Bestimmung der Offen-Markt-Operation des zweiten Landes. Aus der Definition der Offen Markt Operation erhalten wir:

$$dM_1 = -q_1(dB_{11}) \quad , \quad M_1\hat{M}_1 = -q_1 B_{11}\hat{B}_{11}$$

$$m_1\hat{M}_1 = -b_{11}\hat{B}_{11} \quad , \quad \hat{B}_{11} = -(m_1/b_{11})\hat{M}_1$$

Die beiden Geldmarktgleichgewichte beschreiben sich als:

$$\hat{M}_1 = \mu(q_1)_1 \hat{q}_1 + \mu(q_2)_1 \hat{q}_2 + \hat{W}_1$$

$$\hat{M}_2 = \mu(q_2)_2 \hat{q}_2 + \hat{W}_2 \quad , \quad \hat{M}_2 = 0$$

Als Bondmarktgleichgewicht für den Bond des ersten Landes erhalten wir:

$$(\hat{q}_1 + \hat{B}_{11}) = \beta(q_1)_{11}\hat{q}_1 + \beta(q_2)_{11}\hat{q}_2 + \hat{W}_1$$

Mit den beiden Vermögensrestriktionen ist das System erneut volständig definiert. $dB_{12} = dB_{22} = dM_2 = 0$

$$\hat{W}_1 = m_1\hat{M}_1 + b_{11}(\hat{q}_1 + \hat{B}_{11}) + b_{12}(\hat{e}_{12} + \hat{q}_2 + \hat{B}_{12})$$

$$\hat{W}_2 = m_2\hat{M}_2^* + b_{22}(\hat{B}_{22} + \hat{q}_2)$$

Da die Offen-Markt-Operation des Landes eins die Finanzmärkte des Landes zwei nicht berührt, reagiert auch der Bondpreis zwei nicht:

$$\hat{W}_2 = m_2 \hat{M}_2 + b_{22}(\hat{q}_2 + \hat{B}_{22})$$

$$\hat{M}_2 = \mu(q_2)_2 \hat{q}_2 + \hat{W}_2$$

$$\hat{M}_2 = \mu(q_2)_2 \hat{q}_2 + m_2 \hat{M}_2 + b_{22}(\hat{q}_2 + \hat{B}_{22})$$

$$\hat{q}_2 = ((1 - m_2)\hat{M}_2 - b_{22}\hat{B}_{22})/(\mu(q_2)_2 q_2 + b_{22}) = 0$$

Die Reaktion des Bondkurses des Landes zwei erhalten wir durch Kombination des Geldmarktes und des Bondmarktes diese Landes sowie durch Berücksichtigung der Definition der Offen-Markt-Operation.

$$(1 + m_1/b_{11})\hat{M}_1 =$$

$$(\mu(q_1)_1 - \beta(q_1)_{11} + 1)\hat{q}_1 + (\mu(q_2)_1 - \beta(q_2)_{11})\hat{q}_2$$

$$v(M_1)_1 = \hat{q}_1/\hat{M}_1 = \frac{(1 + m_1/b_{11})}{\underset{+}{(\mu(q_1)_1} - \underset{-}{\beta(q_1)_{11}} + 1)} > 0$$

Unter Berücksichtigung der Zinsreaktion erhalten wir erneut aus der Vermögensrestriktion und dem Geldmarktgleichgewicht die gleichgewichtige Wechselkursbewegung:

$$\hat{M}_1 = \mu(q_1)_1 \hat{q}_1 + \mu(q_2)_1 \hat{q}_2 + m_1 \hat{M}_1 + b_{11}(\hat{q}_1 + \hat{B}_{11}) + b_{12}(\hat{e}_{12} + \hat{q}_2)$$

$$\hat{M}_1 = (\mu(q_1)_1 + b_{11})v(M_1)_1 \hat{M}_1 + b_{12}\hat{e}_{12}$$

$$w(M_1)_{12} = \hat{e}_{12}/\hat{M}_1 = (1 - (\mu(q_1)_1 + b_{11})v(M_1)_1)/b_{12}$$

$$= -\frac{[\overset{+}{\mu(q_1)_1}(m_1/b_{11}) + \overset{-}{\beta(q_1)_{11}} - b_{12}]}{[\underset{+}{\mu(q_1)_1} - \underset{-}{\beta(q_1)_{11}} + 1]b_{12}} > 0$$

Anhang 2B

Bestimmung der Einkommensreaktionen bei einer Offen-Markt-Operation des ersten Landes:

Mit Hilfe der Ergebnisse der Finanzmarktreaktionen und unter Nutzung der Eigenschaften der partiellen Einkommensmultiplikatoren (x_{jk}), können wir auch die Einkommensreaktionen bei einer Offen-Markt-Operation des ersten Landes leicht bestimmen. Für Land eins erhalten wir:

(39) $\quad \Omega_1(M_1) = dY_1/\hat{M}_1$

$$= [\overset{+}{x_{11}}\overset{+}{n(q_1)_1} + \overset{+}{x_{12}}\overset{+}{n(q_1)_2}]\overset{+}{v(M_1)_1}$$

$$[\overset{+}{x_{11}}\overset{+}{n(e_{12})_1} + \overset{+}{x_{12}}\overset{+}{n(e_{12})_2}]w(M_1)_{12} > 0$$

Für die Einkommensreaktion des Landes zwei erhalten wir:

(40) $\quad \Omega_2(M_1) = dY_2/\hat{M}_1$

$$= [\overset{+}{x_{22}}\overset{+}{n(q_1)_2} + \overset{+}{x_{21}}\overset{+}{n(q_1)_1}]\overset{+}{v(M_1)_1}$$

$$[\overset{+}{x_{22}}\overset{-}{n(e_{12})_2} + \overset{+}{x_{21}}\overset{-}{n(e_{12})_1}]\overset{+}{w(M_1)_{12}} \gtreqless 0$$

Anhang 3

Anhang 3A

Beschreibung der Bondpreisreaktion des Landes eins:

Aus der Geld- und Bondmarkt Gleichgewichtsbedingung, erhalten wir als Ausgangsgleichung:

$$\hat{M}_1 - \hat{q}_1 - \hat{B}_{11} = (\mu(q_1)_1 - \beta(q_1)_{11})\hat{q}_1$$
$$+ (\mu(q_2)_1 - \beta(q_2)_{11})v(M_2)_2\hat{M}_2$$

Bei einer Offen-Markt-Operation, die auschließlichen in Land eins betrieben wird, erhalten wir aus dieser Gleichung sowie der Definition der Offen-Markt-Operation:

$$m_1\hat{M}_1 = -b_{11}\hat{B}_{11}, \quad \hat{B}_{11} = -(m_1/b_{11})\hat{M}_1$$

(5.45a) $\quad v(M_1)_1 = \hat{q}_1/\hat{M}_1 = (1 + \overset{+}{m_1}/\overset{-}{b_{11}})/(\mu(q_1)_1 - \beta(q_1)_{11} + 1) > 0$

Wird die Offen-Markt-Operation in Land zwei betrieben, erhalten wir:

(5.45b) $\quad v(M_2)_1 = \hat{q}_1/\hat{M}_2 = \dfrac{- (\overset{+}{\mu(q_2)_1} - \overset{+}{\beta(q_2)_{11}})}{(\underset{+}{\mu(q_1)_1} - \underset{-}{\beta(q_1)_{11}} + 1)(\underset{+}{\mu(q_2)_2} + b_{22})} > 0$

Bei den Vorzeichenbestimmung müssen wir uns wieder der
Annahme bediehnen, daß die Preielastizität der
Bondnachfrage höher ist als diejenige der Geldnachfrage.

Beschreibung der Bondpreisreaktion des Landes drei:

In gleicher Weise wie oben können wir auch die
Reaktionen des Preises des dritten Bonds beschreiben:
Aus der Geld- und Bondmarkt Gleichgewichtsbedingung,
erhalten wir als Ausgangsgleichung:

$$\hat{M}_3 - \hat{q}_3 - \hat{B}_{33} = (\mu(q_3)_3 - \beta(q_3)_{33})\hat{q}_3$$
$$+ (\mu(q_2)_3 - \beta(q_2)_{33})v(M_2)_3\hat{M}_2$$

Bei einer Offen-Markt-Operation, die auschließlichen in
Land drei betrieben wird, erhalten wir aus dieser
Gleichung sowie der Definition der Offen-Markt-
Operation:

$$m_3\hat{M}_3 = -b_{33}\hat{B}_{33}, \quad \hat{B}_{33} = -(m_3/b_{33})\hat{M}_3$$

(5.46c) $\quad v(M_3)_3 = \hat{q}_3/\hat{M}_3 = (1 + m_3/b_{33})/(\overset{+}{\mu(q_3)_3} - \overset{-}{\beta(q_3)_{33}} + 1) > 0$

Wird die Offen-Markt-Operation in Land zwei betrieben,
erhalten wir:

(5.46b) $\quad v(M_2)_3 = \hat{q}_3/\hat{M}_2 = \dfrac{-\overset{+}{(\mu(q_2)_3} - \overset{+}{\beta(q_2)_{33})}}{\underset{+}{(\mu(q_3)_3} - \underset{-}{\beta(q_3)_{33}} + 1)\underset{+}{(\mu(q_2)_2 + b_{22})}} > 0$

Anhang 3B

Bestimmung der Bedingung für eine Abwertung des Landes eins gegenüber Land drei:

$$w(M_2)_{13} = \hat{e}_{13}/\hat{M}_2 = \overline{w(M_2)_{12}} - \overline{w(M_2)_{32}} > 0$$

$$\overline{w(M_2)_{12}} > \overline{w(M_2)_{32}}$$

$$- [(\mu(q_1)_1 + b_{11})v(M_2)_1 + (\mu(q_2)_1 + b_{12})v(M_2)_2]/b_{12} >$$

$$- [(\mu(q_3)_3 + b_{33})v(M_2)_3 + (\mu(q_2)_3 + b_{32})v(M_2)_2]/b_{32}$$

$$\left[\left(\frac{\mu(q_1)_1 + b_{11}}{\mu(q_2)_1 + b_{12}}\right)\left(\frac{v(M_2)_1}{v(M_2)_2}\right) + 1\right]\left[\frac{\mu(q_2)_1 + b_{12}}{b_{12}}\right]v(M_2)_2 <$$

$$\left[\left(\frac{\mu(q_3)_3 + b_{33}}{\mu(q_2)_3 + b_{32}}\right)\left(\frac{v(M_2)_3}{v(M_2)_2}\right) + 1\right]\left[\frac{\mu(q_2)_3 + b_{32}}{b_{32}}\right]v(M_2)_2$$

(5.50) $\left[\left(\dfrac{\mu(q_1)_1 + b_{11}}{\mu(q_2)_1 + b_{12}}\right)\left(\dfrac{v(M_2)_1}{v(M_2)_2}\right) + 1\right]\left[\dfrac{\mu(q_2)_1}{b_{12}} + 1\right] <$

$$\left[\left(\frac{\mu(q_3)_3 + b_{33}}{\mu(q_2)_3 + b_{32}}\right)\left(\frac{v(M_2)_3}{v(M_2)_2}\right) + 1\right]\left[\frac{\mu(q_2)_3}{b_{32}} + 1\right]$$

Anhang 3C

Bestimmung der Einkommensreaktionen bei Offen-Markt-Operationen des Landes eins:

Bei der Vorzeichenbestimmung gehen wir in den hier behandelten Fällen stets davon aus, daß die Wechselkursreaktionen die Zinsreaktionen dominieren und daß gegenläufige Sekundäreffekte die Gesamtreaktion qualitativ nicht verändern. Für den Fall dominierender Zinsreaktionen sind die Ergebnisse ohnehin eindeutig.

Einkommensreaktion für Land eins:

$$dY_1 = [x_{11}n(M_1)_1 + x_{12}n(M_1)_2 + x_{13}n(M_1)_3]\hat{M_1}$$

$$\Omega_1(M_1) = dY_1/\hat{M_1}$$

$$= [\overset{+}{x_{11}n(q_1)_1} + \overset{+}{x_{12}n(q_1)_2} + \overset{+}{x_{13}n(q_1)_3}]\overset{+}{v(M_1)_1}$$

$$+ (\overset{+}{x_{11}n(e_{12})_1} + \overset{-}{x_{12}n(e_{12})_2})\overset{+}{w(M_1)_{12}}$$

$$+ (\overset{+}{x_{11}n(e_{13})_1} + \overset{-}{x_{13}n(e_{13})_3})\overset{+}{w(M_1)_{13}} > 0$$

Einkommensreaktion für Land zwei:

$$dY_2 = [x_{21}n(M_1)_1 + x_{22}n(M_1)_2 + x_{23}n(M_1)_3]\hat{M_1}$$

$$\Omega_2(M_1) = dY_2/\hat{M_1}$$

$$= [x_{22}n(q_1)_2 \overset{+}{+} x_{21}n(q_1)_1 \overset{+}{+} x_{23}n(q_1)_3]v(M_1)_1$$

$$+ (x_{22}n(e_{12})_2 \overset{+}{+} x_{21}n(e_{12})_2)w(M_1)_{12}$$

$$+ (x_{21}n(e_{13})_1 \overset{+}{+} x_{23}n(e_{13})_3)w(M_1)_{13} < 0$$

(signs above terms: +, +, +, +; −, +, +; +, −, +)

Einkommensreaktion für Land drei:

$$dY_3 = [x_{31}n(M_1)_1 + x_{32}n(M_1)_2 + x_{33}n(M_1)_3]\hat{M_1}$$

$$\Omega_3(M_1) = dY_3/\hat{M_1}$$

$$= [x_{33}n(q_1)_3 \overset{+}{+} x_{32}n(q_1)_2 \overset{+}{+} x_{31}n(q_1)_1]v(M_1)_1$$

$$+ (x_{31}n(e_{12})_1 \overset{+}{+} x_{32}n(e_{12})_2)w(M_1)_{12}$$

$$+ (x_{33}n(e_{13})_3 \overset{+}{+} x_{31}n(e_{13})_1)w(M_1)_{13} < 0$$

Bei einer Offen-Markt-Operation des dritten Landes erhalten wir:

Einkommensreaktion des Landes eins:

$$dY_1 = [x_{11}n(M_3)_1 + x_{12}n(M_3)_2 + x_{13}n(M_3)_3]\hat{M_3}$$

$$\Omega_1(M_3) = dY_1/\hat{M_3}$$

$$+ \overset{+}{[x_{11}n(q_3)_1} + \overset{+}{x_{12}n(q_3)_2} + \overset{+}{x_{13}n(q_3)_3}]\overset{+}{v(M_3)_3}$$

$$+ \overset{+}{(x_{11}n(e_{13})_1} + \overset{-}{x_{13}n(e_{13})_3})\overset{-}{w(M_3)_{13}}$$

$$+ \overset{-}{(x_{12}n(e_{32})_2} + \overset{+}{x_{13}n(e_{32})_3})\overset{+}{w(M_3)_{32}} < 0$$

Einkommensreaktion des Landes zwei:

$$dY_2 = [x_{21}n(M_3)_1 + x_{22}n(M_3)_2 + x_{23}n(M_3)_3]\hat{M_3}$$

$$\Omega_2(M_3) = dY_2/\hat{M_3}$$

$$+ \overset{+}{[x_{22}n(q_3)_2} + \overset{+}{x_{21}n(q_3)_1} + \overset{+}{x_{23}n(q_3)_3}]\overset{+}{v(M_3)_3}$$

$$+ \overset{+}{(x_{21}n(e_{13})_1} + \overset{-}{x_{23}n(e_{13})_3})\overset{-}{w(M_3)_{13}}$$

$$+ \overset{-}{(x_{22}n(e_{32})_2} + \overset{+}{x_{23}n(e_{32})_3})\overset{+}{w(M_3)_{32}} < 0$$

Einkommensreaktion des Landes drei:

$$dY_3 = [x_{31}n(M_3)_1 + x_{32}n(M_3)_2 + x_{33}n(M_3)_3]\hat{M_3}$$

$$\Omega_3(M_3) = dY_3/\hat{M_3}$$

$$+ \overset{+}{[x_{33}n(q_3)_3} + \overset{+}{x_{32}n(q_3)_2} + \overset{+}{x_{31}n(q_3)_1}]\overset{+}{v(M_3)_3}$$

$$+ \overset{-}{(x_{33}n(e_{13})_3} + \overset{+}{x_{31}n(e_{13})_1})\overset{-}{w(M_3)_{13}}$$

$$+ \overset{-}{(x_{32}n(e_{32})_2} + \overset{+}{x_{33}n(e_{32})_3})\overset{+}{w(M_3)_{32}} > 0$$

Summary

Due to a change in exchange rate theory and the experience with flexible exchange rates in the seventies and eighties a new discussion of international economic interdependences seemed necessary. Moreover, the discussion of interdependencies was expanded from pure structural aspects to the interdependence of political actions. In this thesis we are trying to discuss both of these aspects.

First, our contribution to structural interdependences is based on the criticism of traditional "small-" and "two-country-models". Conceptual symmetries between the countries like symmetric current account reactions are important restrictions of two-country-models. Therefore, a major intention is to analyse the additional effects of introducing more than two countries in a multi-country-system. Three problems of structural interdependeces in a multi-country-system are discussed: How are exogenous shocks in one country transmitted to the other countries? How restrictive is the implicit "composite country" assumption in two-country-models? What are the conditions for this assumption to be satisfied?

These issues are investigated in terms of a complete short-run three-country-model. Our three-country-model is briefly characterized by two submodels, an asset market model and a goods-market model: First, the world asset market model consists of six assets, every countries money and three different bonds. Each kind of bonds is issued in a different country and it is a substitut to every other sort of bonds as well as to every currency. Only one asset (the bond issued in country two) is internationally traded. The asset market dicissions are determined by a traditional portfoilio model with static expectations. Second, for the goods-markets, we assume a Keynesian situation. Every country produces a specific national product and the suplly of this product is perfectly elastic. The level of privat absorption depends on income, wealth and interest rates. Since prices are constant, the structure of absorption is determined only by exchange rates. The equilibrium is a "beginning-of-period-equilibrium".

An expansionary open-market-operation in one country (country two) is the exogeneous shock. The open-market-operation instantaneously induces through portfolio adjustments a world-wide decrease in interest rates and different exchange rate reactions. While country two devaluates unambigously towards country one and country three, the cross rate reaction between country one and country three is ambigous. Since the cross rate is determined by arbitrage transactions, it is depending on the relative devaluation of country two towards country one and country three. Therefore one country (e.g. country one) will not only revaluate towards country two, but also devaluate towards the third country. In country one the effective exchange rate reaction is ambiguous. Country two will devaluate and country three will revaluate. These asset market reactions are transmitted to the goods markets as follows.

The world-wide decline in interest rates will increase the level of absorption and the exchange rate reactions will change the structure of absorption. Since we assume Keynesian goods markets, national income in each country is demand determined.

These two effects imply the first result: If the increasing absorption due to decreasing interest rates is generally larger than exchange rate effects on absorption, income of every country increases. If structural (substitutional) effects of the exchange rate reactions are more important than the level effects of interest rate reactions, income adjustments are ambigous: The general devaluation of the currency of country two and revaluation of the currency of country three raises income in country two and lowers income in country three. This would also be the case for the "composite country" in traditional two-country-models. Country one however is revaluating towards country two and devaluating towards country three. Therefore income in country one may increase, if the bilateral trade relation between country one and two are relativly important. This last result is in contrast to traditional two-country-models. Effects of the cross rate between the currencies one and three, which may raise income in country one, do not exist in a two-country-world. This aspect is an important restriction of two-country-models.

With this in mind we can examine the implications of our expanded structural interdependences to the "interdependence of political actions". Two problems are discussed:

1. A separately operating country is not able to isolate national income from external shocks. In our three-country-world a country, that disregards simultaneous reactions of other countries, is not able to protect domestic income from destabilizing international transmissions. Only appropriate bilateral coordination of monetary policy will guarantee a complete neutralisation of an external shock in both cooperating countries. This "optimal cooperating policy" is the first-best-solution

of the stablization problem in each of the two country.
The costs of this policy is a loss in monetary autonomy.

2. We are able to identify situations where one country
is in a free rider position. After an external shock
stabilization policy in one country may also stabilize
income in the other country. Therefore the free rider
country gains from the neighbours stabilization policy
without having the costs of loosing monetary autonomy.
For this country there is an important incentive not to
cooperate. The chance for an "optimal cooperative policy"
decreases. The "free rider policy" is a good-second-best
policy.

Literaturverzeichnis

Adler, M. und
Dumas, B. (1983), International Portfolio Choice andCorporation Finance: A synthesis, Journal of Finance, Vol. 38, 1983 S.925-984.

Alexander, S.S. (1952), Effects of a Devaluation on a Trade Balance. IMF Staff Papers, 1952 S. 2ff.

Alexander, S.S. (1959), Effects of a Devaluation: A Simplified Synthesis of Elasticities and Absorption Approaches. American Economic Review. 1959 S. 49.

Allen, P.R. (1973), A Portfolio Approach to International Capital Flows, Journal of International Economics, Vol. 3, 1973 S.135-160.

Allen, P. R. und
Kenen, P. B. (1980), Asset Markets, Exchange Rates, and Economic Integration - A Synthesis, Cambridge Mass., 1980.

Angell, J. (1926), The Theory of International Prices. Harvard University Press, 1926.

Aoki, M. (1977), A Note on the Stability of Interaction of Monetary Policy, Journal of International Economics, Vol. 6, 1977 S.81-94.

Aoki, M. (1981), Dynamic Analysis of Open Economies, Academic Press, New York, 1981.

Aoki, M. (1982), On the Existence of Exchange Rate Union in a Three-Country World Model under Flexible Exchange Rate Regimes, Discussion Paper No. 117, The Institute of Social and Economic Research, Oasaka University, 1982.

Argy, V. (1969), Monetary Variables and the Balance of Payments, IMF Staff Papers, Vol. 18, 1971, S. 508-27.

Argy, V. und
Porter, M. (1972), The Forward Exchange Market and the Effects of Domestic and External Disturbances under Alternative Exchange Rate Systems, IMF Staff Papers, Vol. 19, 1972.

Arrow, K.J. (1965), Aspects of the Theory of Risk Bearing, Yjö Jahnsson Lectures, Helsinki, 1965.

Arrow, K.J. (1970), Essays in the Theory of Risk Bearing, Amsterdam und London, (1970).

Artus, M.J. und Nobay A.R. (eds.) (1977), Studies in Modern Economic Analysis, Oxford, 1977.

Artus, J.R. und Young J.H. (1979), Fixed and Flexible Exchange Rates: A Renewal of the Debate. IMF Staff Papers, Vol. 26. 1979.

Baggatt, N. und Flanders, M.J. (1969), Economic Policy in an Open Economy: A Readers Guide, Economica Internationale, Vol. 12, 1969 S.1-15.

Baumol, W.J. (1952), The Transactionsdemand for Cash: An Inventory Theoretic Approach, Quaterly Journal of Economics, Vol. 66, 1952 S.545-556.

Barro, R. J. (1974), Are Government Bonds Net Wealth?, Journal of Political Economy, Vol. 82, 1974 S.1095-1117.

Barro, R. J.(1979), Money and Price Level under the Goldstandard, The Economic Journal, Vol. 89, 1979.

Beadles, N.A. und Drewry L.A. (eds.) (1968), Money, the Market and the State. University of Georgia Press, 1968 S. 102-133.

Bernholz, P. (1982), Flexible Exchange Rates in Historical Perspective. Princeton Studies in international Finance No. 49, Princeton N. J. 1982.

Bhagwarti, J.N. (et al. eds.) (1971), Trade, Balance of Payments and Growth. Papers in International Economics in Honor of Charles Kindelberger, Amsterdam, London 1971.

Bhandari, J.S. und Putnam, B.H. (1983), Economic Interdependence and Flexible Exchange Rates, The MIT Press, 1983.

Bickerdike, C.F. (1920), The Instability of Foreign Exchange. The Economic Journal, Vol. 30, 1920 S.118-122.

Bilson, J. (1978), The Monetary Approach to the Exchange Rate: Some Evidence. IMF Staff Papers Vol. 25, 1978 S.48-75.

Black, S. (1973), International Money Markets and Flexible Exchange Rates. Princeton Studies in international Finance, No. 32 Princeton University, 1973.

Blanchard, O. (1979), Speculative Bubbles, Crashes and Rational Expectation. Economic Letters, Vol. 3, (1979), S.387-289.

Blinder, A.S. und Solow, R.M. (1973), Does Fiscal Policy Matter? The Journal of Public Economies, Vol. 2, 1973.

Bloomfield, A. (1959), Monetary Policy and the international Goldstandard 1880-1914. New York, 1959.

Bloomfield, A. (1963), Short Term Capital Movements Unter the Pre-1914 Standart, Princeton Studies in international Finance, No. 11, Princeton N.J., 1963.

Boyer, R.S. (1977), Devaluaton and Portfolio Balance, American economic Review, Vol. 67, 1977 S.54-63.

Branson, W. H. (1970), Monetary Policy and the New View of International Capital Movements, Bookings Papers on Economic Activity, 2; (1970), Vol. 1.

Branson, W.H. (1975), Monetarist and Keynesian Models of the Transmission of Inflation. American economic Review, Vol. 65, 1975, S.115-119.

Branson, W.H. (1976), Portfolio Equilibrium and Monetary Policy with Foreign and Non-Traded Assets, in: Classen, E. und Salin P. (eds.) (1976), Recent Issues in International Monetary Economics Amsterdam, 1976 S.239-250.

Branson, W.H. (1977), Asset Markets and Relative Prices in

Exchange rate Determination, Sozialwissenschaftliche Annalen, Vol. 1, 1977, S.69-89.

Branson, W.H. (1986), The Limits of Monetary Coordination as Ecchange rate Policy, Brookings Papers on Economic Activity 1, 1986 S.175-194.

Branson, W.H. und Buiter, W.H. (1983), Monetary and Fiscal Policy with Flexible Exchange Rates, in: Bhandari, J.S. und Putnam B.H. (eds) (1983), Economic Interdependence and Flexible Exchange Rates, The MIT Press, 1983.

Branson, W.H, Halttunen H. und Masson P. (1977), Exchange Rates in the Short Run: The Dollar Deutschmark Rate, European Economic Review, Vol. 10, 1977 S.303-324.

Branson, W.H. und
Henderson D. (1985),
Specification and Influence of asste markets, in: Jones, R.W. und Kenen, P.B. (eds.) (1985), Handbook of International Economics Vol II, Northholland Amsterdam, 1985.

Branson, W.H., und Katseli-Papaefstrastiou, L.T. (1981),
Exchange Rate Policy in Developing Countries, in: Grossman, S. und Lundberg, E. (eds) (1981), The world Economic Order: Past and Prospects, London, 1981.

Branson, W.H., und Katseli-Papaefstrastiou, L.T. (1982),
Currency Baskets and Real Effective Exchange Rates, in: Gersovitz M. (et al. eds.) (1982), The Theory and Evidence of Economic Development: Essays in Honour of Sir W. Artur Lewis, London, 1982.

Bryant, R.C. (1980),
Money and Monetary Policy in Interdependent Nations, The Brooking Institution, Washington D.C., 1980.

Buiter, W.H. (1986),
Makroeconomic Policy Design in an Interdependent World Economy: An Analysis of Three Contingencies, IMF Staff Papers, Vol. 33, 1986 S.541-582.

Buiter, W.H. und Marston, R.C (1985),
International Economic Policy Coordination, Cambridge, New York und Sidney, 1985.

Buiter, W.H. und Miller, M. (1983),
Real Exchange Rate Overshooting and the Output Cost of Bringing Down Inflation: Some Further Results, in: Frenkel, J. (ed.), (1983): National Bureau of Economic Research, Exchange Rate Conference Volume, Chicago University Press, 1983.

Calvo, G. und Rodriguez, C. (1977),
A Model of Exchange Rate Determination under Currency Substitution and Rational Expectation. Journal of Political Economy, Vol. 85, 1977 S.617-26.

Canzoneri, M.B. und Gray, J.A. (1985),
Monetary Ploicy Games and the Consequences of Non-Cooperative Behavior, International Economic Review, Vol. 26, S.547-564.

Cassel, G. (1922),
Money and Foreign Exchange after 1914. London, 1922.

Chen, C. (1973), Diversified Currency Holdings and Flexible Exchange Rates, Quarterly Journal of Exonomics, 1973 S.96-111.

Christiernin, P.N. (1971), Lectures on the High Price of Foreign Exchange in Sweden, 1761, übersetzt nach Eagly 1971.

Claassen, E.-M. und Salin, P. (1978), Recent Issues in International Monetary Economics, North-Holland, Amsterdam, New York, Oxford, 1978.

Claassen, E.-M. (1978), Weltinflation. München, 1978.

Connolly, M. (1982), Choice of an Optimum Peg for a Small, Open Country, Journal of International Money and Finance, Vol. 1, 1982 S.125-143.

Connolly, M. und Swoboda,A. (eds.) (1973), International Trade and Money. London, 1973.

Connoll M.B. (ed) (1982), The International Monetary System: Choice for the Future, New York, 1982.

Cooper, R.N. (1968), the Economics of Interdependence, New York 1968.

Cooper, R.N. (1969), Macroeconomic Policy Adjustment in Interdependent Economies, Quaterly Journal of Economics, Vol. 83, 1969 S.1-24.

Cooper, R.N. (1985), Economic Interdependence, in: Jones. R.W, und Kenen, P.B. (eds.) (1985), Handbook of International Economics Vol II, Northholland Amsterdam, 1985.

Corden, W.M. (1985), On the Transmission and Coordination under Flexible Exchange Rates, in: Buiter, W.H. und Marston, R.C. (eds.) (1985), International Economic Policy Coordination, Cambridge, New York und Sidney, 1985.

Currie, D. und Macroeconomic Policy Design in an

Levine, P. (1985), Interdependent World, in: Buiter, W.H. und Marston, R.C. (eds.) (1985), International Economic Policy Coordination, Cambridge, New York and Sidney: 1985.

De Grauwe, (1975), The Interaczions of Monetary Policies in a Group of Euopean Countries, Journal of International Economics, Vol. 5, 1975, S.207-228.

De Groot, M.H. (1986), Probability and Statistics, Second Edition, Massachusetts, 1986.

Dooley, M. und
Isard, P. (1982), A Portfolio Balance Rational Expectations Model of the Dollar-Mark Exchange Rate, Journal of International Economics, Vol. 12, 1982 S.257-276.

Dornbusch, R. (1973), Devaluation, Money and Non Traded Goods, American Economic Review, Vol. 63, 1973.

Dornbusch, R. (1975), A Portfolio Balance Model of the Open Economy. Journal of Monetary Economies, Vol. 1, 1975.

Dornbusch, R. (1976), Expectations and Exchange Rate Dynamics, Journal of Political Economy, Vol. 84, . 1976, S.1161-1176.

Dornbusch, R. (1982), Equilibrium and Disequilibrium Exchange Rates, National Bureau of Economic Research, Working paper No. 983, 1982.

Dornbusch, R. (1983), Flexible Rates and Interdependence. Paper for the IMF Exchange Rate Conferece, Washington D.C., 1982, IMF Staff Papers 30 (1983), 1 S. 3-30.

Dornbusch, R,
Fischer, S. (1980), Exchange Rate and Current Account, American Economic Review, Vol. 70, 1980.

Dornbusch, R. und
Frenkel,J.A (eds.) (1979), International Economic Policy: Theory and Evidence, Baltimore, London, 1979.

Eagly, R.V. (1971), The Swedish Bullionist Controversy. Philadelphia, 1971.

Einzig, P. (1970), The History of Foreign Exchange. Macmillan, 1970.

Emminger, O (1977), The D-Mark in the Conflikt between Internal and External Equilibrium, 1948-1975, Essasys in International Finace, No. 122, Princton, 1977.

Engel, G. (1980), Die Berechnung von Impact-Multiplikatoren fiskal- und geldpolitischer Maßnahmen in diskreter und stetiger Analyse, Diskussionsbeiträge aus dem Volkswirtschaftlichen Seminar der Universität Göttingen, Nr.2, 1980.

Fama, E.F, und Miller, M.H. (1972), The Theory of Finance, New York, 1972.

Fama, E.F, und Farber, A. (1979) Money, Bonds and Foreign Exchange, American Economic Review, Vol. 69, 1979 S.639-649.

Flanders, M.J. und Helpman, E. (1979), An Optimal Exchange Rate Peg in a World of General Floating, Review of Economic Studies, 1979 S.533-542.

Fleming, J.M. (1962), Domestic Financial Policies under Fixed and Floating Exchange Rates, IMF Staff Papers, Vol. 9, 1962.

Flood, R. (1979a), Capital Mobillity and the Choice of Exchange Rate Systems, International Economic Review, Vol. 20, 1979 S.405-416.

Flood, R. (1979b), An Example of Exchange Rate Overshooting, Southern Economic Journal, Vol. 46 (1979), S. 168-178.

Flood, R. und Garber, P. (1980), Market Fundamentals Versus Price-Level Bubbles: The First Test. Journal of Political Economy, Vol. 88, 1980.

Floyd, J.E. (1969), International Capital Movements and Monetary Equilibrium, American Economic Review, Vol. 69, 1969.

Foley, D.K. (1975), On two Specifications of Asset Equilibrum in Macroeconomic Models, Journal of Political Economy, Vol. 83, 1975 S.303-323.

Frankel, J.A. (1979a), On the Mark: A Theory of Floating Exchange Rates Based on Real Interest Differentials, American Economic Review, Vol. 69, 1979.

Frankel, J.A. (1979b), The Diversifiability of Exchange Risk, Journal of International Economics, Vol. 9, 1979 S.379-393.

Frankel, J.A. (1983), Monetary and Portfolio-Balance Models of Exchange Rate Determination, in: Bhandari, J.S. und Putnam, B.H. (1983), Economic Interdependence and Flexible Exchange Rates, The MIT Press.

Frankel, J.A. (1986), The Source of Disagreement among International Makro Models and Implications for Policy Coordination, National Bureau of Economic Research, Working Paper, No. 1925, 1986.

Frankel, J.A. und Rocket K.A. (1986), International Macroeconomic Policy Coordination when Policy-Makers Disagree on the Model, National Bureau of Economic Research, Working Paper, No. 2059, 1986.

Fratiani, M. und Tavernier K. (eds.) (1976), Bank Credit, Money and Inflation in Open Economics, Supplements to Kredit und Kapital Vol. 3, 1976, S. 231-283.

Frenkel, J.A. (1976a), A Monetary Approach to the Exchange Rate: Doctrinal Aspects and Empirical evidence, Scandinavian Journal of Economics, Vol. 76, 1976.

Frenkel, J.A. (1976), Adjustment Mechanisms and the Monetary Approach to the Balance of Payments: A Doctrinal Perspective, in: Claassen, E. und Salin, P. (eds.) (1976), Recent Issues in International Monetary Economics, Amsterdam, S. 29-48.

Frenkel, J.A. (1977), The Forward Exchange Rate, Expectations, and the Demand for Money: The German Hyper Inflation, American Economic Review, Vol. 67, 1977 S.653-670.

Frenkel, J.A. und Goldstein, M. (1986), A Guide to Target Zones, IMF Staff Papers, Vol. 33, 1986 S.633-674.

Frenkel, J.A. und Johnson, H.G. (1976), The Monetary Approach to the Balance of Payments, Toronto, 1976.

Frenkel, J.A. und Mussa, M.L. (1985), The Efficiency of Foreign Exchange Markets and Measures of Turbulence, American Economic Review, Vol. 70, 1980 S.374-381.

Frenkel, J.A. und Mussa, M.L. (1985), Asset Markets, Exchange Rates and the Balance of Payments, in: Jones R.W. und Kenen, P.B. (eds.) (1985), Handbook of International Economics Vol II, Northholland Amsterdam, 1985.

Frenkel, J.A. und Razin, (1985), — Fiscal Expenditures and International Economic Interdependence, in: Buiter, W.H. und Marston, R.C. (eds.) (1985), International Economic Policy Coordination, Cambridge, New York and Sidney, 1985.

Frenkel, J.A. und Rodriguez, C.A. (1975), — Portfolio Equilibrium and the Balance of Payments: A Monetary Approach, American Economic Review, Vol. 65, 1975 S.674-688.

Frenkel, J.A. und Rodriguez, C.A. (1982), — Exchange Rate Dynamics and the Overshooting Hypothesis. IMF Staff Papers, Vol. 29, 1982 S.1-30.

Friedman, M. (1953), — The Case for Flexible Exchange Rates. In: Friedman, M.: Essays in Positive Exonomics. Chicago, III, 1953, S.157-203.

Fuhrmann, W. (1979), — Das heimische Geld- und Kreditangebot einer Eurowährung, Kredit und Kapital, Heft 1, 1979 S.56-72.

Gandolfo, G. (1987), — International Economics II, Berlin, Heidelberg, New York, 1987.

Gersovitz M. (et al. eds.) (1982), — The Theory and Evidence of Economic Development: Essays in Honour of Sir W. Artur Lewis, London, 1982.

Giersch, H. (1971), — Wicksell-vorlesung 1970: Wachstum, Konjunktur und Wechselkurse - Die Erfahrungen in der Bundesrepublik Deutschland, in: Giersch, H. (1971), Kontroverse Fragen der Wirtschaftspolitik, München, 1971.

Giersch, H. (1971), — Kontroverse Fragen der Wirtschaftspolitik, München, 1971.

Giersch, H. (1971), — Episoden und Lehren der Globalsteuerung, in: Korner, H. (et al. eds.) (1976), Wirtschaftspolitik - Wissenschaft und politische Aufgabe, Bern, 1976.

Girton, L. und Henderson D. (1976a), — Financial Capital Movements and Central Bank Behavior in a Two-Country, Short Run Portfolio Balance Model, Journal of Monetary Economics, Vol. 2, 1976 S.33-61.

Girton, L. und
Henderson D. W. (1976b), Critical determinants of the Effectiveness of Monetary Policy in the Open Economy, in: Fratiani, M. und Tavernier K. (eds.) (1976), Bank Credit, Money and Inflation in Open Economics, Supplements to Kredit und Kapital Vol. 3, 1976, S. 231-283.

Girton, L. und
Henderson D. (1977), Central Operations in Foreign and domestic assets under fixed and lexible exchange rates, in: Clark P. (et al. eds.) (1977), The Effects of Exchange Rate Adjustment, Washington, 1977 S.151-179.

Girton, L. und
Roper, D. (1981), Theory and Implications of Currency Substitution, Journal of Money, Credit and Banking, Vol. 13, 1981 S.12-30.

Gray, M. und
Turnovsky, S. (1979), The Stability of Exchange Rate Dynamics and Perfect Myopic Foresight, International Economic Review, Vol. 20, 1979 S.643-660.

Gries, T. (1985), Preis-, Einkommens- und Beschäftigungseffekte in einem Mehr Länder-Mehr-Sektoren-Modell, Diskussionsbeiträge aus dem Institut für Theoretische Volkswirtschaftslehre der Universität Kiel, Discussion Paper No. 58/85, 1985.

Grossman, S. und
Lundberg, E. (eds) (1981), The World Economic Order: Past and Prospects, London, 1981.

Grubel, H.G. (1966), Forward Exchange, Speculation and the International Flow of Capital. Stanford University Press, 1966.

Grubel, H.G. (1968), International Diversified Portfolios: Welfare Gains and Capital Flows, American Economic Review, Vol. 58, 1968.

Halm, G. (ed.) (1970), Approaches to greater Flexiblity of Exchange Rates, The Bargenstock Papers, Princeton University Press, 1970.

Hamada, K. (1979), Macroeconomic Strategy and Coordination under Alternative Exchange Rates, in: Dornbusch, R.; Frenkel, J.A. (eds.) (1979), International Economic Policy: Theory and Evidence, Baltimore, London, 1979.

Harberger, A. (1950), Currency Depreciation, Income, and the Balance of Payments, Journal of Political Economy, Vol. 58, 1950.

Harberler, G. (1949), The Market for Foreign Exchange and the Stability of the Balance of Payments, Kyklos, Vol. 3, 1949.

Hellwig, M. (1975), The Demand for Money and Bonds in Continous-Time Models, Journal of Economic Theory, Vol.11, 1975, S.463f.

Henderson, D.W. (1979), Financial Policies in Open Economies, American Economic Review, Vol. 69, Papers and Proceedings, 1979 S.232-239.

Henderson, D.W. und Rogoff, K. (1981), Net Foreign Asset Positions and Stability in a World Portfolio Balance Model, Federal Reserve Board, international Discussion Paper, No.178, 1978.

Heidorn, T. (1984), Rückwirkungen in offenen Volkswirtschaften - Der Einkommensmechanismus in einem Mehr-Länder Modell, Diskussionsbeiträge aus dem Institut für Theoretische Volkswirtschaftslehre der Universität Kiel, Discussion Paper No. 54/84, 1984.

Heidorn, T. (et. al. eds.) (1985), On the Effectiveness of an Import Tariff. Do People Really have Tariff Illusion? Diskussionsbeiträge aus dem Institut für Theoretische Volkswirtschaftslehre der Universität Kiel, Discussion Paper No. 56/85, 1985.

Herberg, H. (1975), Gesamtwirtschaftliches makroökonomisches Gleichgewicht und Walras'sches Gesetz, Zeitschrift für die gesamte Staatswissensschaft, Bd. 131, 1975 S.573-602.

Herberg, H. (1985), Preistheorie: Eine Einführung in die Mikroökonomie, Stuttgart, 1985.

Herberg, H., Hesse, H. und Schuseil (1982), Imports of Intermediate Goods and the Efficiency of Fiscal Policy under Flexible exchange Rates, Weltwirtschaftliches Archiv, Vol. 118, 1982 S.104-130.

Herberg, H. und McCann, E. (1982), Imported Intermediate Goods, Foreign Price Increases and Domestic Monetary Policy: The IS-LM Analysis Revived. in: Zeitschrift für Wirtschafts- und

	Sozialwissenschaften, Vol. 102, 1982 S.237-58.
Hodjera, Z. (1973),	International Short-Term Capital Movements: A Survey of Theory and Empirical Analysis. IMF Staff Papers, Vol. 23, 1973.
Hodrick R. (1978),	An Empirical Analysis of the Monetary Approach to the Determination of the Exchange Rate, in: Frenkel, J.A. und Johnson, H. (eds.) (1978), The Economics of Exchange Rates, 1978.
Holmes, J.M. (1967),	The Purchasing-Power-Parity Theory: In Defens of Gustav Cassel as a Modern Theorist. Journal of Political Economy, Vol. 75, 1967.
IMF (ed.) (1977),	The Monetary Approach to the Balance of Payments. Washington D.C., 1977.
Jarchow, H.J. und Rühmann, P. (1984),	Monetäre Außenwirtschaft, II Internationale Währungspolitik, Göttingen, 1984.
Johnson, H.G. (1958),	Towards a General Theory of the Balance of Bayments, in: International Trade and Economic Growth, Georg Allen and Unwin, 1958 S.153-68, wiederabgedruckt in: Cooper, R.N. (1969), International Finance, Baltimore, 1969, S. 237 ff..
Johnson, H.G. (1969),	The Case for Flexible Exchange Rates, 1969. Federal Reserve Bank of St. Louis Review, 1969, wiederabgedruckt in: Holm G. (ed.), Approaches to greater Flexibility of Exchange Rates, Princeton, 1970.
Johnson, H.G. (1972),	The monetary Approach to Balance of Payments Theory, Journal of Financial and Quantitative Analysis, Vol. 7, 1972 S.1555-1572.
Johnson, H.G. (1976a),	Money and the Balance of Payments, Banca Nationale del Lavoro Quaterly Review, Vol.116, 1976 S.3-18.
Johnson, H.G. (1976b),	Elasticity, Absorption, Keynesian Multiplier, Keynesian Policy and Monetary Devaluation Theory: A Simple Geometric Exposition, American Economic Review, Vol. 66, 1976 S.448-452.
Johnson, H.G. (1977),	The Monetary Approach to the Balance of Payments: A Nontechnical Guide, Journal

of International Economics, Vol. 7, 1977 S.251-268.

Johnston, R.B. (1983), The Economics of the Euro-Market: History, Theory and Policy, London, 1983.

Jones, R.W. und Handbook of International Economics Vol
Kenen, P.B. (eds.) (1985), II, Northholland Amsterdam, 1985.

Kemp, M.C. (1962), The Rate of Exchange, the Terms of Trade and the Balance of Payments in Fully Employed Economies. International Economic Review, 1962 S.314-327.

Kemp, M.C. (1970), The Balance of Payments and the Terms of Trade in Relation to Financial Controls, Review of Economic Studies, 1970 S.25-31.

Kemp, M.C. und Introduction to Mathematical economics.
Kimura, (1978), New York, Heidelberg, Berlin, 1978.

Kenen, P.B. (1976), Capital Mobility and Financial Integration: A Survey, Princeton Studies in International Finance, No.39, Princeton University, 1976.

Kenen, P.B. (1976), "International Capital Movements and the Integration of Capital Markets", in: Machlup, F. (ed.), Economic Integration, Worldwide, Regional, Sectoral. Macmillan, London, 1976, S.187-200.

Keynes, J.M. (1923), A Tract on Monetary Reform. London, 1923.

Keynes, J.M. (1936), The General Theory of Employment, Interest and Money. Macmillan, Cambridge University Press, 1936.

Korner, H. Wirtschaftspolitik - Wissenschaft
(et al. eds.) (1976), und politische Aufgabe, Bern, 1976.

Kouri, P.J.K. (1976), The Exchange Rate and the Balance of Payments in the Short Run and in the Long Run: A Monetary Approach, Scandinavian Journal of Economics, 78, 1976 (2) p. 280-304.

Kouri, P.J.K. (1983), The balance of Payments and the Foreign Exchange Market, in: Bhandari, Putnam (eds.) Economic Interdependence and Flexible Exchange Rates, 1983.

Kreinin, M. und
Officer, L.H. (1978),
The Monetary Approach to the Balance of Payments: A survey, Studies in International Finance No. 43, Princeton University, 1978.

Laidler, D. und
Nobay, A.R. (1976),
International Aspects of Inflation: A Survey, in: Claassen, E.M. und Salin, P. (1976), Recent Issues in Monetary Economics, North Holland, 1976.

Laursen, S. und
Metzler, L.A. (1950),
Flexible Exchange Rates and the Theory of Employment. Review of Economics and Statistics, Vol. 32, 1950.

Lerner,A.P. (1944),
The Economics of Control, Principals of Welfare Economics, New York, 1944.

Levin, J.H. (1983),
A Model of Stabilization Policy in a Jointly floating Currency Area, in: Bhandari und Putnam (eds.) (1983), Economic Interdependence and Flexible Exchange Rates. 1983.

Lintner, J. (1965),
The Evaluation of Assets and the Selection of Risky Investment in Stock Portfolios and capital Budgets, Review of Economics and Statistics, 1965.

Lipschitz, L. und
Sundarajan (1982),
The Optimal Currency Basket in a World of Generalized Floating with Price Uncertainty, in: Connoll M.B. (ed) (1982), The International Monetary System: Choice for the Future, New York, 1982.

Lucas, R.E.Jr. (1972),
Expectations and the Neutrality of Money, Journal of Economic Theory, Vol. 4, 1972 S.103-124.

Lucas, R.E.Jr. (1973),
Some International Evidence on Output-Inflation Tradeoffs, American Economic Review, Vol. 63, 1973 S.326-334.

Machlup, F. (1939),
The Theory of Foreign Exchanges, Economica, Vol. 6, 1939, wiederabgedruckt und übersetzt in: Rose, K. (1965), Theorie der Internationalen Wirtschaftsbewegungen, Köln, 1965 S.169-213.

Machlup, F. (1943),
International Trade and the National Income Multiplier. Philadelphia, 1943; wiederabgedruckt, 1950.

Markowitz, H.M. (1959),
Portfolio Selection: Efficient Diversification of Investments, New York, 1959.

Marshall, A. (1923), Money, Creddit and Commerce. London, 1923; wiederabgedruckt, New York, 1960.

Marston, R.C. (1985), Stabilization Policy in Open Economies, in: Jones R.W., Kenen, P.B. (eds.) (1985), Handbook of International Economics Vol II, Northholland Amsterdam, 1985.

Mathieson D.J. (1973), Traded Goods, Nontraded Goods, and the Balance of Payments, International Economic Review, Vol. 14, 1973 S.615-624.

Mathieson D.J. (1977), The Impact of Monetary and Fiscal Policy under Flexible Exchange Rates and Alternative Expectations, IMF Staff Papers, Vol. ,1977 S.535-568.

May, J. (1970), Period Analysis in Patinkin's Macroeconomic model, Journal of Economic Theory, Vol. 2, 1970.

McCloskey, D.N. und Lecher, J.R. (1976), How the Gold Standard Worked 1980-1913. in: Frenkel, J.A. und Johnson, H.G. (eds.), (1976), The Monetary Approach to the Balance of Payments.

McKinnon, R.J.und Oates, W.E. (1966), The implications of International Economic Integration for Monetary, Fiscal and Exchange-Rate Policy. Princeton Studies in International Finance No. 16, Princeton N.J., 1966.

McTeer, R.G. (1968), Economic Independence and Insulation through Flexible Exchange Rates, in: Beadles, N.A. and Drewry L.A. (eds.), Money, the Market and the State. University of Georgia Press, 1968 S. 102-133.

Meade, J. (1951), The Theory of International Economic Policy, Vol. I: The Balance of Payments, Oxford University Press, 1951.

Meese, (1986), Testing for Bubbles in Exchange Market: A Case of Sparkling, Journal of Political Economy, Vol. 94, 1986 S.675-687.

Merton, R.C. (1971), Optimum Consumption and Portfolio Rules in a Continouus Time Model, Journal of Economic Theory, Vol. 3, 1971 S.373-413.

Metzler, L.A. (1950), A Multiple Region Theory of Income and Trade, Econometrica, Vol. 18, 1950.

Metzler, L.A. (1951), Wealth Savings and the Rate of Interest, Journal of Political Economy, Vol. 59, 1951 S.93-116.

Miles, M. (1978), Currency Substitution, Flexible Excahnge Rates and Monetary Independence, American economic Review, Vol. 68, 1978 S.428-436

Mundell, R. (1963), Capital Mobility and Stabilization Policy under Fixed and Flexible Exchange Rates, Canadian Journal of Economics and Political Science, Vol.29, 1963 S.475-585.

Mundell, R.A. (1968), International Economics. New York, Macmillan, 1968.

Mundell, R.A. (1971), The International Distribution of Money in a Growing World Economy, in: Bhagwarti, J.N. (et al. eds.) (1971), Trade, Balance of Payments and Growth. Papers in International Economics in Honor of Charles Kindelberger, Amsterdam, London 1971.

Murphy, R. G. und Van Duyn C. (1980), Asset Market Approaches to Exchange Rate Determination: A Comparative Analysis, Weltwirtschaftliches Archiv, Vol. 116, 1980.

Mussa, M. (1976a), Tarifs and the Balance of Payments: A Monetary Approach, in: Frenkel, J. and Johnson, H.G. (eds.) (1976), The Monetary Approach to the Balance of Payments. Toronto, 1976, S. 229-248.

Mussa, M. (1976b), The Exchange Rate, The Balance of Payments and Monetary and Fiscal Policy under a Regime of Controlled Floating, The Scand. Journ. of Economics, Vol. 78, 1976.

Mussa, M. (1977), A dynamic Theory of foreign exchange, in: Artus, M.J. und Nobay A.R. (eds.) (1977), Studies in Modern Economic Analysis, Oxford, 1977.

Mussa, M. (1979), Macroeconomic interdependence and the Exchange Rate Regime. in: Dornbusch R. und Frenkel J.A. (eds.), International Economic Policy: Theory and Evidence, Baltimore, London, 1979 S.160-204.

Mussa, M. (1982), A Model of Exchange Rate Dynamics, Journal of Political Economy, Vol. 90, S74-104.

Myhrman, J. (1976), Experiences of Flexible Exchange Rates in Earlier Periods: Theories, Evidence and a New View. Scandinavian Journal of Economics, 1976.

Niehans, J. (1968), A Monetary and Fiscal Policy in Open Economies under Fixed Exchange Rates: An Optimizing Approach, Journal of Political Economy, Vol. 76, 893-920.

Niehans, J. (1977), Exchange Rate Dynamics with Stock / Flow Interaction, Journal of Political Economy, Vol. 85, 1977.

Niehans, J. und The Euro Dollar Market and Monetary

Hewson, J. (1976), Theory, Journal of Money Credit and Banking, 1976 S.1-27.

Obstfeld, M. (1980), Intermediate Imports, the Terms of Trade, and the Dynamics of the Exchange Rate and Current Account, Journal of International Economics, Vol. 10, 1980 S. 461-480.

Obstfeld, M. und Exchange Rate Dynamics, in :Jones R.W.,
Stockman, A.C. (1985), Kenen, P.B. (eds.) (1985), Handbook of International Economics Vol II, Northholland Amsterdam, 1985.

Officer, L. (1976), The Purchasing Power Parity Theory of Exchange Rates: A Review Article, IMF Staff Papers, Vol. 23, 1976.

Oudiz, G. Macroeconomic Policy
and Sachs, J. (1984), Coordination among the Industrial Economies, in: Bookings Papers on Economic Activity 1, 1984, S.1-64.

Oudiz, G. and International Policy
Sachs, J. (1985), Coordination in Dynamic Macroeconomic Models, in: Buiter, W.H. und Marston, R.C. (eds.) (1985), International Economic Policy Coordination in: Cambridge, New York and Sidney: Cambridge University Press, 1985.

Patinkin, D. (1965), Money Interest and Prices, an Integration of Monetary and Value Theory, New York, 1965.

Polak, J.J. (1957), Monetary Analysis of Income Formation and Payments Problems. IMF Staff Papers, Vol. 6, 1957; wiederabgedruckt in: IMF (ed.) (1977), The Monetary Appraoch to the Balance of Payments, Washington D.C., 1977 S.15-64.

Polak, J.J. und Boissoneault, L. (1960), Monetary Analysis of Income and Imports and Its Statistical Application, IMF Staff Paper, Vol. 7, 1960; wiederabgedruckt in: IMF (ed.) (1977), The Monetary Approach to the Balance of Payments, Washington D.C., 1977, S. 65-132.

Pratt, J.W. (1964), Risk Aversion in the Small and in the Large, Econometrica, Vol. 32,1964 S.112-136.

Rhomberg, R.R. (1976), Indices of Effective Exchange Rates, IMF Staff Papers, Vol. 23, 1976 S.88-112.

Rhomberg, R.R. (1964), A Model of the Canadian Economy under Fixed and Fluctuating Exchange Rates, Journal of Political Economy, Vol. 72, 1964, S. 1-31.

Robinson, J. (1937), The Foreign Exchange. in: Robinson (1957), in: Essays in the Theory of Employment, Oxford 1937.

Robinson, J. (ed.) (1937), Essays in the Theory of Employment. Oxford, 1937, wiederabgedruckt Oxford, 1947.

Robinson, J. (1952), A Graphical Analysis of the Foreign Trade Multiplier, Economic Journal, Vol. 62, 1952, S. 546-64.

Rodriguez, C.A. (1980), The Role of Trade Flows in Exchange Rate Determination: a Rational Expectation Approach, Journal of Political Economy, Vol. 88, 1980 S.1148-1158.

Rogoff, K. (1979), Essays on Expectations and Exchange Rate Volatility, MIT, Cambridge, 1979.

Sachs, J.D. (1985), The Dollar and the Policy Mix: 1985, Bookings Papers on Economic Activity 1, 1985 S.117-197.

Samuelson, P.A. (1967), General Proof that Diversification Pays, Journal of Financial and Quantitative Analysis, 1967.

Samuelson, p.A. (1970), The Fundamental Approximation Theorem of Portfolio Analysis in Terms of Means, Variances and Higher Moments, Review of Economic Studies, 1970.

Schneeweiss, (1967), Entscheidungskriterien bei Risiko, Berlin, 1967.

Sharpe, W.F. (1974), Capital Asste Prices: a theory of Market Equilibrium under Conditions of Risk, Journal of Finance, 1974.

Solnik, B. (1974), An Equilibrium Model of the International Capital Market. Journal of Economic Theory, Vol. 8, 1974 S.500-24.

Sparos, J., (1959), Speculation Arbitrage and Sterling. The Economic Journal, Vol. 69, 1959.

Swoboda, A. und Dornbusch, R. (1973), Adjustment, Policy and Monetary Equilibrium in a Two-Country Model. in: International Trade and Money, Connolly and Swoboda (eds.), London, 1973.

Taussig, F.W. (1966), International Trade. New York 1927, wieder abgedruckt, New York 1966.

Terborg, G.W. (1926), The Purchasing-Power Parity Theory, Journal of Political Economy, Vol. 34, 1926.

Theil, H. (1964), Optimal Decion Rules for Government and Industry, Northholland Amsterdam, 1964.

Thomas, L.R. (1985), Portfolio Theory and Currency Substitution. Journal of Money, Credit and Banking, Vol. 17, 1985.

Thornton, H. (1802), An Enquiry into the Nature and Effects of the Paper Credit of Great Britain, New York, 1802.

Tinbergen, J. (1952), On the Theory of Economic Policy, North-Holland Amsterdam, 1952.

Tobin, J.E. (1964), The Interest-Elasticity of Transactions Demand for Cash, Review of Economics and statistics, Vol. 38, 1956 S.241-247.

Tobin, J.E. (1958), Liquidity Preference as Behaviour Towards Risk, The Review of Economic Studies, Vol. 25, 1958.

Tower, E. and
Willett, T.D. (1976), The Theory of Optimum Currency Areas and Exchange-Rate Flexibility, Special Papers in International Economics 11, Princeton University, Princeton N.J. 1976,.

Trued, M.N. (1957), Interest Arbitrage, Exchange Rates, and the Dollar Reserves. The Journal of Political Economy, Vol. 65, 1957.

Tsiang, S.C. (1959-60), The Theory of Forward Exchange and Effects of Government Intervention on the Forward Exchange Market, IMF Staff Papers, Vol. 7, 1959-60.

Tsiang, S.C. (1972), The Rationale of Mean-Standard Deviation Analysis, Skewness Preferences and the Demand for Money, American economic Review, Vol. 62, 1972 S.354-371.

Turnovsky, S.J. (1976), The Dynamics of Fiscal Policy in an Open Economy, Journal of International Economics, Vol. 6, 1976 S.115-142.

Turnovsky, S.J. (1977), Macroeconomic Analysis and Stabilization Policy, Cambridge, 1977.

Turnovsky, S.J. und
Bhandari, (1982), The Degree of Capital Mobility and the Stability of an Open Economy under Rational Expectations, Journal of Money Credit and Banking, 1982.

Varian, H.R. (1984), Microeconomic Analysis, new York, 1984.

Vaubel, R. (1978), Strategies for Currency Unification, Kieler Studien 156, Tübingen 1978.

Viner, J. (1937), Studies in the Theory of International Trade. New York and London, 1937.

Wanniski, J. (1975), The Mundell-Laffer Hypothesis - A New View of the World Economy. Public Interest, Vol. 39, 1975.

Wanniski, J. (1974), The Case for Fixed Exchange Rates. Wall Street Journal, 1974.

Whitman, M.v.N. (1970), Policies for Internal and External Balance, Special Papers in International Economics, No.9, Princeton University, Princeton, 1970 S.23-30.

Whitman, M.v.N. (1975),	Global Monetarism and the Monetary Approach to the Balance of Payments, Brooking Papers on Economic Activity, 1975 S.491-555.
Wickham, P. (1985),	The Choice of Exchange Rate Regime in Developing Countries, IMF Staff Papers, Vol. 32, 1985 S.248-289.
Willet, T.D. und Forte, F. (1969),	Interest Rate Policy and External Balance. The Quarterly Journal of Economics, Vol. 83, 1969, S 242-62.
Williamson, J. (1985),	The Exchange Rate System, Policy Analysis in International Economics, Institut for International Economics, Washington, 1985.
Williamson, J. (1986),	Target Zones and the Management of the Dollar, Brookings Papers on Economic activity 1, 1986 S.165-174.
Willms, M. (1976),	Money-Creation in the Euro-Currency Market, Weltwirtschaftliches Archiv, Vol. 112, 1976 S.201-230.
Wilson, C. (1979),	Anticipated Shocks and the Exchange Rate Dynamics, Journal of Political Economy, Vol. 87, 1979 S.639-647.
Yshiyama, Y. (1975),	The Theory of Optimum Currency Areas: A Survey, IMF Staff Papers, Vol. 22, 1975 S.344-384.